ALBERT KITZLER
JAN LIEPOLD

DER PUDEL UND DER KERN

PHILOSOPHIE FÜR DEN ALLTAG UND EIN GUTES LEBEN

Bibliografische Information der Deutschen Nationalbibliothek
Die Deutsche Nationalbibliothek verzeichnet diese Publikation in der Deutschen Nationalbibliografie.
Detaillierte bibliografische Daten sind im Internet über http://dnb.de abrufbar.

Für Fragen und Anregungen
info@m-vg.de

Wichtiger Hinweis
Ausschließlich zum Zweck der besseren Lesbarkeit wurde auf eine genderspezifische Schreibweise sowie eine Mehrfachbezeichnung verzichtet. Alle personenbezogenen Bezeichnungen sind somit geschlechtsneutral zu verstehen.

Originalausgabe, 1. Auflage 2024
© 2024 by Finanzbuch Verlag, ein Imprint der Münchner Verlagsgruppe GmbH
Türkenstraße 89
80799 München
Tel.: 089 651285-0

Alle Rechte, insbesondere das Recht der Vervielfältigung und Verbreitung sowie der Übersetzung, vorbehalten. Kein Teil des Werkes darf in irgendeiner Form (durch Fotokopie, Mikrofilm oder ein anderes Verfahren) ohne schriftliche Genehmigung des Verlages reproduziert oder unter Verwendung elektronischer Systeme gespeichert, verarbeitet, vervielfältigt oder verbreitet werden. Wir behalten uns die Nutzung unserer Inhalte für Text und Data Mining im Sinne von § 44b UrhG ausdrücklich vor.

Redaktion: Silvia Kinkel
Korrektorat: Anne Horsten
Umschlaggestaltung: Marc-Torben Fischer, Sonja Stiefel, Dietke Liepold
Umschlagabbildung: Anja Prestel
Illustrationen im Innenteil: Dietke Liepold
Autorenfotos Seite 247: Anja Prestel
Satz: ZeroSoft, Timisoara
Druck: Florjancic Tisk d.o.o., Slowenien
Printed in the EU

ISBN Print 978-3-95972-786-0
ISBN E-Book (PDF) 978-3-98609-535-2
ISBN E-Book (EPUB, Mobi) 978-3-98609-536-9

Weitere Informationen zum Verlag finden Sie unter

www.finanzbuchverlag.de

Beachten Sie auch unsere weiteren Verlage unter www.m-vg.de

INHALT

Den Hörerinnen und Hörern unseres Podcasts

»Hinter den Ofen gebannt
Schwillt es wie ein Elephant,
Den ganzen Raum füllt es an,
Es will zum Nebel zerfließen […]
(aus dem Nebel erscheint Mephistopheles)
Das also war des Pudels Kern!«

Goethe, *Faust*, Erster Teil

VORWORT

Dieses Buch entstand aus unserem Podcast »Der Pudel und der Kern«, in dem wir uns wöchentlich über Aspekte der Lebensführung unterhalten. Was macht ein erfülltes und gelingendes Leben aus? Wodurch finden wir zu innerer Ruhe, echtem Ausgleich und heiterer Gelassenheit? Wie schaffen wir es, im Beruf oder in Beziehungen auch unter Stress authentisch zu bleiben und, wenn nötig, loszulassen? Wie bringen wir unsere unterschiedlichen, manchmal gegenläufigen Bedürfnisse in Einklang, und was können wir gegen negative Affekte wie Wut oder Angst tun? Kurz, wie gelingt uns ein erfülltes, gutes Leben?

Diese Frage stand auch im Zentrum der antiken praktischen Philosophie und Weisheitslehre in Orient und Okzident. Die Antworten, die damals von Philosophen wie Sokrates, Platon und Aristoteles, Stoikern wie Seneca oder Mark Aurel oder fernöstlichen Weisheitslehrern wie Konfuzius, Laotse und Buddha gegeben wurden, haben eine Tiefe, Klarheit und Breite, die in keiner späteren Epoche erreicht wurde. Diese Antworten haben bis heute Gültigkeit. Sie sind die Grundlage für unseren Podcast und für dieses Buch.

Das Buch ist keine Niederschrift der Gespräche, die wir in unserem Podcast geführt haben, sondern versucht, die wichtigsten Themen zum gelingenden Leben in komprimierter Form darzustellen. Da diese eng miteinander verknüpft sind, kommt es zu Überschneidungen und Wiederholungen. Das gilt auch für einige markante Zitate. Wir haben dies bewusst in Kauf genommen. Gerade bei Fragen der Lebensführung führen Wiederholungen zu einer Vertiefung. »Nie ist zu oft gesagt, was nicht gründlich genug gelernt wurde«, sagt Seneca. Die Kapitel sollen für sich gelesen werden können. Verweise auf andere Kapitel wären eher hinderlich.

Das Buch ist angewandte Philosophie und für ein schnelles Durchblättern nicht geeignet. Es möchte zum tieferen Mit- und Selberdenken anregen. Nur wenn etwas wirklich verstanden wird, kann es Früchte tragen. Das gilt besonders für Fragen der Lebensführung, mit denen wir uns beschäftigen, um etwas zu lernen und uns weiterzuentwickeln. Weiterentwicklung bedeutet, dass man etwas verändern möchte. Bewusste Veränderungsprozesse sind ohne tiefere Einsicht in die zugrunde liegende Problematik nicht nachhaltig. Deswegen lohnt sich der vertiefte philosophische Blick auf das jeweilige Thema und der Versuch, die Perspektive der antiken Vordenker auf unser modernes Leben zu übertragen.

Die zumeist älteren Zitate werden zum besseren Verständnis nicht immer wortgetreu wiedergegeben, sondern sind bisweilen sprachlich und in der Schreibweise angepasst, nie aber in ihrem Sinn entstellt. Die Autoren der Zitate werden in abgesetzten Kästen kurz vorgestellt, es sei denn, sie sind geläufig oder es ist nichts Näheres von ihnen bekannt. Im Register des Buches findet sich eine Liste der vorgestellten Autoren mit Seitenangaben, sodass die biografischen Hinweise schnell gefunden werden können. Am Ende jedes Kapitels fassen wir die wichtigsten Lehren und Übungen zum jeweiligen Thema kurz zusammen. Die Einleitungen der Kapitel stammen von Jan, das Übrige von Albert.

Und nun wünschen wir viel Freude und Erkenntnisgewinn beim Lesen.

KAPITEL 1
GELASSENHEIT

»Nicht die Dinge selbst beunruhigen die Menschen, sondern die Vorstellung von den Dingen.«
Epiktet

»Sich selbst recht machen ist alles. Was von außen her der Zufall bringt, ist nur vorübergehend. Das Vorübergehende soll man nicht abweisen, wenn es kommt, und nicht festhalten, wenn es geht. Dann ist unsere Freude dieselbe im Glück und Unglück, man bleibt gelassen und ist frei von allen Sorgen.«
Zhuangzi

»Zum Schicksal sagt der Weise: Gib, was du willst, nimm zurück, was du willst.«
Mark Aurel

Der Druck des Erfolgs und die Kraft der Gelassenheit

An der Säbener Straße in München herrschte in der Fußballsaison 2011/2012 ein noch größerer Erfolgsdruck als in den bisherigen Spielzeiten. Das Finale der UEFA-Champions League sollte in der Allianz-Arena stattfinden und damit den perfekten Rahmen für das alles überstrahlende Ziel bilden: Der FC Bayern München wollte unbedingt und erstmals in seiner Vereinsgeschichte alle drei Titel holen – die Deutsche Meisterschaft, den DFB-Pokal und die Champions-League beim »Finale Dahoam« in München. Diesem immensen selbstauferlegten Erfolgsdruck hielt die Mannschaft unter Trainer Jupp Heynckes letztlich nicht stand und erreichte in allen Wettbewerben nur zweite Plätze. Als besonders dramatisch und schmerzhaft ging das Champions-League-Finale vor heimischem Publikum in die Fußballgeschichte ein. Trotz drückender Überlegenheit der Bayern sprang nach 90 emotionalen Minuten gegen den FC Chelsea nur ein 1:1 heraus. Es ging in die Verlängerung und schließlich ins Elfmeterschießen, in dem die Engländer triumphierten.

Nach dieser schmerzhaften Erfahrung änderte sich die Herangehensweise des FC Bayern fundamental. Der neue Sportvorstand Matthias Sammer setzte in der folgenden Saison auf eine entspanntere Haltung. Es gab kein offizielles Saisonziel, sondern einen »Jetzt-erst-recht«-Spirit innerhalb der Mannschaft. Anstatt starr auf das Triple zu schauen, herrschte eine gelassenere Einstellung, ähnlich der Beckenbauer-Haltung: »Wir geben unser Bestes, dann seh mer schon.« Diese neue Gelassenheit führte zum erfolgreichsten Jahr der Vereinsgeschichte. In der Bundesliga wurde bereits am 28. Spieltag der 23. Titel gefeiert. In der Champions-League warfen die Bayern den FC Barcelona im Halbfinale mit 7:0 aus dem Wettbewerb. Nach dem verlorenen Finale »dahoam« folgte das deutsch-deutsche Finale in Wembley gegen den Erzrivalen Borussia Dortmund, in dem der Holländer Arjen Robben in der 89. Minute das 2:1 zum Sieg schoss. Zum Abschluss gelang im DFB-Pokalfinale ein knapper 3:2 Sieg gegen den VfB Stuttgart. Vom Druck befreit gewann der FC Bayern München als erster deutscher Fußballverein das ersehnte Triple.

Dieses Beispiel zeigt, dass souveräne Gelassenheit häufig die bessere Haltung ist als unbedingter Siegeswille. Das Beste geben, alles versuchen, nichts erzwingen wollen – diese Prämisse führte den deutschen Rekordmeister zum Erfolg.

Der Wunsch nach Gelassenheit ist eine starke, weitverbreitete Sehnsucht des modernen Menschen. Aber auch die Antike in Ost und West kannte diese Sehnsucht. Ihre Philosophie hat sich daher intensiv mit dieser Frage beschäftigt und nach Wegen gesucht, wie wir gelassener werden können. Die antiken Philosophen nannten den Zustand heiterer Gelassenheit auch Seelenruhe oder Seelenfrieden, seelische Unerschütterlichkeit und Geborgenheit im Innern. Gelassenheit war für sie ein wesentliches Merkmal eines glücklichen, gelingenden Lebens. Wie aber werden wir gelassener?

Einer der wichtigsten Ratschläge, den sie gaben, um gelassener zu werden, lautete, dass man sein Glück so weit wie möglich von allen äußeren Dingen, Bezügen, Bindungen und Verflechtungen innerlich unabhängig machen sollte. Die Betonung liegt auf »innerlich«. Man kann besitzen, so viel man will, man kann mit Menschen tief verbunden sein, aber man sollte bereit sein, im Verlustfall jedes Ding, jedes Verhältnis und jeden Menschen loslassen zu können. Man war der Überzeugung, dass Glück, das Gefühl der Zufriedenheit mit seinem Leben, nicht von äußeren Gütern oder Verhältnissen abhängt, sondern vom eigenen Seelenzustand. Sie nannten diese innere Unabhängigkeit oder Freiheit Selbstgenügsamkeit, griechisch Autarkie. Derjenige ist der Glücklichste, sagten sie, der am wenigsten bedarf. Wir werden umso autarker, je weniger wir unser Glück und Wohlgefühl von äußeren Dingen abhängig machen. Wir sollten uns vielmehr auf unseren inneren Reichtum, auf unsere inneren Werte und Haltungen konzentrieren. Sie sind das Fundament und der Anker unserer Lebenszufriedenheit. Niemand kann sie uns nehmen. Eine solche Einstellung bedeutet nicht Verzicht auf äußere Güter, sondern das, was der Philosophenkaiser Mark Aurel an seinem Stiefvater, dem Kaiser Antoninus Pius, so sehr schätzte: Er genoss das, was da war, was aber nicht da war, das fehlte ihm auch nicht.

Mark Aurel, 121–180 n. Chr., römischer Kaiser und Philosoph. Seine *Selbstbetrachtungen*, Ratschläge an sich selbst, stehen immer noch auf der Bestsellerliste der zeitlosen Bücher. Seine *Selbstbetrachtungen* sind auch deshalb so wertvoll, weil er in seiner Regierungszeit ständig mit den größten Problemen zu kämpfen hatte, wie eine Pandemie, eine Überschwemmungskatastrophe und permanenten Verteidigungskriegen, nicht unähnlich der heutigen Zeit.

Loslassen statt anhaften

Die Gelassenheit, die aus innerer Unabhängigkeit entspringt, darf nicht mit Gleichgültigkeit verwechselt werden. Niemand soll auf Gefühle, Begeisterung, Engagement oder Bindungen verzichten, nur sollte man sich stets bewusst sein, dass dasjenige jederzeit verloren gehen kann, worauf sie sich beziehen: Dinge werden uns genommen, Bindungen lösen sich, Verhältnisse enden. Dieses Bewusstsein des Wandels und der Vergänglichkeit der äußeren Dinge und Bezüge muss so stark verinnerlicht sein, dass kein Verlust zu einem massiven und länger andauernden Leiden führt. Ein gelassener Mensch kann genauso viele und tiefe Bindungen eingehen wie jeder andere. Nur wird er nicht klammern und anhaften, sondern ist imstande, jederzeit loszulassen und darauf zu verzichten, ohne seine Freude am Leben zu verlieren. Der chinesische Philosoph Menzius drückte dieses Bewusstsein der Vergänglichkeit einmal wie folgt aus: »Ein Weiser vergisst nie, dass er morgen in einem Straßengraben landen kann.« Und wenn es so kommt, können wir hinzufügen, wird er damit zurechtkommen. Goethe hat für diese innere Unabhängigkeit einmal eine treffende Formulierung gefunden: »Der Mensch lerne sich ohne dauernden äußeren Bezug zu denken« und sein Glück »in sich selbst« zu finden.

Menzius, circa 370–290 v. Chr., chinesischer Philosoph und der bedeutendste Nachfolger des Konfuzius. Er stellte die Liebe in den Mittelpunkt seines Denkens. Dabei handelt es sich darum, sagte er, dass man die Liebe, die man etwa für die eigenen Kinder empfindet, auf die ganze Welt überträgt. Man kann ihm kaum widersprechen. Leider hat er sich darüber ausgeschwiegen, wie man das genau macht.

Goethe, Johann Wolfgang von, 1749–1832. Wer kennt nicht unseren berühmtesten Dichter? Weniger bekannt dürfte sein, dass es in der Menschheitsgeschichte wohl niemanden gibt, der mehr Lebensweisheiten hinterlassen hat als Goethe, wobei er häufig an die Antike anknüpft, mit der er bestens vertraut war. Daher sollte es nicht verwundern, wenn er hier öfters herangezogen wird.

Auch bei der Verfolgung unserer Wünsche, Ambitionen und Ziele fördert es die innere Gelassenheit, wenn wir weniger verbissen an die Sache herangehen. Ob wir erlangen, was wir im Äußeren anstreben, hängt stets von Umständen ab, die wir nicht beherrschen. Häufig durchkreuzt ein unerwarteter Zufall oder ein Missgeschick unsere Pläne. Da ist es von großem Vorteil, dies von vornherein zu berücksichtigen. Auf die Frage, welchen Nutzen ihm die Philosophie bringe, antwortete ein griechischer Philosoph einmal: »Wenn auch sonst keinen, so doch, auf alles vorbereitet zu sein.« Eine solche Haltung verhindert Frustration und Enttäuschung, die einem wiederum die Kraft, Energie und Klarheit nehmen kann, flexibel auf ein Scheitern zu reagieren, um das Beste daraus zu machen. In jedem Scheitern steckt auch eine Chance.

So schließen sich starkes Engagement, Begeisterung, das Brennen für eine Sache und innere Unabhängigkeit keineswegs aus. Man dürfte sogar mehr Kraft und Energie haben, wenn man dies aus einer Haltung der Gelassenheit und Ergebnisoffenheit tut. Wenn man weiß, dass das persönliche Glück in der eigenen Seele liegt und nicht von dem Erfolg eines Vorhabens abhängt, handelt man ohne Angst,

Sorge, Stress und Nervosität. Das sind nicht nur enorme Energiefresser, sondern auch das Gegenteil von Ruhe, Umsicht, Sorgfalt und Besonnenheit, die notwendig sind, um gute Entscheidungen zu treffen und das Richtige und Angemessene zu tun. In einem Weisheitsbuch des alten Chinas heißt es: »Erst wer Ruhe gefunden hat, vermag klar zu denken; erst wer klar zu denken vermag, kann sein Ziel erreichen.« Wir erreichen unsere äußeren Ziele eher, wenn wir mit Ruhe und Gelassenheit an sie herangehen.

Eine solche Haltung ist auch wichtig im Umgang mit schwierigen Menschen oder angespannten zwischenmenschlichen Situationen. Nichts gegen emotionale Reaktionen, aber nicht unkontrolliert und ungesteuert, sondern besonnen und aus einer Grundhaltung der Gelassenheit heraus. Andernfalls gerät die Reaktion leicht außer Kontrolle, schießt über das Ziel hinaus, verletzt andere und bewirkt das Gegenteil von dem, was man erreichen möchte. Sich hinreißen lassen heißt leider auch, seine Mitte und sein inneres Gleichgewicht zu verlieren, außer sich zu geraten und sich aufzuregen. Wie viel angenehmer ist es, auch in angespannten Situationen die Ruhe zu bewahren, besonnen und angemessen zu reagieren. Vielleicht kann man dem anderen auf diese Weise noch deutlicher seine innere Betroffenheit zeigen. Es ist viel wahrscheinlicher, dass man den anderen erreicht, wenn man besonnen reagiert, als wenn man seinen Emotionen freien Lauf lässt und dann häufig verletzt, provoziert oder eskaliert. Das führt nur dazu, dass der andere zumacht, dass er sich ebenfalls gehen lässt, die Emotionen sich hochschaukeln und die Situation in Streit und Feindseligkeit endet. Nie geht man aus einer solchen Situation mit einem guten, klärenden Gefühl heraus.

Glück findet man in der eigenen Seele

Der griechische Weise Demonax sagte einmal: »In der Welt da draußen ist nichts zu finden, das bei genauerer Betrachtung Hoffnung oder Furcht verdient.« Was ist wirklich wichtig in unserem Leben? Geld,

Besitz, Ansehen, gesellschaftliche Stellung, berufliche Karriere? Sind das nicht alles nur Mittel zum Zweck? Dient das nicht alles nur dazu, dass wir uns gut fühlen, zufrieden sind und ein glückliches Leben führen? Alle Philosophen der Antike waren sich darin einig, dass dafür nur wenige äußere Güter nötig seien. Denn das Glück, nach dem wir uns sehnen, liege in der eigenen Seele, in der Seelenruhe, in innerer Ausgeglichenheit, in der Grundstimmung heiterer Gelassenheit. Ist dem so, relativieren sich alle äußeren Güter. Sie sind angenehm, bereiten Spaß, können das Leben erleichtern und bringen Vergnügen und kurzfristige Befriedigungen. Dagegen ist nichts einzuwenden. Aber Vergnügen, Spaß und Befriedigungen unserer Lüste sind etwas anderes als ein glückliches Leben. Sie sind bloße Begleiterscheinungen. Das Glück, nach dem sich die Menschen sehnen, ist dauerhafte Zufriedenheit, man fühlt sich rundum wohl in seiner Haut, ohne sich etwas vorzumachen, ohne Probleme zu verdrängen oder Konflikte ungelöst zu lassen. Die Fähigkeit zu einer gelassenen Lebensweise erlangt man dadurch, dass man mit sich ins Reine kommt und negative Gefühle – die Alten nannten sie »Affekte« – wie Angst, Sorgen, Verzweiflung, Hilflosigkeit, Scham, Wut, Gier und Neid, die einen beunruhigen, abbaut. Je freier man von solchen Affekten wird, je mehr man in seine Mitte kommt, um so gelassener und glücklicher ist man. Das Ideal der Stoiker war die »Unerschütterlichkeit des Weisen«, die Fähigkeit, bei sich zu bleiben, was auch passiert.

Demonax war ein griechischer Weiser, der im 2. Jh. n. Chr. in Athen lebte und seine philosophischen Weisheiten auf humorvolle Weise weiterzugeben pflegte. Er genoss großes Ansehen. Jedes Haus fühlte sich geehrt, in das er eintrat, um mit den Menschen zu reden und sich beköstigen zu lassen. Als in der Bürgerversammlung einmal ein Streit ausbrach, der gefährlich zu eskalieren drohte, rief man nach ihm. Schweigend trat er in die Versammlung und verließ sie wieder, ohne ein Wort gesprochen zu haben. Der Streit aber endete unverzüglich.

Für die Griechen und Römer war das Leben und die Person des Sokrates das leuchtende Vorbild für eine Haltung authentischer Gelassenheit: Er blieb sich stets gleich in guten wie in schlechten Zeiten, sagten sie. Er hatte in sich eine »innere Burg«, die durch kein äußeres Ereignis erschüttert werden konnte und wohin er sich stets zurückzog, wenn es draußen stürmte. Es ist sehr wertvoll, eine solche »innere Burg« zu haben. Sie ist das Fundament für eine unerschütterliche Gelassenheit. Stets bei sich bleiben zu können oder nach einem Schicksalsschlag wieder in angemessener Zeit in seine Mitte zurückzufinden, bezeichnen wir heute als Resilienz. Sie ist nicht nur ein Abwehrmechanismus. Die Philosophen der Stoa wussten, dass sich mit der Gelassenheit zugleich eine Wohlgemutheit und Heiterkeit des Gemüts einstellt. Gelassenheit ist Glück. In alten deutschen Wörterbüchern können wir nachlesen, dass die deutschen Worte »gelassen« und »Gelassenheit« ursprünglich neben der Fähigkeit, Übel geduldig und ruhig zu ertragen, auch einen Zustand der »Wohlfahrt« und Zufriedenheit beschrieben haben. Kant spricht daher von der »glücklichen Gelassenheit«.

Was wir für mehr Gelassenheit tun können

Je mehr wir unser Glück in uns selbst suchen, je unabhängiger wir von äußeren Dingen, je selbstgenügsamer wir werden, umso stärker wird die »innere Burg«. Neben der Reduzierung oder Überwindung toxischer Gefühle wie etwa Angst, Wut und Neid ist die Entwicklung und das Ausleben unserer Anlagen und Potenziale wichtig. Sie führen zu Selbstwirksamkeitserfahrungen, die unser Selbstvertrauen stärken. Dabei kommt es nicht darauf an, welchen Erfolg wir in der Außenwelt haben, sondern darauf, dass wir unsere Anlagen und tiefsten Bedürfnisse zur Geltung bringen, so gut wir können. Schon das allein gibt uns ein gutes Gefühl und innere Zufriedenheit. Wir leben uns selbst und spüren unsere Lebendigkeit. Kommt äußerer Erfolg dazu – was umso wahrscheinlicher ist, je ruhiger, gelassener und beharrlicher wir an eine Sache herangehen –, umso besser. Aber für unser inneres Glück brauchen wir diesen Erfolg nicht. Konfuzius hat das einmal wunderbar ausgedrückt: »Gelingt mir etwas, so freue ich mich, gelingt mir etwas nicht, so freue ich mich auch!« Mit dieser Haltung sollten wir an alle unsere Vorhaben herangehen.

Konfuzius, 551–479 v.Chr., der bedeutendste Weisheitslehrer der chinesischen Antike, dessen Denken die Kultur Chinas bis zum heutigen Tag maßgeblich bestimmt hat. Unter Mao als reaktionär verworfen, veröffentlichte vor einigen Jahren eine junge Philosophieprofessorin ein kleines Buch, in dem sie erläuterte, wie die Lehren des Konfuzius dabei helfen können, das Leben im modernen China zu meistern. Nach kurzer Zeit waren über zehn Millionen Exemplare dieses Buches allein in China verkauft.

Warum konnte Konfuzius das sagen? Weil die tiefste und eigentliche Quelle seiner Freude in ihm selbst lag, in dem Bewusstsein, authentisch und stimmig zu leben. Dass diese Stimmigkeit der Lebensführung die eigentliche Quelle unseres Glücks ist, muss man sich immer wieder klarmachen. Dann wird man jede Arbeit, jede Unternehmung und jeden Plan ruhig und besonnen, ohne Sorgen, Ängste oder übermäßige Erwartungen angehen. Denn man tut das, was man tun möchte und für richtig hält. Im Tun aber liegt die wahre Freude, nicht im Ergebnis. Wenn man sein Bestes gibt, ist es zweitrangig, ob sich ein äußerer Erfolg, der von vielen Umständen abhängt, die man nicht beherrscht, einstellt oder nicht. Seneca empfahl die Übung, dass man sich bei jeder Unternehmung gleich zu Anfang sage: »[…] wenn nichts dazwischen kommt«. Das vermeidet Enttäuschungen. Ein Misserfolg, der unerwartet kommt, trifft doppelt hart.

Seneca, Lucius Annaeus, circa 4 v. Chr. – 65 n. Chr., wichtigster römischer Philosoph, der aus der stoischen Philosophie eine äußerst wirksame praktische Lebenslehre machte. Seine vielen treffenden Spruchweisheiten machten ihn zu dem wohl meistzitierten Philosophen der Antike. Er durchlebte alle Höhen und Tiefen des Lebens gleich mehrmals, blieb sich aber stets treu.

Gelassenheit kann man in jeder Situation trainieren, in der Geduld gefordert ist oder in der man spürt, dass man nervös und unruhig wird. Dann sollte im Kopf eine rote Lampe angehen, die sagt: So, jetzt beginnt die Übung! Atme tief ein und aus, fahre die Adrenalinzufuhr herunter, entspanne dich und bleib ganz ruhig! Hektik hilft jetzt nicht weiter. Damit eine »rote Lampe« angeht, ist Achtsamkeit erforderlich: Wir müssen wahrnehmen, dass wir nervös werden und dass wir unsere Gelassenheit verlieren, wenn wir nicht sofort mit den genannten mentalen und körperlichen Gegenmaßnahmen beginnen.

Wenn es uns nicht gelingt, nehmen wir uns vor, es beim nächsten Mal besser zu machen. Kurze Notizen am Abend in ein Tagebuch helfen dabei, etwaige Fortschritte oder Rückfälle wahrzunehmen, beharrlich dranzubleiben, unsere Konzentration auf das Problem zu richten und die Sensibilität für Situationen zu schärfen, in denen Gelassenheit und Geduld gefragt sind. Im Laufe der Zeit – das können Tage oder Wochen sein – verfestigt sich ein psychischer Mechanismus, bei dem man in kritischen Momenten sofort durch eine innere Stimme gewarnt wird, dass sich gerade eine Situation entwickelt, die unsere innere Ruhe bedroht. Das Ziel der Übung ist, dass unser Geist und Körper unverzüglich, spontan und automatisch in einen Beruhigungsmodus umschalten und weitere Adrenalinzufuhr unterbunden wird.

Geht das Unangenehme von einem Menschen aus, kann man sich sagen: »So sind die Menschen. Ärgere dich nicht über die Unwissenheit und Fehler der anderen. Sei froh, wenn Du sie nicht mit ihnen teilst!« Ein guter Ausspruch, der einem dabei einfallen könnte, stammt von dem japanischen Weisen Kaibara Ekiken und lautet: »Ärgere dich nicht über die Torheit der anderen!« Mit dem Wort »Torheit« sollte nicht der Mensch als solcher abgewertet, sondern lediglich festgestellt werden, was Sokrates stets behauptet hat: Dass alle Bosheit letztlich auf Unwissenheit zurückgeführt werden kann.

Sind wir gezwungen, in einer Warteschlange zu stehen, und beginnen wir, nervös zu werden, so kann man sich sagen: »Bleibe ruhig, jetzt beginnt eine Übung in Geduld. Nutze die Zeit, auf deinen Atem zu achten und still zu meditieren, auch wenn sich um dich herum angespannte Nervosität breitmacht.«

Solche Übungen sollten so lange fortgesetzt werden, bis sich ein innerer Automatismus verfestigt hat, der von selbst und ohne Nachdenken dafür sorgt, dass sich das eingeübte Beruhigungsprogramm einschaltet. Es funktioniert dann wie unser Immunsystem. Sobald ein Virus in den Körper eindringt, wird es aktiviert, ohne dass wir davon etwas mitbekommen.

Entwickeln wir regelmäßig Sorgen, Ängste oder innere Unruhe im Hinblick auf äußere Verhältnisse, Menschen, Güter oder Zustände – meistens in Form von Verlust- oder Trennungsängsten –, so kann es eine hilfreiche Übung darin bestehen, morgens und abends fünf Minuten konzentriert über die eigene Anhaftung nachzudenken, die diese Sorgen oder Ängste hervorruft. Wir denken dann bewusst dagegen an, sagen uns mehrmals, dass wir diese Anhaftung nicht möchten. Wir besinnen uns auf alle Argumente, die gegen ein Anhaften sprechen, und machen uns die negativen Folgen eines solchen Anhaftens bewusst. Übung und Einsicht müssen dabei Hand in Hand gehen. Denn wenn wir nicht verstanden haben, dass starkes Anhaften an Äußerem zu Leid führt und dass dieses Anhaften die Ursache unserer Sorgen und Ängste ist, dann hilft kein Üben. Philosophie ist nicht Autosuggestion. Ohne eine feste innere Überzeugung, zu der wir nur dadurch gelangen, dass wir ein Problem analysiert und verstanden haben, können wir keine Denk- oder Verhaltensgewohnheit nachhaltig verändern. Die Einsicht ist das Fundament jedes Veränderungsprozesses.

Drei Lehren zur Gelassenheit

1.

Lebensglück ist ein dauerhafter Zustand heiterer Gelassenheit, der nur in der eigenen Seele gefunden werden kann und sehr wenig mit äußeren Gütern und Verhältnissen zu tun hat.

2.

Wer sich innerlich unabhängig gemacht hat von äußeren Gütern und Verhältnissen, an Äußerem nicht anhaftet und gelernt hat, loszulassen, schafft sich in seiner Seele eine innere Burg, durch die man auch bei heftigen Schicksalsschlägen bei sich bleibt und Ruhe bewahrt.

3.

Gelassenheit bedeutet nicht Gleichgültigkeit. Im Gegenteil: Wer in schwierigen Zeiten seine Gelassenheit nicht verliert, wird aus der Ruhe heraus besser und erfolgreicher seine Ziele und Vorhaben verfolgen können, als jemand, der in Stress und Hektik verfällt und von Ängsten und Sorgen geplagt wird.

Drei Übungen zur Gelassenheit

1.

Übe dich darin, an nichts anzuhaften, was das Schicksal dir in jedem Moment wieder nehmen kann, und bereit zu sein, ohne Bedauern oder maßlose Trauer alles loszulassen, indem du dankbar das genießt, was da ist oder doch für eine Zeit dagewesen ist.

2.

Mache dir immer wieder bewusst, dass dein Lebensglück nicht in äußeren Gütern und Verhältnissen zu finden ist, sondern in deinen inneren Werten, Haltungen und Anschauungen und deinem Bemühen, diesen in all deinem Denken und Tun zu entsprechen.

3.

Sage dir bei allem, was du tust und beginnst, gleich zu Anfang: »[...] wenn nichts dazwischen kommt.« Bereite dich auf diese Weise innerlich darauf vor, dass sich die Dinge auch anders entwickeln können, als du gedacht und erhofft hast.

KAPITEL 2
AUTHENTIZITÄT

»Wo ich auch bin, da gehöre ich mir selbst.«
Seneca

»Der Weise wird sich nicht freiwillig anders geben, als er ist.«
Epikur

»Unaufrichtigkeit ist Betrug am eigenen Herzen.«
Kaibara Ekiken

Authentizität, Integrität und Konsequenz machen den Unterschied

Können wir authentische Menschen eigentlich erkennen? Eher schwierig, denn Echtheit ist bei Menschen – anders als bei Uhren oder Bargeld – rein subjektiv. Auch äußert sich ein authentisches Auftreten je nach Persönlichkeit unterschiedlich. Besonders schwierig wird es mit der Authentizität bei Politikern. Unzählige Medientrainings haben kleine Marotten und menschliche Schwächen glatt geschliffen. Die schwerwiegende Verantwortung und die Notwendigkeiten des Wahlkampfes haben ihr Übriges getan und produzieren eher Autorität statt Authentizität. Soweit das Klischee. Eine wohltuende Ausnahme von dieser Regel war Helmut Schmidt, der fünfte Bundeskanzler der Bundesrepublik Deutschland.

Soweit sich das von außen beurteilen lässt, blieb Schmidt seinem Wesenskern ein Leben lang treu und ließ sich durch die verschiedenen höchsten Ämter nicht verbiegen. Von seiner Zeit als Hamburger Innensenator über die Phase als Bundesverteidigungsminister und schließlich als Bundeskanzler stimmten sein Denken, Fühlen, Wollen, Sprechen und Handeln meistens überein, ohne größere Widersprüche oder offensichtliche Ungereimtheiten. Er blieb der pflichtbewusste, konsequente Politiker und knorrige Kettenraucher, der mit seiner Meinung nicht hinter dem Berg hielt und abends mit seiner Frau Loki Schach spielte.

Seine Fähigkeit, sich selbst treu zu bleiben, ist eng mit seinem intellektuellen Vorbild verbunden, dem römischen Philosophenkaiser Mark Aurel. So stand in Schmidts privatem Arbeitszimmer in Hamburg-Langenhorn eine kleine Reiterfigur des Philosophenkaisers, dessen Maximen zur Lebensführung Schmidt bereits als Jugendlicher verinnerlicht hatte. Diese Prinzipien – der Wille, seine Pflicht zu erfüllen und innere Gelassenheit zu bewahren – halfen Schmidt später als Politiker, massive Krisen zu bewältigen und schwierige Entscheidungen zu treffen.

Schmidts Karriere war geprägt von zahlreichen Herausforderungen, bei denen er sich stets an seinen Werten orientierte. Während der Hamburger Sturmflutkatastrophe 1962 zeigte er als Innensenator außergewöhnliche Führungsqualitäten und bewies seine Entschlossenheit und Tatkraft. So qualifizierte er sich für höhere Aufgaben auf Bundesebene. Angesichts des Terrorismus der Roten-Armee-Fraktion im »Deutschen Herbst« der 1970er-Jahre bewahrte er als Bundeskanzler Ruhe und Handlungsfähigkeit, stets geleitet von seinem unverrückbaren Wertesystem, dass sich der Staat nicht erpressen lassen darf. Diese und andere Ereignisse verdeutlichen, dass Schmidt für das Ausleben seiner authentischen Persönlichkeit oft Einschnitte und Probleme in Kauf nehmen musste, aber seinen Werten, Überzeugungen, Haltungen und Lebenszielen, so gut es in der Realpolitik ging, treu blieb. Die *Selbstbetrachtungen* von Mark Aurel, die Schmidt als Konfirmationsgeschenk von seinem Onkel erhalten hatte, standen stets in seinem Arbeitszimmer und erinnerten ihn an sein wichtigstes Lebensprinzip, sich selbst gegen alle äußeren Widerstände treu zu bleiben.

Authentisch sein, Selbstsein, in-seiner-Mitte-Sein, Wahrhaftigkeit, Ehrlichkeit, Echtheit – das alles sind Ausdrücke für eine der wichtigsten Voraussetzungen für ein gelingendes Leben. Wer entfremdet und nicht sein eigenes Leben lebt, wird auf Dauer nicht glücklich werden. Nur wenn wir in Übereinstimmung mit unseren tiefsten Bedürfnissen, Anlagen, Überzeugungen und Werten leben, haben wir das Gefühl, dass wir wirklich *unser* Leben führen. Wenn sich in unserem Denken, Fühlen, Sprechen, Wollen und Handeln der Kern und das Wesen unserer Persönlichkeit ausdrückt, unsere spezifischen Fähigkeiten und Begabungen, so spüren wir uns in allem, was wir tun, sagen und empfinden. Wir sind eins geworden und erleben in der Bestätigung unserer Mitmenschen Selbstwirksamkeit, das heißt nicht bloß, dass wir wirken, sondern es unsere individuelle Persönlichkeit, unser Selbst ist, das wirkt. Diese Wertschätzung und Anerkennung geben uns ein Gefühl der Bestätigung, Sicherheit und Selbstvertrauen. Glück oder Zufriedenheit mit dem eigenen Leben ist die Erfahrung einer inneren und äußeren Stimmigkeit unserer Persönlichkeit, einer tiefen Verbundenheit mit uns selbst und den anderen in dem, was wir sind, was wir tun und was wir erleben.

Umgekehrt empfinden wir jedes Auseinanderfallen von Denken, Fühlen, Sprechen, Wollen und Handeln als Entfremdung, als inneren Zwiespalt, als ein Verbiegen unserer Person, als einen »Knoten im Herzen«, wie es in den altindischen *Upanishaden* heißt. Es reißt eine Wunde in uns auf, die seelischen Schmerz verursacht und sich in Unbehagen und Unwohlsein ausdrückt. »Sich selbst betrügen ist von allem das Schlimmste«, meinte Sokrates. Wir sind nicht »heil«, nicht »ganz«. Das führt zu Unzufriedenheit, von der wir häufig gar nicht wissen, woher sie kommt. Uns ist nicht bewusst, dass wir in Widersprüchen leben. Stattdessen schieben wir die Schuld für unser Unbehagen auf äußere Umstände, die anderen oder auf materielle Dinge, die wir gern hätten, aber nicht haben.

Upanishaden: Sie sind der philosophische Teil der *Veden*, der heiligen Texte des Hinduismus, und die bedeutendste Quelle der altindischen Philosophie. Zwischen 700 und 200 v. Chr. niedergeschrieben, wurden sie wohl schon lange vorher mündlich überliefert. Für Schopenhauer waren sie die tiefste Quelle menschlicher Weisheit und der »Trost meines Lebens«.

Sokrates, 469–399 v. Chr., von dem Cicero sagte, er habe die Philosophie vom Himmel auf die Erde geholt und aus spekulativen Weltbetrachtungen eine handfeste Lehre vom guten Leben gemacht. Besonders rühmte man an ihm, dass er sich immer gleich blieb, in guten wie in schlechten Zeiten. So wurde er ein großes Vorbild für ein authentisches Leben. Für seine Überzeugungen ging er sogar in den Tod. Von der Athener Bürgerschaft wegen angeblicher Gottesverleugnung und geistiger Verführung der Jugend zum Tode verurteilt, nahm er den Schierlingsbecher, obgleich er mithilfe seiner Freunde leicht hätte fliehen können.

Der innere Zwiespalt ist uns bewusst, wenn wir etwa unsere eigenen Vorsätze nicht einhalten. Wir wissen, was gut für uns ist, tun es aber nicht. Schwerer zu erkennen ist eine innere Gespaltenheit, wenn sie aus ungelösten, häufig unterschwelligen Konflikten in der Partnerschaft, im Familienleben, mit Freunden oder am Arbeitsplatz herrührt. Eigentlich wollten wir uns schon länger mit unserem Lebenspartner aussprechen, verschieben es aber immer wieder. Eigentlich wollten wir mit einer sinnstiftenden und erfüllenden Arbeit unser Geld verdienen, stattdessen erschöpfen wir uns wegen der besseren Bezahlung im monotonen Abarbeiten von Aktenbergen. Eigentlich wollten wir uns kreativ in kollegiale Teamarbeit einbringen, stattdessen erledigen wir Dienstanweisungen nach starrem Muster, ohne Eigenverantwortung zu übernehmen. Eigentlich würden wir gern Kunden von der Qualität unseres Produktes überzeugen, stattdessen schwätzen wir ihnen eine zweifelhafte Ware auf. Die Beispiele ließen sich beliebig vermehren. In all diesen Fällen stimmen wir nicht mit uns überein, in uns tritt etwas auseinander, wir widersprechen uns selbst. Wir handeln nicht nach unseren Überzeugungen und Werten, wir sagen nicht, was wir wirklich denken, unsere Fähigkeiten kommen nicht zur Geltung, wir tun etwas, wozu wir keinerlei inneren Antrieb verspüren, wir schieben auf, was wir schon lange tun, verschweigen, was wir schon lange aussprechen wollten.

Auch auf Umwegen können wir zu uns selbst finden

Was wir dann fühlen, ist Entfremdung. Statt ganz bei uns und in unserer Mitte zu sein, uns zu spüren in dem, was wir tun, werden wir uns selbst fremd. Wir stehen neben uns. In uns ist eine Diskrepanz zwischen unserer Vorstellung vom Leben und der Realität. Dieser kleine oder große Zwiespalt in unserem Leben führt zu seelischem Leid, zu Unwohlsein und einer Unzufriedenheit mit der gegenwärtigen Situation. Wir leben nicht so, wie wir leben wollen.

Dieses Gefühl der Entfremdung rührt häufig daher, dass wir nicht klar erkennen, was unsere tiefsten Bedürfnisse sind, wer wir sind, was uns nachhaltig guttut und was nicht, für welche Werte es lohnt, sich einzusetzen, für welche nicht. Wir sind nicht nah genug an uns dran, leben nicht aus den tiefsten Schichten unserer Seele heraus, die wir nicht erkennen, sei es, dass wir uns keine Zeit zur Sammlung und zum Nachdenken nehmen, dass wir nicht in uns hineinhorchen oder nicht genügend auf die Signale unseres Körpers und unserer Befindlichkeit achten. Zur Authentizität gehört eine gute Selbsterkenntnis, die wir einerseits durch Nachdenken über uns selbst, andererseits aber auch dadurch gewinnen können, dass wir uns im Leben ausprobieren und beobachten, wie es uns dabei ergeht und wie es sich anfühlt. Der Weg zu sich selbst führt manchmal über Um- und Irrwege. Das ist ganz normal und nichts Schlimmes. Wenn wir erkennen, was wir nicht wollen, dann wird uns auch immer klarer, was wir eigentlich wollen. Wenn wir alles abstellen, was wir nicht wollen, was uns auf Dauer nicht guttut und nicht weiterbringt, dann kommen wir auch immer mehr in unsere Mitte und werden authentischer.

Was ebenfalls zu Entfremdungsgefühlen und damit zu Unzufriedenheit und Missmut führt, ist ein zu starkes Wollen. Zwar gibt es kein Leben ohne Wollen, Wünsche, Sehnsüchte und Ziele. Aber wie die Ziele verfolgt werden und mit welcher inneren Einstellung wir dies tun, das hat großen Einfluss darauf, ob wir uns in unserer Haut wohlfühlen, uns noch nahe sind oder uns von uns entfernen und nicht mehr authentisch sind. Denn wenn wir uns zu sehr mit unseren Wünschen und Zielen identifizieren, wenn wir etwas *unbedingt* durchsetzen wollen, dann nähren wir die Vorstellung, dass das, was wir anstreben und begehren, notwendige Voraussetzung für unser Glück und unsere Zufriedenheit ist. Zwar ist diese Einstellung in einer Leistungsgesellschaft eher die Normalität, aber sie ist auch gefährlich für die innere Ruhe und Authentizität. Häufig hat das zur Konsequenz, dass wir mit dem gegenwärtigen Zustand unzufrieden sind, ihn als Mangelzustand erleben: »Uns fehlt etwas.«

Auch hier kann ein leidvoller Zwiespalt zwischen unserem Istzustand und unserer Wunschvorstellung entstehen. Wir ruhen nicht in uns, sind nicht bei uns, sondern sind mit unserem Denken und Wollen ganz bei dem, was wir so verbissen anstreben. Es findet eine Überidentifikation statt, die unsere Authentizität und das Gefühl beeinträchtigt, ganz und vollständig zu sein. Je stärker und unbedingter wir etwas wollen, umso unzufriedener werden wir mit unserer gegenwärtigen Lebenssituation. Wir geraten in eine starke Abhängigkeit von dem, was wir wollen, wir haften an und verlieren unsere innere Freiheit. Authentizität bedeutet aber vor allem Freiheit und innere Unabhängigkeit. Bei all unserem Wollen, Streben und Wünschen bleiben wir uns treu und sind nicht bereit, uns für die Erfüllung unseres Wunsches zu verbiegen oder unsere Überzeugungen und Werte aufzugeben. Das ist dann der Fall, wenn uns im Konfliktfall die Treue zu uns selbst wichtiger ist als die Erreichung unserer Ziele im Außen. All unser Wollen und Streben sollten wir unter diesen Vorbehalt stellen und darauf verzichten, es unbedingt und um jeden Preis durchzusetzen. Das meinte der chinesische Philosoph Zhuangzi, wenn er sagt, dass der Weise auch das, was er erzwingen könnte, nicht erzwingt.

Zhuangzi, 365–290 v. Chr., chinesischer Philosoph, dessen Schrift *Das wahre Buch vom südlichen Blütenland* bis heute Denker in Ost und West stark beeindruckt hat. Angebote für höhere Ämter lehnte er ab und bevorzugte das bescheidene, aber unabhängige Leben eines zurückgezogenen Philosophen. Lieber würde er sich in einer modrigen Schlammpfütze wälzen, als seinen Willen dem verlogenen Prunk am Hofe zu opfern, sagte er.

Selbstgenügsamkeit als Basis für ein erfülltes Leben

Wenn wir dagegen alles mit einer Haltung anstreben, die sich sagt, es wäre schön, wenn wir es erreichen, aber es ist auch kein Unglück, wenn der Erfolg ausbleibt, dann verlieren wir uns nicht an die Sache und bleiben in unserer Mitte. Die Weisheitslehren der Antike in Orient und Okzident nannten eine solche Haltung »Genügsamkeit« oder »Selbstgenügsamkeit«. Sie hielten diese Fähigkeit für einen der wichtigsten Werte eines gelingenden Lebens. Sie steht für Zufriedenheit mit dem, was da ist, und schielt nicht mit heftiger Begehrlichkeit nach dem, was nicht da ist. Der Genügsame sagt sich: »Ich brauche nichts mehr zu meinem Glück. Es ist bereits alles da. Was noch hinzukommt, darüber freue ich mich, aber es wird mein Glück nur befestigen, nicht steigern.« Dass wir uns selbst genügen, ist Ausdruck und Voraussetzung dafür, authentisch zu sein, das heißt in und aus unserer gefestigten Mitte heraus zu leben. Es sei noch einmal hervorgehoben, dass diese Genügsamkeit nicht bedeutet, dass wir unser Wollen und Streben aufgeben, dass wir uns nicht weiterentwickeln sollten, sondern dass wir bei allem Streben bei uns bleiben und zufrieden sind, mit dem, was ist. Das meinten die alten Chinesen, wenn sie sagten, der Weg sei das Ziel. Auf die Erreichung des Ziels kommt es nicht an.

Vielen Menschen ist nicht bewusst, dass ein hartnäckiges Wollen zu einer Überidentifikation führen kann und ihre Authentizität und Zufriedenheit gefährdet. Die Weisen des Altertums sahen diese Gefahr sehr klar: »Heftiges Wollen macht die Seele blind für alles Übrige und verdirbt, was einem zur Verfügung steht«, meinte der griechische Philosoph Demokrit. Die Griechen hielten denjenigen für den Glücklichsten, der keine Wünsche hat, und wahrhaft reich nur den, der meint, dass ihm nichts fehlt. Buddha ging am weitesten und führte alles seelische Leid auf unser Wollen zurück, sodass es das Beste wäre, nichts zu wollen.

Demokrit, circa 460–370 v. Chr., bedeutender griechischer Philosoph. Während sein Vorgänger Heraklit wegen seiner pessimistischen Weltsicht als der »weinende Philosoph« galt, sah man in Demokrit sein Gegenbild, den »lachenden Philosophen«. Der Grund dafür ist vielleicht in seiner sehr menschlichen Lebensphilosophie zu sehen, deren Ideal die »Wohlgemutheit« war, eine Grundstimmung heiterer Gelassenheit.

Buddha, Siddhartha Gautama, 563–483 v. Chr., indischer Religionsstifter und neben Sokrates und Konfuzius einer der einflussreichsten Weisheitslehrer der Geschichte. Sieben Jahre äußerste Askese brachten ihm keine Erleuchtung, wohl aber, als er sich danach unter einem Baum ausruhte. Mit seinen »Vier edlen Wahrheiten«, insbesondere dem »Achtfachen Pfad«, kann man sich von nahezu jedem seelischen Leid befreien. Von höchster Weisheit ist auch seine Feststellung, dass seelisches Leid vor allem im Wollen seine Ursache hat.

Das Problem der Entfremdung und mangelnden Authentizität war schon immer ein zentraler Gegenstand aller Weisheitslehren. Sie suchten Wege zu einem glücklichen Leben und erkannten, dass wir dem näher kommen, je mehr wir ein Leben führen, dass unseren tiefsten Bedürfnissen, Gefühlen, Werten und Überzeugungen entspricht. »Der Weise ist bei allem, was er tut, darauf bedacht, dass er mit sich im Einklang bleibt«, sagt Konfuzius. Er nannte das »Treue gegen sich selbst« und hielt diesen Wert neben der Mitmenschlichkeit und Güte gegen andere für den wichtigsten seiner Lehren. In einer ägyptischen Inschrift, die vor 3500 Jahren verfasst wurde, heißt es: »Sei aufrichtig, handle nicht krumm.« Bis heute bekannt ist schließlich der Ausspruch des griechischen Dichters Pindar: »Werde, der du bist.«

Pindar, circa 522–445 v. Chr., berühmter griechischer Dichter. Von Versen Pindars inspiriert, sah Goethe das Ideal einer harmonischen Lebensführung in der Beherrschung der irrationalen Seelenelemente. Er verglich es – wovon in diesem Buch noch die Rede sein wird – mit einem antiken Wagenlenker: »Wenn du kühn im Wagen stehst und vier neue Pferde wild unordentlich sich an deinen Zügeln aufbäumen, du ihre Kraft lenkst, den austretenden herbei, den aufbäumenden hinabpeitschest [...] bis alle sechzehn Füße (dich) in einem Takt ans Ziel tragen – das ist Meisterschaft.«

Immer wieder werden die wohltuenden Wirkungen der Authentizität beschrieben. »Wer sich nicht selbst betrügt«, heißt es im *Liji*, einem chinesischen Weisheitsbuch, der erfreue sich an der »Geborgenheit im eigenen Innern« und allen Dingen um ihn herum. »Keine Freude ist größer«, sagt Menzius, »als Aufrichtigkeit zu finden, blickt man sich selbst ins Herz.« Es ist ein Ausdruck der Authentizität und unbedingten Treue gegen sich selbst, wenn der Philosophenkaiser Mark Aurel sagt: »Welche Gemütsruhe gewinnt der Mensch, der sich nicht darum kümmert, was der andere sagt, tut oder denkt, sondern nur darum, was er selber tut.«

Liji: *Das Buch der Riten, Sitten und Gebräuche*, niedergeschrieben wohl im 2. Jh. v. Chr., ist eines der wichtigsten antiken Weisheitsbücher Chinas, das zum großen Teil auf Konfuzius zurückgehen dürfte. Bis heute aktuell sind die Kapitel »Maß und Mitte« und »Das große Lernen« (Daxue), das als ein Handbuch für Führungskräfte gelten kann.

Menzius, circa 370–290 v. Chr., chinesischer Philosoph und bedeutendster Nachfolger des Konfuzius. In seinem nach ihm benannten Werk preist er die Liebe als die wichtigste Tugend. Er war der Meinung, dass Aufrichtigkeit und Rechtschaffenheit neben der Selbstkultivierung der sicherste Weg sind zu sich selbst, aber auch zu dauerhaftem materiellen Gewinn.

Entfremdung und Selbstbetrug verhindern

Umgekehrt finden sich immer wieder Warnungen vor den negativen Folgen der Selbstentfremdung, dem Mangel an Authentizität: »Am schlimmsten ist es, wenn man sich selbst vergisst«, sagt Konfuzius. »Wer seine eigene Persönlichkeit nicht besitzt, der kann sich nicht wohl fühlen […] und sich der Dinge unter dem Himmel erfreuen.«

Bei Menzius lesen wir: »Wer beim Insichgehen nicht wahr ist, der kann nicht mit seinen Nächsten in Eintracht leben.« Mangelnde Aufrichtigkeit führt zum Streit und zu zwischenmenschlichen Konflikten. Kurz und bündig schreibt Seneca: »Niemand kann dauernd eine Maske tragen.«

Wer authentisch leben und sein Selbst bewahren und durchsetzen möchte, der geht keinen einfachen Weg. Die Gesellschaft, die verschiedenen Lebenswelten wie Arbeit, Familie, Freunde, Vereine – alle haben Erwartungen an einen. In der Regel erfüllen wir diese, indem wir eine Rolle übernehmen: der loyale, leistungsbereite Mitarbeiter, der fürsorgliche Familienvater, der liebende Partner et cetera. Dem können wir uns kaum entziehen, weil Rollen zur Struktur einer funktionierenden Lebenswelt gehören. Wenn wir ein Teil davon sein wollen, müssen wir uns in diese Struktur einfügen. Das ist auch meistens kein Problem. Stimmen aber unsere Werte, Überzeugungen und Verhaltensweisen mit denen der jeweiligen Lebenswelt nicht überein, sind wir schnell vor die Wahl gestellt, entweder Abstriche von unseren Überzeugungen zu machen oder die Gemeinschaft zu verlassen. Das Weggehen aber hat seinen Preis, weil niemand ohne ein soziales Umfeld und zwischenmenschliche Beziehungen leben kann.

Menschen sind Beziehungswesen und von Natur aus auf Formen der Verbundenheit mit anderen Menschen angewiesen. Der daraus entspringende Konflikt zwischen dem Selbstsein und den Rollenerwartungen der Gemeinschaft war für Goethe ein lebenslanges Problem, das ihn phasenweise an den Rand der Verzweiflung brachte. Weil er ein starkes Bedürfnis hatte, seine Individualität und seine ganz eigenen Überzeugungen und Werte auszuleben, andererseits aber eine weit bekannte öffentliche Persönlichkeit war, geriet er immer wieder in Konflikt mit der Gesellschaft. Fast durchgängig hatte er das Gefühl, seine Persönlichkeit aufgeben zu müssen, und litt darunter.

Wie ist dieser Konflikt zu lösen? Zunächst gilt es festzustellen, dass die Menschen im Allgemeinen Ehrlichkeit, Aufrichtigkeit und Prinzipientreue schätzen und mit hohem Respekt begegnen. Es hat also nicht immer einen Bruch zur Folge, wenn man offen ausspricht, was man denkt, und sich so gibt, wie man ist. Jede Gemeinschaft verlangt Anpassung und Eingliederung, lebt aber auch von der Individualität und Selbstständigkeit seiner Mitglieder. Sie sind das lebendige, pulsierende Blut im Körper der Gemeinschaft. Jedes erfolgreiche Unternehmen braucht kreative und eigenverantwortliche Mitarbeiter und Führungskräfte. Je mehr diese sich voll und ganz so einbringen können, wie sie sind, desto mehr kommen ihre besten Fähigkeiten und Ressourcen zum Wohle des Ganzen zur Entfaltung.

Andererseits sind die Strukturen häufig starr und machen es schwierig oder gar unmöglich, seine Individualität zu entfalten. Dann stellt sich die Frage, ob wir in der Lage sind, uns in das Unternehmen oder die Gemeinschaft so zu integrieren, dass wir unsere wesentlichen Überzeugungen und Werte wahren können und unsere spezifischen Fähigkeiten und Talente mindestens teilweise einbringen können. Jede Anpassung ist so lange unschädlich, wie wir uns selbst noch spüren, uns nicht verbiegen müssen und Freude an dem haben, was wir tun. Das wird der Fall sein, wenn wir im ausreichenden Maß Selbstwirksamkeit erfahren, das heißt eine wertschätzende und anerkennende Reaktion auf unsere Arbeit, unser spezifisches Können und unsere Person erhalten und auf Dauer gesehen ein Gefühl von Erfüllung und Befriedigung erleben.

Das Eingliedern und Anpassen darf aber nicht dazu führen, dass sich leidvolle Entfremdungsgefühle entwickeln und wir uns in unserer Haut nicht mehr wohlfühlen. Bei allem, was wir tun und darstellen, insbesondere an unserem Arbeitsplatz und in den eigenen vier Wänden, müssen wir unseren wesentlichen Werten, Überzeugungen und Haltungen treu bleiben können. Dann wird die innere Integrität nicht angetastet und wir werden uns nicht untreu. Innere Zielkonflikte bleiben aus, wir sind ausgeglichen, unser Leben verläuft harmonisch und in einem guten Fluss. Wir fühlen uns wohl. Darauf kommt es an, wenn man authentisch und in Übereinstimmung mit sich selbst leben möchte.

Wer sich kennenlernen will, muss sich ausprobieren

Man darf sich seine »Ecken und Kanten« nicht abschleifen lassen, wenn sie zum Kern unserer Persönlichkeit gehören. Solange wir aber in unserer Mitte bleiben, in uns ruhen und die Nähe zu uns selbst nicht verlieren, können wir Kompromisse eingehen. Wir können auch einmal der Meinung des anderen folgen oder etwas tun, von dem wir nicht völlig überzeugt sind, ohne uns selbst aufzugeben. Die Grenze zwischen unschädlichen Kompromissen und dem Verlust der Authentizität ist fließend und lässt sich nicht allgemein bestimmen. Es ist eine ständige Herausforderung für jeden Einzelnen, in konkreten Konflikten zu entscheiden, inwieweit man bereit ist, Zugeständnisse zu machen. Hier kommt unser Bauchgefühl, unsere »emotionale Intelligenz« ins Spiel. Es gilt, regelmäßig und ehrlich in sich hineinzuhorchen und herauszufühlen, mit welchen Zugeständnissen man gut leben kann und welche die Grenze überschreiten und die eigene Integrität gefährden.

Wir werden mit unserer Entscheidung nicht immer richtigliegen. Um sich kennenzulernen, muss man sich ausprobieren. Wenn wir in der Folge bemerken, dass wir uns mit unserer Entscheidung nicht wohlfühlen, müssen wir das Ruder herumreißen und etwas verändern, damit wir wieder ins Gleichgewicht und in Übereinstimmung mit uns selbst kommen. Manchmal lässt sich die genannte Grenze nicht klar erkennen und wir bekommen erst dann ein Gefühl dafür, wo sie verläuft, wenn wir sie verfehlen. Wie lernt man sich kennen, fragte Goethe einmal. Durch Nachdenken nie, antwortete er, man gehe hinaus und tue, wonach einem ist, dann wird man bald bemerken, woran man ist.

Wer authentisch leben möchte, der muss immer wieder zu sich zurückkehren, sich Zeit nehmen für innere Sammlung und Besinnung. »Wer sich nur nach außen wendet, ohne zu sich selbst zurückzukehren«, sagt Zhuangzi, »der geht schließlich als Gespenst herum.« »Gespenst« meint den Verlust der Authentizität. Immer wieder sollte man den Schritt anhalten, sich eine kurze oder längere

Auszeit nehmen und sich fragen, ob man in all seinen Lebensbereichen so lebt, wie man leben möchte, ob es sich noch gut anfühlt, ob man sich in allem spürt, was man sagt, tut und anstrebt. Erlebt man regelmäßig Momente des Glücks, der Zufriedenheit und der Erfüllung, so kann man davon ausgehen, auf dem richtigen Weg zu sein. Stellen sich aber immer wieder Unwohlsein und Unbehagen ein, sollte man sich fragen, ob das nicht darauf zurückzuführen ist, dass man Dinge tut, die einem nicht guttun, oder etwas unterlässt, das einem guttun würde, oder dass man in Verhältnissen lebt, die nicht mehr nährend sind, in denen man sich nicht mehr wiederfindet und stattdessen schmerzhafte Entfremdung erlebt. Erkennt man die Ursache seines Unbehagens, so muss man sich daranmachen, die Umstände zu verändern, sodass man wieder zurück in seine Mitte kommt und sich wohlfühlt.

Die Erkenntnis, wer man ist, was der Kern der eigenen Persönlichkeit ist und welche Bedürfnisse die tiefsten sind, ist keine leichte Aufgabe. Wir widmen ihm ein eigenes Kapitel, die »Selbsterkenntnis«. Hier sei schon einmal darauf hingewiesen, dass es viel damit zu tun hat, an sich selbst die Fremdprägungen zu erkennen, die nicht zu einem passen und einem nicht guttun. Häufig liegen sie in der frühsten Kindheit, manchmal sogar in der pränatalen Phase und können sogar transgenerationell von Erlebnissen der Vorfahren herrühren. Das macht es schwierig, ja unmöglich, sie alle aufzuspüren und klar zu erkennen. Wir werden aber umso leichter imstande sein, unser eigenes Leben zu führen, je mehr wir davon aufdecken und das Fremde in uns abbauen. »Bekämpfe das Falsche in dir«, heißt es in der *Lehre des Ani*, einem ägyptischen Papyrus, der etwa 3500 Jahre alt ist.

Lehre des Ani: eine der zahlreichen Weisheitstexte aus dem alten Ägypten. Schon in der Antike stand die Weisheit der Ägypter in hohem Ansehen. Sie waren die Lehrer der Griechen. Erst vor 200 Jahren ist es gelungen, die Keilschrift der alten Ägypter zu entziffern.

Natürliches Bedürfnis nach Anerkennung und Gesehenwerden

Auch die sozialen Medien stellen bei allen Annehmlichkeiten, die sie bieten, eine Gefahr für unsere Authentizität dar, insbesondere bei jüngeren Menschen. Das gegenseitige Präsentieren und Bewerten von Selfies und anderen Selbstdarstellungen, die grenzenlose Reichweite, gigantische Verbreitung und die Intensität der Nutzung dieser Medien verleiten dazu, sein Selbst an die Erwartungen und Vorlieben der Menge zu verkaufen. In dem Bedürfnis nach Gesehenwerden, Anerkennung und Wertschätzung will man gefallen und zeigt sich so, wie die anderen einen sehen wollen und wie es gerade besonders beliebt und modisch ist. Die Konzentration und Fixierung auf Äußerlichkeiten lassen innere Werte verkümmern. Der Schein wird wichtiger als das Sein. Das geht zulasten der Authentizität. Anstatt dem Eigenen folgt man den »Influencern«.

Das Bedürfnis nach Anerkennung und Gesehenwerden ist ganz natürlich. Ohne wertschätzende Beziehungen kann niemand leben und schon gar nicht glücklich werden. Zu einer Gefahr für unser Selbstsein aber wird das Bedürfnis nach Anerkennung, wenn es zu einer Sucht und Abhängigkeit von der Meinung und Bewertung der anderen wird. Da wir über unsere Smartphones die Möglichkeit haben, uns den ganzen Tag lang einer unendlichen Zahl von Menschen zu präsentieren und um Anerkennung zu buhlen, die wir anderswo nicht erhalten, ist die Gefahr groß, uns ganz in der Welt der sozialen Medien zu verlieren. Die Frage, wie wir gesehen werden, verdrängt die Frage, wer wir sind. Wer sein Selbst erkennen, kultivieren und wahren möchte, sollte zu dieser weitverbreiteten Sucht nach Likes und Followern auf Distanz gehen oder nur in dem Maße daran teilnehmen, wie er noch bei sich und in seiner Mitte bleibt. Solange der Wunsch nach Erkenntnis, Pflege und Ausleben des Eigenen und nach innerer Stimmigkeit stärker bleibt als der nach Anerkennung von außen, wird man den Segen dieser technischen Möglichkeit nutzen, ohne ihren Gefahren zu erliegen.

Wenn Authentizität bedeutet, ehrlich zu sein und auszusprechen, was man denkt, so gilt sie nicht grenzenlos. Es ist nie ein Wert oder ein Bedürfnis allein, das zu einem gelingenden Leben führt. Es gibt eine Reihe von Werten, denen man gleichzeitig gerecht werden muss, wenn man glücklich leben möchte. Eine ähnlich wichtige Rolle wie der Authentizität kommt dem Bedürfnis nach guten Beziehungen, nach einem erfüllenden Job, nach Entfaltung der eigenen Anlagen, nach innerem Wachstum und Gelassenheit zu. Geraten die eigenen Werte in einer konkreten Situation in Konflikt miteinander, so müssen wir abwägen, welchem Wert wir Vorrang einräumen. Wenn unsere Ehrlichkeit andere bloß verletzen würde, ohne sie zu erreichen, dann sollten wir das, was wir denken, in diesem Augenblick besser nicht aussprechen. Wir sollten auf einen passenden Moment warten, in dem die Wahrheit nicht verletzt, die Türen zum anderen geöffnet sind und die Chance besteht, dass er versteht, was wir ihm sagen wollen.

Das ist kein Verlust an Authentizität, weil der Wert, dem wir in dieser konkreten Situation Vorrang geben, nämlich anderen Menschen nicht wehzutun, ebenfalls von großer Wichtigkeit für uns ist und Geltung beansprucht. Stimmt die getroffene Abwägung mit der eigenen Wertehierarchie überein, bleiben wir uns selbst treu, sind wir wahrhaftig und stimmig, selbst wenn wir verschweigen, was wir gerade denken. Authentizität bedeutet einen möglichst hohen Grad an Übereinstimmung mit sich selbst als einem Ganzen zu finden, der von verschiedenen Bedürfnissen, Werten und Überzeugungen gekennzeichnet und getragen wird. Stimmig leben heißt dann, immer wieder eine Harmonie unter den eigenen Seelenkräften herzustellen, sodass diese, wie sich Platon einmal ausdrückte, untereinander befreundet sind und in Frieden miteinander koexistieren. Gelingt uns das, so stellt sich ein Gefühl von Seelenfrieden und Wohlgemutheit ein. Wir sind uns treu geblieben und fühlen uns rundum wohl. Das ist Authentizität, die »Geborgenheit im Innern«, wie es im *Liji* heißt.

Das kann auf alle Kompromisse übertragen werden, zu denen wir in dem Konflikt zwischen Außen und Innen, zwischen den Anforderungen der Arbeit, der Familie, den Freunden und unserem Selbst jeden Tag aufs Neue gedrängt werden: Alle Entscheidungen, die wir treffen, sollten Ausdruck unserer innersten Persönlichkeit sein, sodass wir das Gefühl haben, uns treu zu bleiben und das Leben zu führen, das wir im Hinblick auf unsere tiefsten Bedürfnisse führen möchten.

Platon, 427–347 v. Chr., einer der wichtigsten Philosophen der Philosophiegeschichte, Schüler des Sokrates und Lehrer des Aristoteles. Eine lustige Anekdote besagt, er habe den Menschen einmal als ein »zweibeiniges, ungefiedertes Lebewesen« definiert. Da brachte Diogenes einen gerupften Hahn herbei und meinte, dies sei Platons Mensch. So viel zur Aussagekraft von Definitionen. Das soll den berechtigten Ruhm des großen Philosophen aber nicht schmälern.

Diogenes, circa 413–323 v. Chr., den meisten als »Philosoph aus der Tonne« bekannt, da er zeitweise in einem alten Weinfass lebte. Ein liebenswürdiges Lästermaul, der seinen Athener Mitbürgern ihre Arroganz und Prinzipienlosigkeit vorhielt. Bei allen Unarten, die er auch an den Tag legte, kann er auch heute noch als ein Vorbild an Eigenständigkeit, Selbstgenügsamkeit und Authentizität gelten: »Warum er das Theater immer durch den Hintereingang betrete«, wurde er gefragt. »Mein ganzes Leben habe ich es so gehalten«, war seine Antwort.

Authentisch und aus unserer Mitte heraus zu leben, hat neben anderem auch zum Ziel, dass wir möglichst frei werden von leidvollen Affekten wie Angst, Wut, Neid und anderen mehr. Wenn diese stark sind, vereinnahmen und beherrschen sie uns, sodass wir unsere Mitte und Ausgeglichenheit verlieren. Wir geraten »außer uns«. Davon soll in einem anderen Kapitel die Rede sein. Ein gelingendes Leben gleicht einem Klavier, bei dem wir auf vielen Tasten spielen müssen, damit eine schöne Musik dabei herauskommt. Hier haben wir versucht, diejenigen Töne anklingen zu lassen, die mit Authentizität zu tun haben.

Drei Lehren zur Authentizität

1.

Authentizität bedeutet, dass Denken, Fühlen, Wollen, Sprechen und Handeln in Übereinstimmung kommen und es keine Widersprüche oder Gegensätze gibt.

2.

Authentizität bedeutet auch, den eigenen Werten, Überzeugungen, Haltungen und Lebenszielen treu zu bleiben und sie nie aus den Augen zu verlieren.

3.

Leben wir nicht authentisch, stellen sich Entfremdungsgefühle ein. Wir sollten ihnen nachgehen, ihre Ursachen erkennen und sie abbauen.

Drei Übungen zur Authentizität

1.

Eine wichtige Übung ist, sich regelmäßig ehrlich Rechenschaft über sein augenblickliches Leben zu geben, am besten schriftlich, etwa in einem Tagebuch: Fühle ich mich noch gut in allem, was ich tue? Stimmen meine zwischenmenschlichen Beziehungen? Lebe ich meine tiefsten Bedürfnisse? Suche dafür innere Sammlung, Stille und Alleinsein an geeigneten Orten.

2.

Wenn etwas nicht stimmt, suche die Ursachen, fasse Mut, die Verhältnisse zu ändern, und gebe nicht auf, bis es wieder für dich passt.

3.

Übe dich darin, gegen den Strom zu schwimmen und den dabei entstehenden Widerstand in Kauf zu nehmen, wenn du das Gefühl hast, dass dein eigener Weg von dem Weg der anderen und der Masse abweicht.

KAPITEL 3
UMGANG MIT SCHEITERN

»Man sagt, der Weise verstehe, Unglück in Glück zu verwandeln.«
Konfuzius

»Ein widriges Schicksal umzudrehen gilt es nun als Erstes einzuüben und zu trainieren – wie [...] Diogenes, als er verbannt wurde, sagte: ›Gar nicht so schlecht.‹ Denn in der Verbannung begann er zu philosophieren.«
Plutarch

»Man muss alles, was kommt, mit edler Fassung über sich ergehen lassen, ohne sich über das Schicksal zu beklagen, vielmehr bereit sein, alles Schlimme zum Besten auszulegen.«
Seneca

Vermeintliches Scheitern

Christoph Kolumbus, ein italienischer Seefahrer im Dienste Spaniens, ist ein Paradebeispiel dafür, wie ein vermeintliches Scheitern die Welt für immer verändern kann. Kolumbus brach 1492 mit der Absicht auf, eine westliche Seeroute nach Indien zu finden, um den Handel mit Asien zu erleichtern, indem er die damals gefährlichen und langwierigen Landrouten umging. Stattdessen stieß er auf Amerika, einen Kontinent, der in Europa bis dahin unbekannt war. Während er bis zu seinem Tod glaubte, den Rand Asiens erreicht zu haben, eröffnete sein Irrtum Europa den Weg zu neuen Ländern, Ressourcen und letztendlich zur Kolonisierung der Neuen Welt. Kolumbus' Unternehmung, obwohl in vielerlei Hinsicht umstritten und mit gravierenden Folgen für die indigenen Völker Amerikas verbunden, veränderte den Lauf der Weltgeschichte und leitete das Zeitalter der großen Entdeckungen ein.

Zenon von Kition, der Begründer der stoischen Philosophie, illustriert eine andere Art des Umgangs mit persönlichem Scheitern, das sich in tiefe Einsicht verwandelt. Nachdem er Schiffbruch erlitten und sein ganzes Vermögen verloren hatte, fand sich Zenon in Athen wieder. Dort kam er in Kontakt mit den Lehren des Sokrates und anderer Philosophen, was sein Interesse an der Philosophie weckte. Dieser Wendepunkt in seinem Leben führte dazu, dass er Philosoph wurde und eine Schule gründete, die nach der »bemalten Säulenhalle« (griechisch *stoa poikile*) die Stoa genannt wurde. Die stoische praktische Philosophie betont die Tugend, die Resilienz, die Beherrschung der eigenen Emotionen und die Freiheit von Affekten. Zenons Schiffbruch, sein »Scheitern« als Kaufmann, führte ihn zu einer neuen Berufung, die einen tiefgreifenden Einfluss auf die westliche Ethik und Philosophie hatte. Der Stoizismus lehrt, dass das Glück nicht von äußeren Umständen, sondern von der Weisheit und der inneren Haltung abhängt, eine Botschaft, die auch heute noch Gehör findet.

Sowohl Christoph Kolumbus' vergeblicher Versuch, eine neue Route nach Indien zu finden, als auch Zenons unerwartete Lebenswende nach seinem Schiffbruch zeigen, wie unvorhergesehene Ereignisse und Irrtümer zu tiefgreifenden Veränderungen und neuen Erkenntnissen führen können, die weit über die ursprünglichen Absichten und Erwartungen hinausgehen. Ähnliche Beispiele für ein Scheitern, das sich später als Glück herausstellt, gibt es auch in der Moderne. So wurde die heutige Alphabet-Tochter YouTube ursprünglich von Steve Chen, Chad Hurley und Jawed Karim gegründet. Die Idee dazu entstand aus einem ganz anderen Ansatz heraus: Ursprünglich wurde YouTube als eine Dating-Website konzipiert, auf der Benutzer Video-Profile von sich selbst erstellen konnten, um einen potenziellen Partner zu finden. Die Gründer stießen jedoch auf ein Problem: Es gab wenig Interesse an der Nutzung der Plattform für Dating-Zwecke. Trotz dieses anfänglichen Rückschlags ließen sich Chen, Hurley und Karim nicht entmutigen. Angesichts der geringen Beteiligung und Nutzung ihrer Dating-Plattform entschieden sie sich, die Ausrichtung von YouTube grundlegend zu ändern. Sie öffneten die Plattform für Videos aller Art, nicht nur für Dating-Profile. Diese Flexibilität führte letztlich zum durchschlagenden Erfolg von YouTube als der weltweit führenden Plattform für Videoinhalte. Der Umgang der Gründer mit dem anfänglichen Scheitern von YouTube zeigt, wie wichtig es ist, offen für Veränderungen zu sein und aus Fehlern zu lernen. Statt an ihrer ursprünglichen Idee festzuhalten, erkannten sie die Notwendigkeit einer Neuausrichtung und nutzten die Gelegenheit, um YouTube zu einer offenen Plattform für Videoinhalte zu machen. Diese Entscheidung erwies sich als wegweisend und machte YouTube zu einer der meistgenutzten Plattformen des Internets, wie wir es heute kennen.

Grundsätzlich gilt: Niemand kommt ungeschoren davon. Wer lange lebt, wird auch zahlreiche große und kleine Niederlagen erleiden. Er wird immer wieder erfahren müssen, dass das Leben nicht nach Plan verläuft, dass man Fehler macht, dass man Verluste erleidet, dass sich Träume und Wünsche nicht erfüllen, dass manche Sehnsucht ungestillt bleibt. »Dem Menschen gelingt kein Plan – denn der des Herrn des Lebens ist ganz anders«, heißt es in einem über 3000 Jahre alten ägyptischen Text. Auf solche Erfahrungen folgen häufig Enttäuschungen, Frustrationen, Leiden und Trauer. Wie soll man damit umgehen? Lassen sie sich vermeiden oder verringern? Wie kann ein Leben trotzdem gelingen? Untergraben diese Rückschläge nicht das Selbstvertrauen und zeigen uns auf schmerzhafte Weise, wie schwach und fehlbar man ist? Oder verbergen sich in ihnen auch Chancen, Möglichkeiten und Gelegenheiten, um zu lernen, zu wachsen und sich zu entfalten, ja, sich überhaupt erst am Leben zu erfreuen?

In diesem Kapitel wird eines der wichtigsten Themen für ein glückliches Leben behandelt: der Umgang mit der Welt, dem Schicksal, das, was häufig nicht in unserer Hand liegt, über uns hereinbricht und das uns immer wieder deutlich macht, wie ausgeliefert und machtlos man oftmals ist. Speziell wollen wir uns mit dem Scheitern und dem Misslingen beschäftigen, das manchmal an uns liegt, häufig aber reiner Zufall ist. Wer keine gute Strategie hat, dem Scheitern zu begegnen, sich dem Schicksal zu stellen und mit ihm in produktiver Weise umzugehen, wird sich immer wieder ärgern und aufregen, wird leiden und viele Enttäuschungen erleben. Im Laufe der Zeit wird er missmutig, sein Lachen und seine Freude am Leben verlieren. In allen Weisheitstraditionen in Orient und Okzident hat man sich daher intensiv mit der Frage beschäftigt, wie man mit dem Scheitern von Unternehmungen, Wünschen, Vorstellungen und Zielen umgehen kann, ohne dass die innere Ausgeglichenheit und das seelische Wohlbefinden verloren gehen oder nachhaltige Einbußen erleiden.

Was bedeutet Scheitern? Was heißt Erfolg? Scheitern bedeutet zunächst einmal, dass etwas misslingt, fehlschlägt, anders endet als geplant. Im allgemeinen Sprachgebrauch und persönlichen Erleben wird aber häufig noch etwas anderes mitgedacht: Dass das Misslingen auch ein *persönliches* Scheitern ist, eine persönliche Niederlage, die wir als seelische Enttäuschung, Frustration und Minderung des eigenen Selbstwertgefühls erleben und die uns in den Augen der anderen herabsetzt. Daher ist Scheitern in aller Regel mit seelischem Leid verbunden.

Aber ist dieses Leiden, der Ärger und die Enttäuschung dem angemessen, was objektiv passiert ist? Im antiken Weisheitsdenken galt jemand nur dann als »gescheitert«, wenn er sein Lebensziel verfehlt, und dieses war nach Meinung aller das glückliche und gelingende Leben. Das aber ist keineswegs schon der Fall, wenn etwas nicht nach Plan verläuft. Die antiken Denker vertraten die Auffassung, dass ein gelingendes Leben sehr wenig mit dem Erfolg unserer täglichen Unternehmungen, Ziele und Wünsche zu tun hat, also dem, was wir *im Außen* zu erreichen suchen. Das Glück liege weder in »Herden noch im Golde«, also in äußeren Gütern, meinte der griechische Philosoph Demokrit, sondern im Innern der Seele. Ganz in diesem Sinne heißt es in der altindischen *Bhagavadgita*: »Das Werk zu tun sei dein Beruf / Nicht kümmre dich's, ob es gelang.« Für eine Zufriedenheit mit dem eigenen Leben kommt es auf den Seelenzustand an, darauf, dass man mit sich und dem, was man tut und wie man es tut, im Reinen ist und sich deshalb »in seiner Haut« wohlfühlt. »Glück und Unglück ist Sache der Seele«, sagt Demokrit. Erfolg im Außen, berufliche Karriere und die Ansammlung von materiellen Gütern mögen einen gewissen Einfluss auf das Wohlbefinden haben. Aber das Maß ihres Vorhandenseins oder Fehlens ist nicht entscheidend für das ersehnte Lebensglück. Zufrieden kann man auch in bescheidensten Verhältnissen sein, wie es umgekehrt Menschen gibt, die alles haben, aber unglücklich sind.

Bhagavadgita: eines der wichtigsten philosophischen Lehrgedichte des Hinduismus, das vermutlich zwischen dem 5. und 2. Jh. v. Chr. aufgeschrieben wurde. Mahatma Gandhi nahm die *Bhagavadgita* immer zur Hand, wenn er deprimiert war und sich verlassen fühlte. Nachdem er dann eine Strophe gelesen hatte, begann er zu lächeln »inmitten aller Tragödien«. Wenn diese bei ihm keine Wunden hinterließen, so verdanke er dies den »Lehren der Gita«.

Danach sind wir weder »gescheitert«, wenn uns im Außen etwas misslingt, noch sind wir wahrhaft »erfolgreich«, wenn uns etwas gelingt. Die Frage ist vielmehr, ob unser Leben als Ganzes glückt, ob wir im Innern wachsen und blühen, ob wir unsere Persönlichkeit entfalten und entwickeln. Im allgemeinen Sprachgebrauch beziehen wir »erfolgreich« immer auf äußeren Erfolg. Dabei übernehmen wir die herrschenden, gesellschaftlich vermittelten Wertvorstellungen. Erfolg und Scheitern wird an äußerlichen Kriterien bemessen wie großer Besitz, Karriere, Macht, Einfluss, Ansehen und Stellung in der Gesellschaft. Nur Menschen, die solche Werte unkritisch übernehmen und verinnerlichen, erleben das Scheitern im Außen als eine Enttäuschung, Katastrophe und persönliche Niederlage mit all den negativen Gefühlen, die dadurch ausgelöst werden. Für Menschen, die die Wurzel ihres Lebensglücks in der eigenen Seelenverfassung sehen und in der Stimmigkeit ihres äußeren Lebens mit den eigenen Werten, Haltungen und Anschauungen, für die kommt es weniger darauf an, ob erreicht wird, was man im Außen anstrebt, als vielmehr, ob man sich im täglichen Lebens*vollzug* wohlfühlt. Der Weg ist das Ziel, nicht das Ankommen, nicht das Erlangen von Gütern, einer beruflichen oder gesellschaftlichen Stellung, nicht das Gelingen einer einzelnen Unternehmung. Es geht um das Sein, nicht um das Haben.

Im Unterwegssein erreicht der Weise sein wichtigstes Ziel, nämlich das Gefühl, in jeder Minute so zu leben, wie er leben möchte, und das zu tun, was er für gut und richtig hält. »Dem tätigen Menschen kommt es darauf an, daß er das Rechte tue; ob das Rechte geschehe, soll ihn nicht kümmern«, sagt Goethe. Wer glücklich und zufrieden lebt, der empfindet in jedem Augenblick ein Gefühl von Erfülltheit. Verwirklicht sich darüber hinaus noch das verfolgte äußere Ziel, so erlebt er einen Glücksmoment. Aber solche Glücksmomente sind von kurzer Dauer und nicht nachhaltig. Etwas anderes ist die durchgängige Freude am Leben. Diese hängt nicht davon ab, ob irgendetwas erreicht wird oder sich ein äußerer Erfolg einstellt. Es ist wie beim Wandern. Zweifellos verschafft es ein Glücksgefühl, auf einem

Gipfel anzukommen. Aber das eigentlich Beglückende und Nachhaltige ist die Wanderung selbst.

Ob ein äußeres Scheitern in einem Menschen negative Gefühle wie Enttäuschung, Frustration, Ärger und Selbstzweifel auslöst, hängt daher entscheidend von seiner inneren Haltung und seinen Vorstellungen ab. Definiert er sich und sein Lebensglück über Äußeres, wird er immer wieder von Enttäuschungen und negativen Gefühlen heimgesucht werden. Denn wem gelingt schon alles, was er beginnt? »Manches keimt und wächst, kommt aber nicht zur Blüte. Manches blüht, bringt aber keine Früchte«, sagt Konfuzius. Ist es nicht in Wirklichkeit so, dass kein Tag genau so verläuft, wie wir uns das vorstellen und wünschen? Erleben wir nicht häufig, dass unsere Pläne von irgendwelchen Zufällen durchkreuzt werden? Ist das nicht der Grund dafür, warum die Menschen ständig Anlass finden, sich zu ärgern? Führt das nicht bei vielen Menschen dazu, dass sie im Laufe der Zeit immer unzufriedener werden und immer seltener echte und tiefe Freude erleben?

Haben wir aber erkannt, dass das Glück in uns, in unserem inneren Reichtum und in einem Leben in Übereinstimmung mit uns selbst liegt, dann ist es von wesentlich geringerer Bedeutung, ob und inwieweit wir unsere äußeren Ziele erreichen. Diese werden nicht gänzlich ausbleiben, wenn man sich anstrengt und sein Bestes gibt. Aber was, wann, wie und in welchem Maße etwas gelingt, das liegt nie vollständig in unserer Hand. Deshalb sollten wir, wie die Stoiker sich ausdrückten, die Erfolge im Außen dem Schicksal oder der »göttlichen Fügung« überlassen. Wir sollten uns weder an Hoffnungen klammern noch mit Sorgen und Ängsten belasten. Wir konzentrieren uns auf das, was an uns liegt, nämlich unser Bestes zu geben, und sollten darin unsere Freude und Erfüllung finden. Dann empfangen wir die tiefsten Freuden aus uns selbst, aus der Stimmigkeit unserer Lebensführung und aus einer Grundstimmung heiterer Gelassenheit.

Eine solche Haltung kennt nur einen Fall, den man als Scheitern bezeichnen könnte, nämlich, dass »man sich selbst betrügt«, wie

Sokrates es ausdrückt, dass man nicht in Übereinstimmung mit sich selbst lebt und nicht das Leben führt, das den innersten Bedürfnissen entspricht. Im Übrigen aber gibt es kein Scheitern, keine Enttäuschung, keine Frustration, kein Ärgern. Denn jede andere Zielverfehlung betrifft nicht unseren Kern und gefährdet nicht unser Lebensglück. Wer eine solche Einstellung hat, entwickelt bei dem, was er tut, keinerlei Ängste, Sorgen oder banges Hoffen. Er bleibt ruhig, weil er weiß, dass das eigene Lebensglück nicht abhängt vom Ausgang seiner Unternehmungen. Diese innere Ruhe aber gibt Kraft, Geduld und Ausdauer. Am Ende erreicht man im Äußeren mehr, als wenn man, von Ängsten und übermäßigem Ehrgeiz getrieben, mit verkrampfter Verbissenheit seine Ziele verfolgt.

Es ist nicht einfach, eine solche philosophische Haltung so zu verinnerlichen, dass man auch danach handelt und in dieser Weise lebt. Denn in vielen Menschen ist die Ausrichtung auf äußeren Erfolg tief verwurzelt. Grund dafür ist zum einen die in der Gesellschaft vorherrschende und von der Werbeindustrie massiv genährte Vorstellung, dass äußerer Erfolg und materielle Güter für das Lebensglück der Menschen von entscheidender Bedeutung, ja, mit ihm identisch seien. Häufig geht eine solche Ausrichtung auch auf frühkindliche Prägungen zurück. Zahlreiche Menschen leiden darunter, dass sie von ihren Eltern oder einem Elternteil nicht so geliebt wurden, wie sie es gebraucht hätten, oder nicht so angenommen und wertgeschätzt wurden, wie sie sind. Nicht selten projizieren die Eltern ihre eigenen Wunschvorstellungen auf die Kinder, die diese dann unbewusst übernehmen und verinnerlichen, denn sie wollen es den Eltern recht machen und von ihnen geliebt werden. Das Ergebnis ist regelmäßig, dass diese Kinder später einen gesteigerten Ehrgeiz entwickeln, sich über äußeren Erfolg und Güter definieren und als Ersatz für die versagte elterliche Liebe ständig der Wertschätzung anderer Menschen bedürfen. Für sie ist dann jeder Misserfolg, jedes Nichterreichen und jedes Scheitern eine massive Bedrohung des eigenen Selbstwertes und der persönlichen Integrität. Diese psychische Konstellation und Grundhaltung wird im Laufe von vielen Jahren durch ständiges Wiederholen verinnerlicht und zu einem hartnäckigen Denk- und Verhaltensmuster. Umso schwerer ist es, solche Muster zu ändern oder aufzulösen. Grundsätzlich kann jede Einstellung durch eine andere ersetzt werden, denn das Gehirn ist ein lebendes Organ, das formbar ist und ständigen Änderungsprozessen unterliegt. Aber eine bewusste innere Umerziehung, eine »kognitive Umstrukturierung«, braucht Zeit, regelmäßige Übung im Denken, Wollen und Handeln und vor allem die Einsicht, dass dies der Weg zu einem besseren Leben ist, zu mehr Freude und größerer Zufriedenheit.

Wie sollen wir mit einem Scheitern umgehen?

Das Wichtigste beim Umgang mit einem Scheitern geschieht im Vorfeld, nämlich bei der mentalen Vorbereitung auf ein mögliches Scheitern. Kommt es dazu, ohne dass wir darauf vorbereitet sind, sind Enttäuschung, Frustration und Selbstzweifel unausweichlich. Bevor wir etwas beginnen, dessen Ausgang nicht vollkommen in unserer Hand liegt, sollten wir uns klarmachen, dass jederzeit unerwartete Umstände, der Zufall, Entscheidungen oder Handlungen anderer dazwischentreten können, sodass wir unser Ziel nicht erreichen. Die Stoiker nannten eine solche Einstellung *praemeditatio malorum*, das Vorwegbedenken eines ungünstigen oder unplanmäßigen Verlaufs. Wir sollten unser Bestes geben, unsere Absichten durchzusetzen, aber stets im Auge behalten, dass es genauso gut möglich ist, dass wir keinen Erfolg haben werden. Der Stoiker Seneca gab daher die beherzigenswerte Empfehlung, sich bei jeder Unternehmung, die man beginnt, gleich vorab zu sagen: »[…] wenn nichts dazwischen kommt.« Modern gesprochen: Man sollte stets einen »Plan B« bereithalten, mag dieser auch bloß darin bestehen, dass man sich klarmacht, dass die Welt auch bei einem Scheitern nicht untergehen wird, und dass, wenn nicht dieses, so ein anderes Unternehmen gelingen wird.

Dies ist keine Schwarzmalerei oder demotivierender Pessimismus, sondern im Gegenteil eine Quelle der Freude. Denn tatsächlich gelingt uns im täglichen Leben viel mehr als uns misslingt. Wir dürfen nur nicht jeden planmäßigen Ablauf als selbstverständlich ansehen, sondern müssen uns angewöhnen, uns über jedes noch so kleine Gelingen zu freuen. Wer mit dem Scheitern rechnet, freut sich an jedem Gelingen. Um ein einfaches Beispiel zu geben: Wir fahren in den Urlaub und registrieren häufig nicht einmal, dass wir glücklich ankommen und gesund wieder nach Hause zurückkehren. Dabei könnte man sich schon darüber freuen, dass man bei frühem Reiseantritt den Wecker hört, dass man den Bus zum Hauptbahnhof erwischt, dass der Zug pünktlich losfährt und nicht stecken bleibt, dass man am Zielort ein Taxi bekommt, das uns unfallfrei zum Hotel bringt, dass das Hotel unseren Wünschen entspricht, das Zimmer ruhig und das Essen gut ist, dass die Sonne scheint. Bei jeder der genannten Etappen könnte auch etwas dazwischenkommen. Wer sich darin übt, jedes Etappenziel wertzuschätzen, es nicht als selbstverständlich zu nehmen und sich daran zu erfreuen, der wird jeden Tag zahlreiche Gelegenheiten zur Freude haben und mit Leichtigkeit und Gelassenheit darüber hinwegsehen können, wenn einmal etwas nicht gelingt. Im Laufe der Zeit wird aus dieser Übung eine innere Haltung, die das ganze Lebensgefühl positiv prägt. Es stellt sich eine dauerhafte Grundbefindlichkeit heiterer Gelassenheit ein, die für die Weisen des Altertums nichts anderes war als Glück.

Was diesen gelassenen Umgang mit dem Scheitern ermöglicht, ist das Wissen von der Unverfügbarkeit eines jeden Geschehens, das man sich immer wieder vergegenwärtigen und vor Augen halten sollte. Der Zufall ist nicht beherrschbar, aber immer mit im Spiel. Wir können noch so vorsichtig, behutsam und klug eine Sache vorbereiten, es kann immer etwas Unvorhergesehenes dazwischenkommen. Zhuangzi erzählt dazu eine kleine Geschichte: »Konfuzius geriet in Gefangenschaft. Man drohte ihm mit dem Tode, weil man ihn mit einem gesuchten Schwerverbrecher verwechselte. Trotzdem sah man ihn singen und die Laute spielen: Wer in der Erkenntnis dessen, dass Erfolg und Misserfolg von Schicksal und Zeit abhängen, in der größten Not nicht verzagt, der hat den Mut des Heiligen.« Es ist das Wissen um die »Launenhaftigkeit des Schicksals« und das feste Ruhen in sich selbst, das uns jedes Scheitern leichtnehmen lässt. Am nächsten Tag erkannte man den Irrtum und ließ Konfuzius frei.

Sokrates führt vier Argumente an, die man sich vor und im Falle eines Scheiterns sagen sollte: Erstens, dass man nicht wissen könne, ob das Scheitern etwas Schlechtes oder etwas Gutes bedeutet. Man sieht nur die nächstliegenden Folgen, nicht das, was sich daraus im weiteren Verlauf entwickelt. Häufig stellt sich später heraus, dass das vermeintliche Scheitern ein großes Glück war, etwa weil sich unerwartete positive Folgen einstellten oder sich an das Erreichen des Zieles irgendeine ungünstige Entwicklung angeschlossen hätte. Wer eine schöne Frau heimführt, sagte Sokrates an anderer Stelle, weiß nicht, ob er sich damit mehr Glück oder mehr Unglück ins Haus holt. Das Zweite, was er anführt, ist, dass es die Sache um nichts besser macht, wenn wir uns über ein Scheitern aufregen. Drittens bleiben äußerer Erfolg oder Misserfolg etwas Äußerliches und betreffen nicht das Wichtigste im Leben, dass man nämlich seine innere Integrität bewahrt und sich selbst treu bleibt. Schließlich kommt demjenigen, der beim Klagen über das Missgeschick stehen bleibt, nicht in den Sinn, wie man daraus irgendeinen Nutzen ziehen kann.

Hier klingt ein weiterer wichtiger Aspekt im Umgang mit dem Scheitern an: Jedes Scheitern bietet auch Chancen, man muss sie nur erkennen. Konfuzius drückte es so aus: »Man sagt, der Weise verstehe, Unglück in Glück zu verwandeln.« Den Gedanken finden wir in allen antiken Weisheitstraditionen. Auch heute noch stoßen wir auf ihn. Der berühmte österreichische Psychiater und Neurologe Viktor E. Frankl, der seine ganze Familie im Konzentrationslager verloren hat, selbst dort eingesperrt war und nur knapp dem Tod entkam, sagte später in einem Interview, man könne auch eine Tragödie noch in einen Triumpf verwandeln. Jedes Scheitern bietet Chancen und Möglichkeiten, wenn wir lernen, auf das Geschehene aus einer anderen Perspektive zu schauen. Wir sollten üben, uns im

Falle eines Scheiterns unverzüglich zu fragen, welche neuen Möglichkeiten sich uns bieten. Selbst wenn wir solche nicht erkennen, so können wir das Geschehen immer noch als eine Herausforderung, eine Übung in Geduld und Gelassenheit ansehen und selbst in der scheinbaren Niederlage wachsen. »Bewahre stets den Gleichmut dir / Ob gut, ob schlecht der Ausgang sei«, heißt es in der *Bhagavadgita*, und an anderer Stelle: Derjenige ist weise, der »in Glück und Unglück gleich sich bleibt«.

Viktor E. Frankl, 1905–1997, Begründer der »dritten Wiener Schule« der Psychotherapie. Er überlebte mehrere Konzentrationslager nur deshalb, weil er unbedingt wollte, dass seine psychotherapeutische Lehre veröffentlicht werde, die Logotherapie und Existenzanalyse. Er war der Überzeugung, dass der Mensch seelisch erkrankt, wenn er keinen Sinn in seinem Tun erkennen könne. Sein bekanntestes Buch war sein Erfahrungsbericht aus dem Konzentrationslager *... trotzdem Ja zum Leben sagen*, das sich weltweit millionenfach verkaufte.

Genau diese Eigenschaft, die Kunst des Tragen-Könnens, das Sich-gleich-Bleiben auch bei Niederlagen, war es, die die Schüler des Sokrates am meisten an ihm bewunderten. Die Stoiker nannten es später die »Unerschütterlichkeit des Weisen«. Es war für sie das Ideal einer gelungenen Lebensführung. Es ist die vollkommene Gelassenheit im Angesicht eines Scheiterns. Gelassenheit ist nicht Gleichgültigkeit, sondern die Fähigkeit, auch bei Niederlagen in seiner Mitte zu bleiben, Ruhe zu bewahren und besonnen zu reagieren. Dies gelingt, wenn man äußeren Misserfolg relativiert und dies bei jedem Scheitern einübt. Der Stoiker Epiktet hat immer wieder darauf hingewiesen, dass uns jedes Missgeschick, wenn wir auch sonst keinen Vorteil daraus ziehen können, mindestens eine Gelegenheit gibt, Gelassenheit zu üben. In seinen Reden sagte er: »Ein böser Nachbar? Doch nur sich selbst; aber mir ein guter! Übt er mich doch in der Gelassenheit und Nachgiebigkeit [...] Das ist der Zauberstab des Hermes:

›Berühre damit, was du willst, und es wird zu Gold!‹ Bring mir, was du willst, und ich werde es zum Guten zu wenden wissen.« Es liegt nur an uns, dass wir durch eine Änderung der Blickrichtung etwas scheinbar »Schlimmes zum Besten auslegen« (Seneca). Selbst das Leid, das ein Scheitern bei vielen auslöst, kann umgewandelt werden. Der vietnamesische Mönch Thich Nhat Hanh schreibt: »Auch Buddhas und Bodhisattvas leiden. Der Unterschied zwischen ihnen und uns ist der, dass sie ihr Leiden in Freude und Mitgefühl zu verwandeln wissen.«

Epiktet, circa 50–138 n. Chr., ein freigelassener Sklave, der zu einem der bedeutendsten philosophischen Lehrer Roms wurde. Die stoische Ethik stand im Mittelpunkt seiner Lehren. Bücher sind von ihm nicht überliefert, nur Mitschriften aus seinen Vorlesungen. Sokrates war sein großes Vorbild, das ihn selbst zu einem der »größten Wunder der antiken Sittlichkeit« machte (Nietzsche).

Thich Nhat Hanh, 1926–2022, vietnamesischer buddhistischer Mönch und Schriftsteller. Er hat wesentlich dazu beigetragen, den Buddhismus im Westen populär zu machen. Während des Vietnamkrieges half er, Schulen und Krankenhäuser aufzubauen. Er lebte lange in Frankreich und unterstütze weltweit zahlreiche soziale Projekte. Viele seiner inspirierenden Bücher sind ins Deutsche übersetzt. Martin Luther King schlug ihn für den Friedensnobelpreis vor.

Der Stoiker Musonius Rufus, der Lehrer Epiktets, hat diesen Gedanken auf eine Formel gebracht, die man sich gar nicht fest genug einprägen kann: »In dem Gebrauch unserer Vorstellungen liegt die Freiheit, der schöne Fluss des Lebens, der Seelenfriede und das Wohlbefinden.« Wir brauchen uns nur darin einzuüben, anders über ein Scheitern zu denken, und die negativen Gefühle, die ein Scheitern üblicherweise hervorruft, werden verschwinden oder doch auf ein erträgliches Minimum reduziert. Wir prüfen das Scheitern nach allen Seiten, bis wir etwas Gutes daran gefunden haben und konzentrieren uns dann auf diesen Aspekt, anstatt mit unseren Gedanken bei der Enttäuschung zu verharren und uns immer tiefer in Selbstmitleid zu verlieren. Das bedeutet nicht, dass wir eine rosarote Brille anziehen und die Wirklichkeit ausblenden. Philosophie bleibt immer wahrhaftig. Aber sie ist ganzheitlich und betrachtet alles aus einer umfassenden und allseitigen Perspektive. In dieser Perspektive relativiert sie das angebliche Unglück, dem im Hinblick auf das übergeordnete Ziel, das gelingende Leben, meistens nur eine sehr geringe Bedeutung zukommt, weil es äußerlich ist. Oder sie erkennt die positiven Aspekte des Scheiterns, die Chancen und Möglichkeiten und ergreift sie beim Schopfe. Alles, was geschieht, hat viele Seiten, man muss sie nur sehen.

Musonius Rufus, circa 30–101 v. Chr., genoss in Rom als Lehrer der stoischen Ethik höchstes Ansehen. Epiktet war sein berühmtester Schüler. Musonius galt als das Ideal eines Philosophen, weil er lebte, was er lehrte. Deshalb nannte man ihn einen »römischen Sokrates«.

Wenn das alles nicht hilft, bleibt die Übung in Geduld, Demut und Bescheidenheit. »Nie murrt der Weise über etwas, was auch immer geschieht«, sagt Epiktet. Für ein gelingendes Leben sind diese Tugenden fundamental, denn wer sie beherrscht, für den gibt es kein Scheitern. Das ist es, was Sokrates meinte, als er einmal sagte, dass »es für einen weisen Menschen gar kein Übel gibt«. Wer sich in ehrlicher Demut und Bescheidenheit übt, der wird im Scheitern, wenn schon keinen Vorteil, so doch sich selbst finden. Das aber wäre der bedeutendste Gewinn, den man aus einem äußeren Misserfolg ziehen kann. Das hatte Konfuzius im Sinn, als er sagte: »Manche kommen erst in der Trauerzeit zu sich.«

Drei Lehren zum Umgang mit Scheitern

1.

Das Lebensglück, nach dem wir uns sehnen, finden wir nur in uns selbst, in der Art, wie wir denken, wollen, fühlen und handeln. Alles Äußere ist dagegen von geringer Bedeutung. Daher sollten wir lernen, jeden Misserfolg im Außen leicht zu nehmen und unser Selbstwertgefühl nicht davon abhängig machen.

2.

Jedes Scheitern birgt Chancen und Möglichkeiten. Wenn wir sie erkennen, können wir es in einen Erfolg, nämlich in Glück, umwandeln. Wir können lernen, wachsen und innerlich reicher werden.

3.

Bei allem, was man im Außen beginnt, weiß man nie, wie es ausgeht. Deshalb sollte man immer damit rechnen, dass die Ziele nicht erreicht werden können und sich innerlich darauf vorbereiten. Dann bleibt man ruhig und gelassen, ob das Ziel erreicht wird oder nicht. Darin liegt eine große Kraft, die auf längere Sicht auch zu äußerem Erfolg führt.

Drei Übungen zur Überwindung des Scheiterns

1.

Konzentriere dich auf deine inneren Werte, auf die innere Stimmigkeit, auf die Freiheit von inneren Konflikten und relativiere alle äußeren Güter, Errungenschaften und Ziele. Suche die Zufriedenheit in dir, nicht im Äußeren.

2.

Übe dich darin, bei jedem Scheitern nicht zu klagen, sondern unverzüglich die Perspektive zu wechseln und zu erkennen, welche Chancen, Möglichkeiten und Lehren du daraus ziehen kannst.

3.

Sage dir bei allem, was du beginnst, gleich zu Anfang: »... wenn nichts dazwischen kommt!«

KAPITEL 4
SELBSTERKENNTNIS

»Ein Leben ohne Prüfung und Erforschung des eigenen Selbst ist nicht lebenswert.«
Sokrates

»Sieh auf dein Inneres! Denn da ist die Quelle des Guten, die stets wieder aufsprudeln kann, wenn du stets wieder nach ihr gräbst.«
Mark Aurel

»Wer sein Herz erkennt, den kennt das Glück.«
Papyrus Insinger (altes Ägypten)

Erkenne dich selbst und dein Talent

Auf dem Weg zur Selbsterkenntnis sollten wir uns eine Reihe von Fragen stellen. Was kann ich besonders gut, was liegt mir überhaupt nicht? Womit will ich in meinem Leben auf keinen Fall Zeit verschwenden? Und was will ich wirklich unbedingt tun? Auf die letzte Frage hatte Nicola Winter schon seit ihrer frühesten Jugend eine klare Antwort: Fliegen. Umso größer war die Enttäuschung, als sie erfuhr, dass ihre Körpergröße für das Fliegen einer Passagiermaschine nicht ausreicht. Doch wer seine Hausaufgaben im Fach »Selbsterkenntnis« erledigt hat und genau weiß, was er will, findet auch nach Rückschlägen einen Plan B.

Im Fall von Nicola Winter war das die Bundeswehr. Nach einem fordernden Auswahlprozess und einer harten, fundierten Ausbildung war Winter schließlich über ein Jahrzehnt lang Kampfflugzeugpilotin bei der Bundeswehr, steuerte als eine von nur drei Frauen in der Luftwaffe den Eurofighter, bildete in den USA mehrere Jahre lang junge Piloten aus und bekleidete den Dienstgrad eines Majors. Doch dahin kommt auch eine talentierte Frau nicht ohne Niederlagen, Hindernisse und Selbstzweifel. Gelangte sie an eine solche Gabelung ihres Karrierewegs, stellte sie sich eine klare Frage, um ihr Innerstes zu ergründen: Möchte ich das jetzt wirklich? Wenn ja, dann mache ich es auch, der Rest wird sich schon finden.

Wer genau weiß, wer er ist und was er will, für den ist nicht einmal der Himmel das Limit. Deswegen startete sie 2016 den langen und beschwerlichen Auswahlprozess zur ersten deutschen Astronautin, im August 2017 eine Raumfahrer-Ausbildung im russischen Ausbildungszentrum in Swjosdny Gorodok und promovierte nebenberuflich in Raumfahrtwissenschaften. Am 23. November 2022 kürte die Europäische Weltraumbehörde ESA Nicola Winter in Paris zur Reserve-Astronautin für ihre Weltraummission. Damit rückt der Traum in greifbare Nähe, die erste deutsche Astronautin zu werden.

Der Weg zur Selbsterkenntnis und ins Weltall war für Nicola Winter jedoch keine gradlinige Reise. Stets war es ihre klare Vision und ihr unermüdlicher Wille, der sie durch zahlreiche Herausforderungen navigierte. Während ihrer Zeit bei der Bundeswehr meisterte sie nicht nur die härtesten körperlichen und mentalen Prüfungen einer Pilotenausbildung, sondern musste sich auch gegen Vorurteile und Skepsis behaupten. Diese Erfahrungen stärkten ihr Bewusstsein für ihre Fähigkeiten und ihre Entschlossenheit, ihren Traum vom Arbeitsplatz in der Schwerelosigkeit zu verfolgen. Winters Selbstreflexion und ihr kontinuierliches Streben nach persönlicher Weiterentwicklung halfen ihr, die richtige Balance zwischen Beruf und dem Privatleben als Mutter einer kleinen Tochter zu finden. Ihre Geschichte verdeutlicht, dass Selbsterkenntnis nicht nur den Weg zu großen Zielen ebnet, sondern auch das Fundament für ein erfülltes und glückliches Leben bildet und dass der Weg das Ziel dieser persönlichen Reise ist. Wenn er für Nicola Winter am Ende tatsächlich in den Weltraum führt, umso besser.

Wer gut leben will und sich nach einem glücklichen, erfüllten Leben sehnt, der kommt um eine tiefe Erkenntnis seiner selbst nicht herum, erlangt er diese nun intuitiv oder durch bewusste Selbsterforschung, im stillen Kämmerlein oder durch praktische Lebenserfahrung, durch meditative Selbstversenkung oder durch Ausprobieren, mit oder ohne Hilfe Dritter. Denn, so brachte es Sokrates schon vor über 2500 Jahren auf den Punkt: Nur wer sich selbst kennt, weiß, was ihm auf Dauer guttut und was nicht. Wer sich aber nicht kennt, der muss notwendig unzufrieden sein, am Leben leiden und immer wieder an sich selbst scheitern. Derselben Meinung war der Wanderprediger Dion Chrysostomos: »Daher kann, wer sich selber nicht kennt, mit sich selber auch nicht umgehen.«

Dion Chrysostomos, griechischer Philosoph und Redner aus dem 1. Jh. n. Chr. Ärmlich gekleidet zog er als Wanderprediger durch das Land und verdiente sich mit Handwerksarbeiten das Wenige, was er zum Leben brauchte. Von ihm sagte man: »Obwohl er keine einzige Drachme besaß, tat er genau das, was er wollte und führte als Einziger ein Leben, das ihm als das beste und glücklichste vorkam, und nie hätte er Alexanders Herrschaft oder die Reichtümer der Meder und Perser gegen seine Armut eingetauscht.«

Sich selbst finden und konsequent leben

Unter vier Aspekten kommt der Selbsterkenntnis für ein gelingendes Leben eine maßgebliche Bedeutung zu. Erstens gelingt ein Leben nur, wenn wir *uns selbst* leben. Wir müssen »*werden, der wir sind*«, in unsere Mitte kommen, das Gefühl haben, genau das Leben zu führen, das wir führen wollen, uns nicht verbiegen und unsere Bestimmung erfüllen. Nur so erleben wir unsere Existenz als eine sinnvolle und entwickeln uns zu einer einheitlichen, authentischen Persönlichkeit, die in sich selbst ihr Fundament hat. Dahin zu gelangen ist nicht einfach. Immer wieder erleben wir Momente, in denen wir nicht bei uns sind und einen inneren Zwiespalt spüren. Wir denken, tun oder wollen nicht das, was unserem Wesen entspricht, sei es in Bezug auf unsere Arbeit, unsere Lebensverhältnisse oder andere Menschen. So entstehen innere Spannungen, Konflikte und Unwohlsein.

Jeder von uns macht solche Entfremdungserfahrungen. Häufig bemerken wir sie gar nicht direkt, aber leiden unter den daraus resultierenden negativen Emotionen. Wir fühlen uns nicht wohl in unserer Haut, weil es nicht *unsere* Haut ist. Vielleicht lassen sich die meisten Fälle, in denen es Menschen nicht gut geht, auf solche Entfremdungen zurückführen. Vielleicht ist das glückliche Leben, nach dem sich die Menschen sehnen, nichts anderes, als *sich selbst leben* durch Entfaltung des Eigenen ohne die Erfahrung der Entfremdung. Zhuangzi drückt es mit folgenden Worten aus: »Wer sorgfältig sein Eigenes wahrt und nicht verliert, der kehrt zurück zu seinem wahren Wesen.«

Zweitens empfinden wir unser Leben dann als nicht glücklich, wenn wir von leidvollen negativen Affekten in einer Weise heimgesucht werden, dass sie uns immer wieder die Freude am Leben eintrüben und am Ende gänzlich rauben. Zu solchen toxischen Gefühlen gehören etwa Angst, Kummer, Zorn, Ärger, Wut, Hass, Neid, Eifersucht, Habgier, Missgunst, Unausgeglichenheit, innere Unruhe, Überheblichkeit, Arroganz, unkontrollierbare Leidenschaften oder maßlose Trauer. Bei wem sich diese Gefühle immer wieder oder dauerhaft einstellen, der lebt kein glückliches Leben. Wer sie nicht überwindet oder zumindest minimiert oder so zu beherrschen lernt, dass er nicht mehr unter ihnen leidet, dem wird das Leben nicht gelingen. Überwinden wird sie aber nur, wer ihre Ursachen und auslösenden Faktoren in sich erkennt und den psychischen Mechanismus seines Seelenlebens versteht. Das ist eine der wichtigsten Aufgaben der Selbsterkenntnis bei der Lebensbewältigung.

Ein weiteres Arbeitsfeld für die Selbsterkenntnis ist die Wahrnehmung der eigenen Bedürfnisse, Anlagen und Potenziale. Zum glücklichen Leben gehören ein naturgemäßes Wachsen und Entwickeln, die Entfaltung der eigenen Talente und Begabungen, dass man als Person etwas in der äußeren Welt bewirkt, vor allem bei der Arbeit, im Umgang mit anderen Menschen und in der Familie. »Charakter im großen und kleinen ist«, sagt Goethe, »daß der Mensch demjenigen eine stete Folge gibt, dessen er sich fähig fühlt.« Für Goethe war es das Wesen und der Sinn des menschlichen Lebens schlechthin, seine Vollendung und sein höchstes Glück, in der Welt zu wirken und Spuren zu hinterlassen: »Am Ende stellt sich alles her, wenn derjenige welcher weiß, was er will und kann, in seinem Tun und Wirken unablässig beharrt«, schreibt er in einem Brief. »Immer tätiger, nach innen und außen fortwirkender, poetischer Bildungstrieb macht den Mittelpunkt und die Basis seiner Existenz«, so charakterisierte er einmal das innerste Zentrum seines Lebens und Strebens. »Poetisch« meint hier schöpferisch im weitesten Sinne, worunter jedes Erschaffen, Gestalten und Bewirken von etwas fällt. »Ein Mensch ist dann glücklich«, sagte Sokrates einmal, »wenn er das, was er kann und gelernt hat, gut ausübt.«

Hier wird die Erfahrung der Selbstwirksamkeit beschrieben, die neben guten zwischenmenschlichen Beziehungen, neben dem Gefühl der tieferen Verbundenheit mit anderen Menschen, die unverzichtbare Basis eines gelingenden Lebens bildet. Fehlt das eine oder andere, fällt man früher oder später in eine Krise oder Depression. Deshalb kommt der Entfaltung der inneren Anlagen eine zentrale Bedeutung für ein gelingendes Leben zu. In sich zu erkennen, was die jeweiligen spezifischen Anlagen sind, ist Aufgabe der Selbsterkenntnis. Zwischen der Entfaltung der eigenen Anlagen und der Selbsterkenntnis besteht eine Wechselwirkung: Je besser wir uns kennen, umso leichter fällt es uns, unsere individuellen Bedürfnisse zu entfalten; umgekehrt lernen wir uns immer besser kennen, je mehr wir aus unserer eigensten Mitte heraus unseren Bedürfnissen gemäß leben. Das meinte Menzius, als er schrieb: »Wer sein Herz zu voller Entfaltung bringt, erkennt sein Wesen; hat man sein Wesen erkannt, so kennt man den Himmel. Damit aber dient man dem Himmel, dass man sein Herz wahrt und sein Wesen hegt.« »Den Himmel erkennen« war für die alten Chinesen das höchste Ziel und bedeutete, dass man die Gesetze einer natürlichen Entwicklung erkennt und ihnen folgt, dass man sich auf dem »rechten Weg« befindet (Dao, Tao), seine Bestimmung verwirklicht und ein zufriedenes Leben führt. Es ist das aus der Mode gekommene Wort der »Selbstverwirklichung«, das hier umschrieben wird. Damit ist kein selbstbezogener Egoismus gemeint, denn eines der stärksten Bedürfnisse des Selbst, das verwirklicht werden will, ist das nach zwischenmenschlicher Verbundenheit, nach geteilter Gemeinsamkeit, nach Liebe und Freundschaft. Man kann nicht glücklich werden, sagte Seneca einmal, ohne andere Menschen glücklich zu machen.

Erkenne, dass du sterblich und begrenzt bist

Die Aufforderung »Erkenne dich selbst!«, die wie ein roter Faden die gesamte griechische Philosophie und insbesondere die Lehren des Sokrates durchzieht, hatte ursprünglich die Bedeutung, sich stets seiner Sterblichkeit und Begrenztheit bewusst zu sein. Das ist die vierte wichtige Aufgabe der Selbsterkenntnis. Sie sollte vor jeglichem Hochmut, vor jeglicher Überheblichkeit und Arroganz bewahren. Eine solche Haltung führt nach Auffassung der Griechen zwangsläufig ins Verderben. Zu einem gelingenden Leben gehört vielmehr das Gegenteil von Hybris: eine Haltung der Bescheidenheit, Demut und Dankbarkeit. Sie ist es, die lehrt, nichts als selbstverständlich zu nehmen und sich an allem zu erfreuen, was da ist, gelingt und einem zuteilwird. Sie vermeidet Frustration, Enttäuschung und Missmut, denn solche Gefühle rühren daher, dass wir zu viele Ansprüche an das Leben stellen, uns zu viel von ihm erhoffen. Wer aber weiß, dass sein Glück in ihm selbst liegt, der braucht und erwartet nichts von außen. Er nimmt, was das Schicksal gewährt, und macht das Beste daraus.

Schließlich schützen Demut und Bescheidenheit bei der Einschätzung der eigenen Erkenntnisfähigkeit vor eitlem Selbstbetrug und Selbsttäuschung. Seneca fragte einmal: »Wer wagt es, sich selbst die Wahrheit zu sagen?«, und führte dazu aus: »Denn was uns selbst betrifft, das sehen wir immer mit parteiischem Auge an, und Voreingenommenheit schadet immer dem Urteil. Ich glaube, viele hätten zur Weisheit gelangen können, wenn sie nicht geglaubt hätten, sie hätten sie schon erreicht, und wenn sie sich nicht manche Fehler selbst verhehlt hätten, manche auch mit offenen Augen übersehen hätten. Denn man glaube ja nicht, es sei mehr fremde Schmeichelei als unsere eigene, die uns zugrunde richtet.« Mit dem bloßen Wissen, dass man irgendwann einmal sterben muss, ist es nicht getan. Der Begründer der Psychoanalyse, Sigmund Freud, hat darauf hingewiesen, dass die meisten Menschen auf einer tieferen Ebene nichtsdestotrotz von ihrer Unvergänglichkeit überzeugt sind. Wahre Selbsterkenntnis bedeutet, diesen Irrglauben aufzulösen und sich, wie die antiken Philosophen sich ausdrückten, »mit dem Tod zu befreunden«. Mag die Verinnerlichung der eigenen Sterblichkeit, das »Vorlaufen in den Tod«, wie der Freiburger Philosoph Martin Heidegger es nannte, auch vielen Menschen schwerfallen, sein Gewinn für ein gelingendes Leben ist unschätzbar.

Die Erkenntnis des eigenen Selbst hat viel damit zu tun, dass man in sich die schädlichen Fremdanteile erkennt, die man im Laufe des Lebens angehäuft hat und die das Eigene überdecken und den Zugang zu ihm verstellen. Fremdanteile können frühkindliche oder epigenetische, transgenerationelle Prägungen sein, traumatische Erlebnisse, ferner Erfahrungen, Werte und Glaubenssätze, die durch Erziehung, Sozialisierung und Werbung, durch gesellschaftliche und gruppenspezifische Vorstellungen zu einem Teil von uns selbst geworden sind. Über häufig unbewusste Muster im Denken, Wollen und Verhalten steuern sie unser Leben. Sie sind der Autopilot in uns, der die meisten unserer Handlungen leitet. Von diesen Fremdanteilen und Mustern passen einige zu uns, tun uns gut und sind unproblematisch. Andere dagegen scheinen nicht zu uns zu passen, rufen innere Konflikte hervor, verursachen immer wieder seelisches Leid und sind der Grund dafür, dass wir uns »in unserer Haut« nicht wohlfühlen.

Die Aufgabe der Selbsterkenntnis ist es, genau diese schädlichen Fremdanteile zu erkennen. Denn nur wenn wir sie erkannt haben, können wir sie durch Selbsterziehung und Persönlichkeitsentwicklung abbauen oder so integrieren und die damit verbundenen Handlungsmuster verändern, dass sie keine schädlichen Emotionen mehr auslösen. Dies geschieht, indem wir diese Muster, die sich als ein Teil unserer Denk-, Verhaltens- oder Wollensgewohnheiten zeigen, durch andere Gewohnheiten, die uns guttun, überschreiben und ausschalten. Diese Arbeit an sich selbst ist nichts Außergewöhnliches. Im Grunde vollzieht sich jeder persönliche Lern- und Entwicklungsprozess nach diesem Schema. Wenn wir beispielsweise schnell nervös werden und in Stress geraten, so können wir stressreduzierende Techniken erlernen, die in solchen Situationen automatisch aktiviert werden und uns gezielt herunterfahren. Haben wir diese Technik als neues Denk- oder Verhaltensmuster immer wieder eingeübt, wird sie irgendwann zu einer verinnerlichten Gewohnheit und ersetzt das alte Muster. So bleiben wir fortan in Situationen ruhig, in denen wir früher in Stress geraten sind.

Gute Gewohnheiten kultivieren, schlechte aussortieren

Ausgangspunkt dieses Veränderungsprozesses ist jedoch stets die klare Erkenntnis einer selbstschädigenden Gewohnheit und der Ursachen, die zu ihr geführt haben, also die Frage nach den Prägungen, die ihr zugrunde liegen. Wegen der überragenden Bedeutung dieses Prozesses des Lernens, der Persönlichkeitsentwicklung und Selbstumwandlung sowie vor allem der dazu notwendigen Selbsterkenntnis, wurde in allen antiken Weisheitstraditionen und praktischen Philosophien der Prozess der Selbstwerdung als ein Übergang von der Unwissenheit zum Wissen, zur Bewusstwerdung oder zur Erleuchtung charakterisiert. Nur Weisheit, so war man überzeugt, könne glücklich machen.

Dabei kann die schwierige Frage, was das Selbst ist, zu dem eine Prägung oder ein Fremdanteil entweder passt oder nicht, dahingestellt bleiben. In der Philosophie wie auch in der Psychologie wird teilweise vertreten, dass es so etwas wie ein Selbst gar nicht gebe und dass unsere Individualität nichts anderes sei als eine Ansammlung von Prägungen. Wenn der Mensch auf die Welt komme, sei er eine Tabula rasa, ein unbeschriebenes Blatt, das in der Folgezeit ein Selbst aus der Übernahme von Selbstanteilen seiner Bezugspersonen erst entwickle. Folgt man diesem Ansatz, gibt es keinen Maßstab, an dem wir eine Prägung daraufhin prüfen können, ob sie zu unserem Selbst passt oder nicht.

Wir können die Frage aber deshalb dahingestellt sein lassen, weil wir einen anderen Maßstab zur Beurteilung einer Prägung oder einer Charaktereigenschaft besitzen, nämlich ob sie uns guttut oder ein Gefühl der Entfremdung hervorruft. Die Entfremdung ist ein innerer Konflikt, den wir als leidvoll empfinden. Ob wir das, womit eine Erfahrung in Konflikt gerät, »Selbst« nennen, ist dabei weniger wichtig. Goethe hat das einmal zugespitzt so formuliert: Von einer Selbsterkenntnis durch Nachgrübeln im stillen Kämmerlein halte er nichts. Man solle nach außen gehen und tun, wonach einem sei, *»dann werde man alsbald merken, woran man ist«*, nämlich ob es einem guttut oder nicht.

Methoden der Selbsterkenntnis

Die wichtigsten Mittel der Selbsterkenntnis sind Achtsamkeit auf sich selbst und Selbstbesinnung, das kritische Nachdenken über die eigene Lebensweise und die psychischen Mechanismen, die in einem wirksam sind. Ohne in neurotische Selbstgrübeleien zu verfallen, sollte man sich kontinuierlich selbst beobachten, die eigenen Gefühle wahrnehmen und schriftlich oder mündlich aufrichtige Zwischenbilanzen ziehen. Den Begriff der Achtsamkeit kennen wir vornehmlich aus dem Buddhismus, wenn wir ihn der Sache nach auch in jeder antiken Weisheitstradition finden. Vielleicht am klarsten ausgedrückt finden wir ihn in den »Vier edlen Wahrheiten« Buddhas, die als ein kompaktes Programm der Selbsterkenntnis und Selbstkultivierung angesehen werden können, das auch heute noch von jedem mit großem Gewinn angewendet werden kann, innerhalb und außerhalb der buddhistischen Philosophie.

Die erste edle Wahrheit ist die vom Leiden in der Welt, persönlich angewendet bedeutet dies, zu merken, dass man unter irgendetwas seelisch leidet. Die zweite edle Wahrheit ist die von den Ursachen des Leidens. Wir müssen erkennen, warum wir uns nicht wohlfühlen. Haben wir die Ursache erkannt, die unabhängig von äußeren Anlässen und Auslösern im Wesentlichen immer in uns selbst liegt, haben wir den Hebel in der Hand, das Leiden durch Aufhebung der Ursache zu überwinden. Das ist die dritte edle Wahrheit.

Hier kann der Einwand kommen, dass es doch auch äußere Ursachen für unser Leiden gibt, wie etwa schlechte Lebensbedingungen, das Durchkreuzen unserer Pläne und Vorhaben durch zufällige Ereignisse oder andere Menschen. An anderer Stelle in diesem Buch ist dargelegt, dass die Ursache von seelischem Leid, das sich an solche äußeren Umstände anknüpft, weniger diese äußeren Umstände sind als die Unfähigkeit, mit diesen Umständen umzugehen, etwas Gutes daraus zu machen oder sie doch gelassen zu ertragen. Alle antiken Weisheitslehren waren der Auffassung, dass es ganz bei uns beziehungsweise unserem Denken und unseren Vorstellungen liegt, ob äußere Umstände bei uns negative, positive oder doch neutrale, leidfreie Gefühle auslösen. Klassisch drückt das eine Stelle bei Homer am Anfang der Odyssee aus, wo der Göttervater Zeus sagt: »Nur von uns, wie sie (die Sterblichen) schrein, kommt alles Übel; und dennoch Schaffen die Toren sich selbst, dem Schicksal entgegen, ihr Elend.«

Homer, vermutlich 8. Jh. v. Chr. Über den Schöpfer der ersten abendländischen Dichtungen, der *Ilias* und der *Odyssee*, ist so gut wie nichts bekannt, nicht einmal, ob er tatsächlich gelebt hat. Seine Dichtungen aber sind unsterblich. Für die Griechen waren sie eine Enzyklopädie der Weisheit. Seine *Odyssee* kann als eine große Parabel für die Reise zu sich selbst, die Selbstfindung, gelesen werden.

Die vierte edle Wahrheit Buddhas betrifft schließlich die Umsetzung, nämlich wie wir von der Erkenntnis unseres Leidens und seiner Ursache zur Aufhebung der Ursache und Überwindung des Leidens kommen. Das ist der »Achtfache Pfad«, ein Übungspfad, bei dem der Achtsamkeit in allen acht Bereichen entscheidende Bedeutung zukommt. Die acht Teile lauten: rechte Anschauung, rechtes Denken, rechtes Sprechen, rechtes Verhalten, rechter Broterwerb, rechtes Sichversenken, rechtes Üben und rechte Achtsamkeit. Das heißt, bei allem, was wir tun und denken, sollten wir darauf achten, dass wir schlechte Gewohnheiten ablegen und ihnen keine Nahrung geben, dagegen guten Gewohnheiten folgen und sie stärken. Wir sollten uns so verhalten und so denken, dass die schlechten, schädlichen Gewohnheiten uns immer weniger beeinflussen und schließlich ganz verschwinden, die guten dagegen immer stärker unser Denken und Handeln auf allen Ebenen bestimmen. In allen Aspekten kommt dabei der Achtsamkeit als Mittel der Selbstbeobachtung, Selbsterkenntnis und Selbsterziehung entscheidende Bedeutung zu.

Für den »Achtfachen Pfad« hat sich im Buddhismus selbst, aber auch in anderen Weisheitstraditionen, eine weitere Beschreibung dieses Prozesses der Selbsterkenntnis und Selbstkultivierung herausgebildet, die Buddhas Einsichten veranschaulicht: Achte auf deine Gedanken, denn sie werden zu Worten, achte auf deine Worte, denn sie werden zu Taten, achte auf deine Taten, denn sie werden zu Gewohnheiten, achte auf deine Gewohnheiten, denn sie werden zu deinem Charakter, achte auf deinen Charakter, denn er ist dein Schicksal. Achtsamkeit bedeutet danach, auf sich, sein Denken und sein Verhalten zu achten, sich zu erkennen und zu erziehen, um das eigene Leben und Schicksal maßgeblich zu bestimmen. Das ist der Weg Buddhas, der die Menschen aus dem Leiden hin zur Glückseligkeit führen soll.

Bei der Selbstbeobachtung kommt es darauf an, die eigenen Emotionen und Gefühle wahrzunehmen und ihre Ursachen zu erkennen, also woher sie kommen, was sie ausgelöst hat und welche unserer Charaktereigenschaften, Prägungen und Vorstellungen ihre Entstehung ermöglicht haben. »Nicht die Dinge selbst beunruhigen die Menschen, sondern die Vorstellungen von den Dingen. […] suche nie die Ursache in anderen, sondern in dir selbst, das heißt, in deinen Vorstellungen!«, sagten die Stoiker. Begreifen wir die psychischen Mechanismen, dann können wir diesen Prozess von dem auslösenden Ereignis zu dem dadurch hervorgerufenen Gefühl steuern, können uns »umprogrammieren« und wesentlich selbst bestimmen, welche Gefühle in uns entstehen. Das meinte Seneca, als er seinen Freund Lucilius ermutigte: »Mache dich selbst glücklich!« Mark Aurel hatte denselben Sachverhalt im Auge, als er schrieb: »Diejenigen aber, die die Regungen der eigenen Seele nicht achtsam verfolgen, sind zwangsläufig unglücklich.« In anderen Übersetzungen der Stelle ist von den »Bewegungen der Seele« die Rede, das als ein Hinweis auf den Mechanismus zwischen auslösendem Ereignis und Gefühlsreaktion gelten kann.

Wenn wir uns beispielsweise über Vorwürfe oder Beleidigungen durch andere Menschen aufregen, dann sollten wir erkennen, dass unserem Ärger verletzte Eitelkeit und ein schwaches Selbstwertgefühl zugrunde liegen und dass wir unser Selbstwertgefühl von der Anerkennung Dritter abhängig gemacht haben. Die Mauer um unsere innere Burg ist an dieser Stelle eingerissen. Wir sind verletzlich. Entdecken wir die tiefere Ursache, die häufig in mangelnder Liebe und Anerkennung durch die Eltern oder ein Elternteil in der frühkindlichen Lebensphase zu finden ist, können wir daran arbeiten, das Muster aufzulösen, das Reiz-Reaktionsschema zu durchbrechen und andere synaptische Verbindungen aufzubauen. Schließen wir auf diese Weise die Mauer unserer inneren Burg, prallen die Pfeile der Herabsetzungen und Beleidigungen an ihr ab. »Ein wahrhaft großer Geist fühlt sich nicht beleidigt«, sagt Seneca.

Der aufrichtige Blick nach innen

Ein gutes Mittel regelmäßiger Selbstbilanzierung ist das Tagebuch oder der offene und tiefere Austausch mit Freundinnen und Freunden. Voraussetzung dafür ist, dass wir uns öffnen und so aufrichtig es geht auch über Dinge sprechen oder schreiben, die uns vielleicht unangenehm sind. Für manche ist das ein schwerer Gang in den Keller ihrer Seele, wo die verborgenen »Leichen« liegen und die »Knoten des Herzens« verschnürt sind. Viele Menschen meiden diese Nabelschau und bleiben sich selbst verborgen. »Wer sein Inneres nicht wahr macht, betrügt sich selbst«, heißt es im chinesischen Weisheitsbuch *Liji*.

Der griechische Philosoph Plutarch hat die Schwierigkeiten der Aufrichtigkeit sich selbst gegenüber einmal gut beschrieben. Dabei erwähnt er auch, welchen Nutzen es haben kann, dass wir die Kritik anderer ernst nehmen: »Wenn einer etwas falsch gemacht hat und sich dann den Kritikern stellt, das Leiden beim Namen nennt und den Fehler enthüllt, nicht aber heilfroh ist, dass er verborgen bleibt, auch nicht etwa mit Zufriedenheit feststellt, dass keiner etwas gemerkt hat, sondern frei bekennt und nach schonungsloser Kritik verlangt, so wäre das ein nicht zu verachtendes Zeichen moralischen Fortschritts. In diesem Sinne etwa pflegte Diogenes zu sagen: ›Der Heilsucher braucht entweder einen aufrichtigen Freund oder einen glühenden Feind, damit entweder das Aufzeigen oder das Ausbrennen ihm dazu verhilft, seine Schlechtigkeit loszuwerden.‹« Hierher gehört es auch, jeden Abend vor dem Schlafengehen den Tag vor dem inneren Auge vorüberziehen zu lassen, wie es etwa Pythagoras und ihm folgend Seneca oder Epiktet empfohlen haben: »Nie lass auf das ermattete Aug‹ den Schlummer sich senken, ehe du die Werke des Tags im Einzelnen alle bedacht hast: Wo übertrat ich das Maß? Was tat ich? Was nicht, das ich sollte?«

Plutarch, circa 45–125 n. Chr., war ein angesehener griechischer Philosoph und Schriftsteller von großer Produktivität. Nicht alles, was er geschrieben hat, ist uns erhalten, aber ungewöhnlich vieles, das überwiegend von tiefer Weisheit und Menschenkenntnis zeugt. Als man Goethe einige Bände einer neueren Übersetzung von Plutarchs *Moralische Betrachtungen* auslieh, »verliebte« er sich so in sie, dass er sie nicht mehr zurückgeben wollte.

Ferner ist die regelmäßige Meditation, die Versenkung in sich selbst, ein gutes Mittel, sich näherzukommen. »Nur die Meditation, bei der man die eigene Identität freilegt, ist Versenkung«, heißt es in den Yoga-Sutren des Patañjali. Und bei Konfuzius lesen wir: »Der Mensch besieht sein Spiegelbild nicht im fließenden Wasser, sondern im stillen Wasser. Nur Stille kann alle Stille stillen.« Ruhe, Stille, Rückzug und Besinnung sind der Humus, den unsere Gedanken brauchen, damit sie gute Früchte hervorbringen. Es gilt freilich auch hier, Maß und Mitte zu wahren. Zu viel über sich selbst zu grübeln, kann auch eine Krankheit sein, bemerkte Platon einmal.

Patañjali, vermutlich zwischen dem 2. und 4. Jh. v. Chr., ist der Verfasser der berühmten Yoga-Sutren, die bis heute die wichtigste Textgrundlage aller Yogarichtungen sind. Über sein Leben, das irgendwann zwischen dem 2. Jh. v. Chr. und dem 4. Jh. n. Chr. stattgefunden haben soll, ist nichts bekannt. Obwohl nur wenige Seiten lang, enthalten die Yoga-Sutren eine verblüffend tiefe Philosophie der inneren Sammlung, weshalb sie immer wieder neu interpretiert werden. Einer der schönsten Sätze daraus lautet: »Wenn die seelisch-geistigen Vorgänge zur Ruhe gekommen sind, wird der Geist durchsichtig wie ein Kristall.«

Als letzter Ratschlag kann gelten, regelmäßig in guten Büchern über die praktische Philosophie und Seelenführung zu lesen, etwa in den Schriften des Seneca, Epikur oder Mark Aurel, um nur die leichter verständlichen der antiken Philosophie zu nennen.

Drei Lehren der Selbsterkenntnis

1.

Nur wer sich gut kennt, kann auch mit sich gut umgehen. Er wählt das, was ihm auf Dauer guttut, und meidet das, was ihm mehr Leid als Freude bringt.

2.

Selbsterkenntnis ist die Grundlage dafür, sich selbst zu erziehen und weiterzuentwickeln, indem man selbstschädigende Gewohnheiten im Denken, Sprechen, Wollen und Verhalten durch wohltuende Gewohnheiten ersetzt.

3.

Selbsterkenntnis setzt voraus, dass man sich kontinuierlich beobachtet, auf seine Gefühle achtet und die eigenen Stärken und Schwächen sowie die psychischen Muster und Prägungen in sich erkennt, die einen unbewusst steuern.

Drei Übungen zur Selbsterkenntnis

1.

Man sollte regelmäßig schriftlich oder mündlich über die eigene Seelenverfassung bilanzieren und sich fragen, was im eigenen Leben gut läuft und was nicht, und was die Ursachen dafür sind.

2.

Man sollte mit Vertrauten das offene und aufrichtige Gespräch suchen über das eigene Leben, die eigenen Anschauungen, Denk- und Verhaltensweisen, über Sehnsüchte und Wünsche und alternative Lebensmöglichkeiten.

3.

Man sollte den Mut und die Entschlossenheit haben, immer wieder Neues auszuprobieren, neue Wege zu gehen, sich fremden Situationen und Menschen auszusetzen und darauf zu achten, was dabei passiert und wie es sich anfühlt.

KAPITEL 5
AUTONOMIE UND FREIHEIT

»Der Weise soll sich nicht dem Zwang der Sitte fügen, sondern ein unabhängiges Leben führen.«
Demokrit

»Ich will euch kurz den Angelpunkt des höchsten Glückes zeigen. Gibt es für dich etwas Kostbareres als dich selbst? – Nein! wirst du sagen; wenn du also deiner mächtig bist, wirst du es besitzen, was du nie verlieren möchtest und das Schicksal nicht entführen kann.«
Boethius

»Freiheit ist das Fundament unserer Persönlichkeit.«
Kant

Wie wir unsere Autonomie und Integrität bewahren

Patrick Süskind, der gefeierte deutsche Bestsellerautor, wird häufig als menschenscheuer Sonderling wahrgenommen, der sich mit viel Aufwand vor Kameras und neugierigen Blicken seiner Fans versteckt. Scheinbar folgt er Epikurs Empfehlung, »im Verborgenen zu leben«. Dabei kann seine mediale Abwesenheit genauso gut als prägnantes Beispiel für Autonomie und Freiheit im kreativen Schaffen und persönlichen Leben gedeutet werden. Sein entschieden anonymer Lebensstil war wohl von Anfang an eine bewusste Entscheidung und befreite ihn von den Erwartungen und dem Druck der literarischen Welt. Süskind wurde durch seinen Roman *Das Parfum* weltberühmt, doch anstatt den Ruhm und die Aufmerksamkeit zu genießen, zog er sich zurück und mied konsequent öffentliche Auftritte. Diese Entscheidung, fernab von Medien und gesellschaftlichen Verpflichtungen leben zu wollen, belegt eine tiefe Autonomie und den Wunsch, die eigene Freiheit zu bewahren.

Süskinds Anonymität ermöglicht es ihm, sich vollkommen auf seine schriftstellerische Arbeit zu konzentrieren, ohne von äußeren Einflüssen und Erwartungen abgelenkt zu werden. Er widersetzt sich bewusst der Tendenz vieler Künstler, sich dem ständigen öffentlichen Interesse und der Vermarktung ihrer Person zu unterwerfen. Indem er das Rampenlicht meidet, hat Süskind die Freiheit, nach seinen eigenen Regeln und Zeitplänen zu arbeiten und seine kreative Integrität zu bewahren.

Ein weiterer Aspekt seiner Autonomie zeigt sich in seiner schriftstellerischen Vielseitigkeit. Obwohl *Das Parfum* ein Welterfolg wurde, hat Süskind sich nicht auf dieses Erfolgsmuster beschränkt, sondern verschiedene literarische Formen und Themen erkundet, darunter Theaterstücke wie *Der Kontrabaß* oder die Drehbücher für den *Monaco Franze*, *Kir Royal* oder *Rossini*, die er in enger Zusammenarbeit mit seinem Freund Helmut Dietl verfasst hat.

Das Beispiel Patrick Süskind zeigt, dass es möglich ist, große Erfolge zu erzielen und dennoch ein Leben nach eigenen Maßstäben und Werten zu führen, fernab von den Zwängen und Erwartungen der Gesellschaft. Schon die antiken Philosophen wussten um die Bedeutung dieser inneren Autonomie und geistigen Freiheit.

Wer ein glückliches und erfülltes Leben führen möchte, der muss sein Leben so weit wie möglich selbst bestimmen und es von fremden Einflüssen frei halten. Denn nur, wenn wir unser Inneres, Eigenes und Höchstpersönliches im täglichen Leben entfalten und zur Geltung bringen, stellt sich Freude und das Gefühl von Erfüllung, Befriedigung und Sinnhaftigkeit ein, Kennzeichen für ein gelingendes Leben. Für eine selbstständige Lebensführung stehen in der praktischen Philosophie und Weisheitslehre seit der Antike die Begriffe Autonomie und Freiheit, die eng miteinander verbunden sind. Das Wort »Autonomie« kommt aus dem Griechischen und setzt sich zusammen aus den Worten *autos* und *nomos*, das erste heißt »selbst«, das zweite »Gesetz«. Autonomie ist die Fähigkeit, sich selbst die Gesetze für das eigene Leben zu geben. Die Griechen hatten die Vorstellung, nur dann lebe man wirklich, wenn man aus dem eigenen Innern heraus möglichst unabhängig die wesentlichen Entscheidungen für sein Leben trifft und ihnen folgt. Andernfalls lebe man nicht sich selbst, sondern ein fremdbestimmtes Leben. Wer nach seinen eigenen Vorstellungen, Werten und Anschauungen leben möchte, der muss sich von fremden Einflüssen möglichst lösen und befreien. Das ist der Aspekt der Freiheit, ohne den es Autonomie und Selbstbestimmtheit nicht geben kann.

Die Schönheit und Blüte unseres Seelengartens

Freiheit ist ein weiter Begriff. Es gibt Religionsfreiheit, bürgerliche, künstlerische, ökonomische und politische Freiheit, die Freiheit der Bewegung, der Ortsveränderung, der Gedanken und der Meinungsäußerung und anderes mehr. Im Weisheitsdenken und im Zusammenhang mit einem selbstgesteuerten, autonomen Leben geht es vor allem um innere Freiheit oder Unabhängigkeit, das heißt um die Überwindung aller Einflüsse, Bindungen und Prägungen, die ein Leben, Denken, Wollen und Handeln entsprechend der eigenen Einsicht, Entschließung und Zielvorstellung behindern, erschweren oder unmöglich machen. Es kommt weniger darauf an, ob uns die materiellen, politischen oder soziokulturellen Bedingungen die Möglichkeit geben, die eigenen Vorstellungen im Äußeren zu verwirklichen, als vielmehr darum, uns in den Grenzen der gegebenen äußeren Umstände treu zu bleiben und den eigenen Weg zu gehen, unabhängig davon, was wir von unseren Zielen im Äußeren erreichen.

Weil nach allen antiken Weisheitslehren das Glück des Menschen nicht in äußeren Gütern, sondern im Inneren zu finden ist, kommt es darauf an, dass wir selbst bestimmen, was wir wollen und für richtig halten und nach welchen Anschauungen und Werten wir leben wollen. In der Schönheit und Blüte unseres Seelengartens liegt unser Glück, viel weniger in dem, was wir draußen in der Welt bewirken und erreichen. Leben wir in Übereinstimmung mit uns selbst? Haben wir uns befreit von Prägungen, Manipulationen und Fremdeinflüssen Dritter? Haben wir uns befreit von eigenen Trieben und Begierden, wo sie uns schädigen und sich an kein Maß halten wollen? Haben wir gelernt, sie zu beherrschen, zu zügeln, zu begrenzen und zu lenken? Wer machtlos und ungebremst seinen inneren Trieben und Impulsen ausgeliefert ist, der ist nicht »Herr im eigenen Hause«, nicht frei, sondern Sklave seiner eigenen Begierden.

Ein unglückliches, unzufriedenes und unerfülltes Leben rührt von innerer Unordnung her, von einem Mangel an Selbstbeherrschung, von ungelösten innerseelischen Konflikten und von der Unfähigkeit, aus dem eigenen Innern und seinen tiefsten Bedürfnissen heraus seinem Leben die gewünschte Richtung zu geben. Zum geringsten Teil aber hängt unser Lebensglück von den äußeren Umständen ab und dem, was wir in der Welt umsetzen, gestalten und verwirklichen können. Daher treffen wir immer wieder Menschen, die, obwohl sie in der Welt Karriere gemacht haben und alles besitzen, mit ihrem Leben unzufrieden sind; andererseits Menschen, die zufrieden sind, obwohl sie in bescheidenen Verhältnissen leben und ihnen viele Entfaltungsmöglichkeiten mangels der erforderlichen Mittel und Wege nicht offenstehen. »Ein Strohdach deckt die Freien, unter Marmor und Gold aber wohnt die Knechtschaft«, schreibt Seneca.

Autonomie und innere Freiheit sind eng verwandt mit Authentizität und Selbstsein, betonen aber einen anderen Aspekt. Bei der Authentizität geht es um die Wahrhaftigkeit des eigenen Lebens, dass man sich nicht verbiegt und sich gleich bleibt, dass man lebt und sich gibt, wie man ist. Bei der Autonomie und der inneren Freiheit im Sinne des antiken Weisheitsdenkens geht es um die Loslösung von fremdbestimmten innerseelischen Faktoren, um die Entscheidung zu einem selbstbestimmten Leben, die immer wieder getroffen, überprüft und durchgesetzt werden will. Schließlich geht es um die Erkenntnis und Unterscheidung der eigenen tiefsten Bedürfnisse einerseits und Wünschen, Werten und Vorstellungen andererseits, die von außen in einen hineingetragen werden. Autonomie und innere Freiheit sind die Voraussetzungen für ein authentisches Leben, während dieses als der gelebte Vollzug und die Umsetzung der inneren, frei und autonom gewählten Lebensentscheidungen angesehen werden kann.

Weisheit ist Freiheit

Die innere Freiheit, sich für sich selbst zu entscheiden, hängt wesentlich davon ab, dass wir die inneren Muster und Gewohnheiten im Denken, Wollen und Handeln erkennen, die nicht von uns selbst kommen, aber unbewusst unser Leben steuern. Nur dann haben wir die Möglichkeit, diejenigen Gewohnheiten, die uns nicht guttun, nicht zu uns passen und uns von uns selbst entfremden, durch das Einüben besserer Gewohnheiten zu ersetzen. Das ist innere Befreiung und bedeutet Autonomie und Selbstgesetzgebung. Die Erkenntnis der fremdbestimmten Anteile in uns leistet die Selbsterkenntnis, die deshalb eine der Hauptforderungen aller antiken Weisheitslehren und praktischen Philosophien war. Da Weisheit vor allem auf Selbsterkenntnis beruht, konnte Aristoteles sagen, dass »nur die Weisen wirklich frei sind«. Epikur ging noch einen Schritt weiter: »Weisheit ist Freiheit.« Diese Meinung blieb herrschend bis zum Ende der Antike, wenn wir etwa bei Boethius lesen, »nur die Weisen tun, was sie wollen«. Die Philosophie, wörtlich die »Liebe zur Weisheit«, sei diejenige Disziplin, sagt Seneca, »die lehrt, dass ein jeder getreu seinem inneren Gesetz lebe«.

Epikur, 341–270 v. Chr., griechischer Philosoph, der die Lust als das höchste Gut ansah. Allerdings verstand er darunter nicht die »Lust der Schlemmer«, sondern meinte, dass maßvoller Genuss, der mit Vernunft und Besonnenheit gewählt wird, die höchste Lust bereite. In einem Garten in Athen begründete er eine philosophische Schule, die über ein halbes Jahrtausend Bestand hatte. Er muss eine beeindruckende, liebenswerte Persönlichkeit gewesen sein, da er von seinen Schülern wie ein Gott verehrt wurde. Einer seiner Schüler schrieb über ihn: »Wenn man das Leben Epikurs mit denjenigen der anderen vergleicht, könnte man es um seiner Milde und Selbstgenügsamkeit willen eine Sage nennen.«

Aristoteles, 384–322 v. Chr., Schüler Platons und einer der bedeutendsten Philosophen und Wissenschaftler der Geschichte. Es gibt kaum ein Wissensgebiet, auf dem er nicht tätig war. Zahlreiche hat er selbst begründet. Seine Wirkung hält bis zum heutigen Tag an. Gegen Ende seines Lebens zog er wegen der Nähe seiner Familie zum makedonischen Hof die Feindschaft der Athener Bürgerschaft auf sich. Er verließ Athen und gab unter Anspielung auf das Todesurteil gegen Sokrates an, er wolle nicht, dass sich die Athener ein zweites Mal an der Philosophie vergingen.

Boethius, circa 480–525 n. Chr., römischer Gelehrter, Theologe und Philosoph. Mit seiner Schrift *Trost der Philosophie* lässt man gewöhnlich die abendländische Philosophie der Antike enden. Im Mittelalter gehörte dieses Buch zu den meistgelesenen. Dort finden sich Sätze wie: »Von seinen Zügeln gelenkt zu werden, ist Freiheit.« »Besetzt die Mitte, denn sie allein verbürgt Glück.«

An anderer Stelle zeigt Seneca auf, wie Erkenntnis, Selbstbeherrschung, Autonomie, innere Freiheit, Seelenruhe und ein glückliches Leben zusammenhängen: »Wer volle Einsicht besitzt, beherrscht sich selbst; wer sich selbst beherrscht, bleibt sich gleich; wer sich gleich bleibt, ist ungestört; wer ungestört ist, ist frei von Betrübnis; wer frei von Betrübnis ist, ist glücklich: also ist der Einsichtige glücklich, und die Einsicht genügt zum glücklichen Leben.« Die Autonomie kommt in dem selbstbeherrschten und ungestörten Sich-gleich-Bleiben zum Ausdruck. Indem die Einsicht falsche Vorstellungen erkenne und verbanne – Seneca spricht von »Irrwahn« –, erlange der Mensch »schrankenlose Freiheit«, die darin bestehe, »über sich selbst unbedingte Gewalt zu haben. Es ist ein unschätzbares Gut, sein eigen zu werden«.

Denselben Gedanken finden wir bei Zhuangzi im alten China. Er nennt die ungestörte innere Freiheit »Reinheit«, »Echtheit«, Freiheit von »Trug« und »Vermischung« und derjenige, dem es gelingt, auf diesem Wege sein eigener Herr zu werden, den »wahren Menschen«: »Darum heißt es: Rein sein und echt und ungemischt, stille sein und eins und ohne Wandel […] der Heilige schätzt die Reinheit. Einfalt, das heißt: Freiheit von aller Vermischung; Echtheit, das heißt: Freiheit von allem Trug. Wessen Geist Echtheit und Reinheit darzustellen vermag, der heißt der wahre Mensch.« Auch hier kommt es auf den »Geist«, also die inneren Haltungen, Werte und Einstellungen an, nicht auf die Freiheit, im Äußeren das tun zu können, was wir uns wünschen und worauf wir Lust haben. Als höchste Unfreiheit aber wurde es angesehen, wenn der Mensch die inneren Manipulationen und unbewussten, von außen in ihn hineingetragenen Muster, die ihn bestimmen, nicht erkennt. Er glaubt, er führe *sein* Leben, tatsächlich aber lebt er fremdbestimmt. »Das ist kein weiser Mensch, der den Weg eines anderen nimmt«, heißt es in einem uralten ägyptischen Papyrus.

Alle antiken Weisheitslehren verstanden den Weg der Selbstwerdung und des Glücks als eine Entwicklung von der Unwissenheit zum Wissen, von der Erkenntnis der Fremdsteuerungskräfte zur Selbststeuerung. Am weitesten und psychologisch tiefsten dachten die Inder. In ihrer Karmalehre gingen sie davon aus, dass unser Körpergedächtnis die Erfahrungen und Ansichten aller unserer Vorfahren abgespeichert habe und dass unser Verhalten dadurch gesteuert werde. Interessanterweise wird diese uralte Auffassung von der modernen Epigenetik wissenschaftlich bestätigt. Aufgabe jedes Einzelnen sei es nach indischer Lehre, in seinem Leben möglichst viel negatives Karma aus vergangenen Generationen abzubauen und seinen Kindern möglichst wenig davon weiterzugeben, sodass eine zukünftige Generation irgendwann einmal an einen Punkt kommt, wo sie sich von allen Prägungen befreit hat. Dann käme das »Rad der Wiedergeburten« zum Stillstand und wir würden eingehen ins Nirwana. Losgelöst von dieser metaphysisch-religiösen Vorstellung bleibt es die Aufgabe eines jeden, der autonom und frei sein Leben gestalten möchte, sich von allen Konditionierungen zu befreien. In den *Upanishaden* heißt es: »Mit dem Herrn der Liebe vereinigt zu werden (Erleuchtung zu erlangen) bedeutet, von aller Konditionierung befreit zu werden. Das ist der Zustand der Selbst-Verwirklichung.«

Prägungen und Anhaftungen ablegen

Auch in der Analyse, wie wir diesen Prozess der Loslösung erfolgreich vollziehen können und was ihn so schwer macht, ist die Psychologie der altindischen Philosophie vielleicht am tiefsten vorgedrungen. Sie erkannte nicht nur die pränatalen und transgenerationellen Prägungen, sondern sah auch, dass unsere Triebe und unser Begehren uns immer wieder dazu verführen, uns mit Dingen und Verhältnissen zu identifizieren, die wir nicht selbst sind, seien es Gegenstände, gesellschaftliche Stellung, Macht und Ruhm oder andere Menschen. Wir haften an Dingen und verstricken uns in der Welt. Das aber macht uns unfrei und gibt uns die Gesetze unseres Handelns vor, anstatt dass wir sie aus uns selbst entwickeln. Wer reich, mächtig oder angesehen werden will, dem schreiben die Marktgesetze und die in einer Gesellschaft herrschenden Vorstellungen vor, wie er zu leben und sich zu verhalten hat. Wer autonom leben möchte, muss sich von solchen Anhaftungen lösen.

Yoga ist einer der Wege, die die Inder zur Befreiung aus diesen Verstrickungen entwickelten: »Yoga ist somit eine Methode zur Erlangung eines Bewusstseinszustandes, der das Individuum aus Verstrickungen mit einengenden Identifizierungen löst und ihm den Weg zur inneren Freiheit ermöglicht«, sagt der indische Yogalehrer Desikachar. »Jede Gedankenwelle«, sagt Vivekananda, »die ›ich‹ und ›mein‹ sagt, legt uns sofort an eine Kette und macht uns zu Sklaven. Je mehr wir ›ich‹ und ›mein‹ sagen, desto härter wird unsere Sklaverei, desto größer wird unser Unglück. Karma-Yoga lehrt uns daher, die Schönheit aller Dinge der Welt zu genießen, uns jedoch mit keinem von ihnen zu identifizieren.«

Desikachar, 1938–2016, indischer Yogalehrer und Autor. Schon sein Vater, Sri T. Krishnamacharya, war ein berühmter Yogalehrer, der als der »Vater des modernen Yoga« bezeichnet wird. Auf Youtube existieren noch alte Schwarz-Weiß-Filmaufnahmen, die Zeugnis ablegen von seiner unglaublichen Körperbeherrschung. Bis zu dessen Tod war Desikachar Schüler seines Vaters, der im stolzen Alter von 101 Jahren starb. Yoga verlängert das Leben.

Vivekananda, 1863–1902, hinduistischer Mönch und Gelehrter, Schüler des berühmten indischen Mystikers Ramakrishna. Als ungeladener Gast hielt er 1893 auf dem Weltparlament der Religionen in Chicago eine begeistert aufgenommene Rede, die ihn auf Anhieb berühmt machte. Er prägte das Bild Indiens im Westen und öffnete das Tor für den Einzug altindischer Spiritualität in die Kultur des Westens. Der Nobelpreisträger Rabindranath Tagore sagte über ihn: »Wer Indien verstehen möchte, muss Vivekananda studieren.«

Der Grund für unser Anhaften, das in der Identifizierung besteht und uns der Freiheit und Autonomie beraubt, sind unsere Begierden, unser Wollen, in dem schon Buddha die Wurzel all unseres Leids gesehen hat. Vivekananda führt dazu aus: »Dies ist die eine Ursache unserer Leiden: wir sind gebunden, wir sind gefangen. [...] Behaltet euch die Kraft vor, euch von allem zu trennen, wie sehr ihr es auch lieben mögt, wie sehr die Seele auch danach verlangen mag, wie groß auch der Schmerz sein mag, den ihr bei einer Trennung empfinden möget, erhaltet euch die Kraft, es zu verlassen oder herzugeben, wann immer ihr es wünscht.« In den Yoga-Sutren des Patañjali heißt es: »Das Nicht-Begehren nach allen gesehenen und gehörten Gegenständen ist die Loslösung, die auch Selbstbeherrschung genannt wird.« Dort wird auch der Weg der Befreiung genannt. Die inneren Spannungen, die dadurch hervorgerufen werden, dass wir uns durch Begehren, Identifizierung und Verstrickung von uns selbst entfremden, werden dadurch gelöst, dass wir unsere Begierden aufgeben und im Denken, Wollen und Handeln »gegen den Strom schwimmen«: »Die leidvollen Spannungen (der Ich- und Weltverhaftung) sind mit Hilfe der Gegenströmung (wörtlich: ›Schwimmen gegen die Strömung‹) aufzugeben«, schreibt Patañjali.

Dieselben Gedanken finden wir im alten Griechenland. So etwa bei Diogenes von Sinope: »Seit Antisthenes mir die Freiheit gab, bin ich nicht mehr Sklave. [...] Er lehrte mich den Unterschied zwischen dem, was mein ist und dem, was nicht mein ist, dass Familienangehörige, Verwandte, Freunde, Ansehen, Vertraute … dass all das mit mir nichts zu tun hat. Was ist denn mein? Der Gebrauch meiner Vorstellungen.« Auch für das »Schwimmen gegen die Strömung« findet sich bei Diogenes ein treffendes Bild. Auf die Frage, warum er das Theater stets gegen die Richtung der Herausströmenden betrat, antwortete er: »In meinem ganzen Leben bemühe ich mich, das zu tun.«

»Der Weise soll sich nicht nach der Sitte richten«, sagt Demokrit. Autonomie und innere Freiheit muss man sich erkämpfen durch Widerstand gegen falsche Konventionen und die Einsicht in das eigene Wesen, durch Entschlossenheit, Mut und Beharrlichkeit im Verfolgen des eigenen Weges. »Nichts habe ich mir fester zum Grundsatz gemacht, als meine Lebensführung nicht nach euren Vorurteilen zu gestalten«, ruft Sokrates in seiner Verteidigungsrede den Athener Bürgern zu. Es braucht dazu ein starkes Selbstbewusstsein und Selbstwertgefühl, sein Eigenes immer wieder gegen den Druck von außen zu verteidigen und zur Geltung zu bringen. Aber es ist der Mühe wert. Wir finden uns selbst, wir werden der, der wir sind, führen ein selbstbestimmtes Leben, erlangen inneren Frieden und Freiheit, die »Geborgenheit im eigenen Innern«, kurz: Wir werden ein glückliches Leben führen.

Goethe hat sein Leben lang diesen Kampf geführt, häufig unter starken seelischen Schmerzen und der Not des Verzichts und des Loslassens. Aber er hielt diesen Kampf um Autonomie und innerer Freiheit für einen der wichtigsten, den der Mensch zu führen habe: »[…] und hier ist‹s, wo ich immerfort aufmerksam machen möchte: daß dem Menschen in seinem zerbrechlichen Kahn eben deshalb das Ruder in die Hand gegeben ist, damit er nicht der Willkür der Wellen, sondern dem Willen seiner Einsicht Folge leiste.« In einem seiner Theaterstücke lässt er die Heldin ausrufen:

»Wenn wir, in raschen mutigen Momenten,
Auf unsern Füssen stehen, strack und kühn
Als eigner Stütze froh uns selbst vertraun,
Dann scheint uns Welt und Himmel zu gehören.«

Als 79-Jähriger schreibt er in einem seiner Briefe: »Betrachten wir uns in jeder Lage des Lebens, so finden wir, daß wir äußerlich bedingt sind (beschränkt werden), vom ersten Atemzug bis zum letzten; daß uns aber jedoch die höchste Freiheit übrig geblieben ist, uns innerhalb unsrer selbst dergestalt auszubilden, daß wir uns mit der sittlichen Weltordnung in Einklang setzen und, was auch für Hindernisse sich hervortun, dadurch mit uns selbst zum Frieden gelangen können.« Hier wird sehr deutlich, dass Autonomie und Freiheit im Rahmen der Lebensführung vor allem ein innerseelisches Thema sind, dass sie durch mentale Befreiung erlangt werden und wenig mit den äußeren ökonomischen, politischen oder sozio-kulturellen Umständen zu tun haben, in die wir hineingeworfen sind. Die Wenigsten können im Äußeren so leben, wie sie es sich wünschen, aber jeder kann seine Autonomie und innere Freiheit bewahren. An das, was wir nicht ändern oder erzwingen können, können wir uns anpassen (»mit der Weltordnung in Einklang setzen«), ohne unser Eigenstes aufzugeben und uns untreu werden zu müssen.

Innere Freiheit

Dass Autonomie und Freiheit im lebensphilosophischen Sinne vor allem innerseelische Fragen sind, macht es einerseits einfacher, sie zu erlangen, andererseits aber auch schwieriger. Während es grundsätzlich jedem möglich ist, ein selbstbestimmtes und innerlich freies Leben zu führen, so gelingt es nur wenigen, etwa eine Segeljacht im Mittelmeer oder ein Chalet in den Bergen zu besitzen, ständig in der Welt herumzureisen und Urlaub zu machen, Unternehmenschef, Popstar oder ein mächtiger Politiker zu werden. Die äußere Freiheit, tun zu können, was wir wollen, scheint schwieriger zu erlangen zu sein als innere Freiheit. Andererseits gibt es Menschen, die all diese Dinge haben, denen es aber nicht gelingt, innerlich frei zu werden. »Manche herrschen über Städte und sind zu Hause Pantoffelhelden«, bemerkte der griechische Philosoph Demokrit. Es scheint mehr Probleme zu bereiten, sein Seelenleben in den Griff zu bekommen, als Erfolg im Beruf zu haben und Reichtümer anzuhäufen. »Wer andre bezwingt, ist stark; wer sich selbst bezwingt, unbezwingbar«, schreibt Laotse. »Sich selbst zu beherrschen ist diejenige Herrschaft, mit der sich keine andere an Größe vergleichen kann«, sagt Seneca.

Laotse, vermutlich 6. Jh. v. Chr., legendärer chinesischer Philosoph, der als der Begründer des Daoismus angesehen wird. Das ihm zugeschriebene Buch *Tao Te King (Daodejing)* gilt nach der Bibel als das meistübersetzte Buch überhaupt. Über sein Leben wissen wir nichts, nicht einmal, ob es ihn tatsächlich gab oder ob er nur eine Legende ist. Wegen der Nähe zum buddhistischen Gedankengut besagt eine Erzählung, dass er gegen Ende seines Lebens in den Westen nach Indien gegangen sei und als Buddha wiedergeboren wurde. Zuvor sei er an der Grenze aufgehalten und gebeten worden, seine Weisheiten aufzuschreiben. So sei das *Tao Te King* entstanden.

Auf die Schwierigkeiten beim Erkennen, welche inneren Muster uns steuern, wurde schon hingewiesen. Aber selbst, wenn wir sie erkannt haben, sind wir noch nicht frei von ihnen. Wir müssen sie auslöschen, und das geschieht, indem wir neue Muster so lange einüben, bis sie die alten verdrängt haben. Wir müssen uns das Alte ab- und etwas Neues angewöhnen. Im Gehirn werden durch konsequentes und beharrliches Einüben eines neuen Musters die neuronalen Verschaltungen geändert oder überschrieben. Das Gehirn ist imstande, jedes Muster durch ein anderes zu ersetzen. Es ist keine feste Masse, sondern verändert sich ständig. Die dafür notwendige Herstellung neuer Zellverbände und Zellverbindungen aber braucht Zeit und konsequentes Einüben. Daran scheitern viele Menschen. Sie lassen entweder die Entschlossenheit oder die Beharrlichkeit des Einübens vermissen. Enthusiastisch beginnt man etwas, um nach einiger Zeit wieder in den alten Trott zurückzufallen. Gewohnheiten sind zäh und hartnäckig.

Schließlich sind es häufig sehr starke seelische Gegenkräfte, die überwunden werden müssen. Wenn jemand erkannt hat, dass ihm eine gesunde Ernährung guttut, so kann er sich vornehmen, seine bisherige Ernährungsweise umzustellen. Innere Freiheit und Autonomie wäre es, sich dazu zu entschließen und sich neue Regeln für die künftige Ernährungsweise zu geben. Aber schon im nächsten Urlaub, beim nächsten Fest oder Restaurantbesuch melden sich die alten Muster wieder und wollen uns überreden, ihnen ausnahmsweise nachzugeben. Und schon ist es vorbei mit den guten Vorsätzen. Das war der Grund, warum ein griechischer Philosoph meinte, dass die Selbstbeherrschung im Grunde die wichtigste Tugend sei. Bei Platon lesen wir: »Wenn der große Haufen, ohne das rechte Maß zu kennen, sich gehen lässt, so entweder aus Unwissenheit oder aus Mangel an Selbstbeherrschung.« Ebenso Buddha: »Wer seine Sinne nicht unter Kontrolle hat, den überwältigt Mara.« Mara steht hier für Unheil, Leiden und Tod.

Die Stoiker waren mit Sokrates der Meinung, dass die Inkonsequenz bei der eigenen Lebensführung, die einen Mangel an Autonomie und innerer Freiheit offenbart, auf ein mangelndes Wissen zurückzuführen ist oder eines, das nicht tief genug verinnerlicht wurde. Sie meinten ferner, dass es nur eine Wissenschaft gebe, die dem abhelfen könne, weil sie zur Selbstbeherrschung, nämlich zur Autonomie und inneren Freiheit erziehe. Diese Wissenschaft sei die Philosophie: »Denn sie lehrt ja gerade, Herr der Lust zu sein, und Herr der Ichsucht; sie lehrt, sein Genügen in einfacher Lebensweise zu finden und jede Üppigkeit zu meiden; sie gewöhnt die Menschen, Ehrfurcht zu haben, ihre Zunge im Zaum zu halten; sie lehrt Sinn für Ordnung, gesetztes Benehmen und guten Anstand [...] Wenn solche Eigenschaften einem Menschen innewohnen, dann machen sie ihn ehrwürdig und voll weiser Mäßigung«, sagt der Stoiker Musonius Rufus. Auf eine kurze Formel bringt es ein Ausspruch aus dem alten Ägypten: »Wer sein Herz zu meistern versteht, besitzt so viel wie alle Lehren.«

Platon entwickelte ein anschauliches Bild für die Autonomie und innere Freiheit. Die Seele und Lebensführung könne man mit einem

Pferdegespann und dem Wagenlenker vergleichen. Die Pferde stehen für die Triebe, Begierden und Lüste, der Wagenlenker für die Vernunft, die erkennt und entscheidet, wohin die Fahrt gehen soll (Lebensziele). Die Zügel schließlich stehen für die Selbstbeherrschung, die die Pferde im Zaum hält und lenkt, die übermütigen abbremst, die trägen antreibt. Das gelingt nur, wenn der Wagenlenker den Charakter seiner Pferde kennt (Selbsterkenntnis) und gut mit ihnen umzugehen versteht. Er muss sie nähren, pflegen und erziehen, sodass sie »untereinander und mit dem Ganzen befreundet« sind, wie Platon es formuliert, dass sie sich friedlich und ruhig verhalten, auf die Anweisungen des Wagenlenkers hören und im harmonischen Trab den Wagen dahin ziehen, wohin der Wagenlenker sie führt. Die Pferde müssen die Impulse, die er ihnen mit den Zügeln gibt, aufnehmen und umsetzen. Der Lernprozess, der ihnen das beibringt, ist das Einüben, das – wie Aristoteles sagte – ein »wiederholtes, vernunftgesteuertes Bewegtwerden« ist. So sei man imstande, auch die »irrationalen Seelenelemente« zu erziehen, um Herr über sie zu werden und sie zu steuern. Das ist Autonomie, Selbsterziehung und Selbstkultivierung und beschreibt den Weg, wie wir unser Leben nach unseren eigenen Vorstellungen führen und selbst bestimmen können, sprich: wie der Wagenlenker das Pferdegespann zum selbstgesteckten Ziel lenken kann.

Autonome Werte und Haltungen verwirklichen

Abschließend soll noch auf die Frage eingegangen werden, nach welchen Gesetzen man sein Leben einrichten soll, was also der Gegenstand der Autonomie und Selbstgesetzgebung ist. Es wurde bereits ausgeführt, dass es um die eigensten, höchstpersönlichen und tiefsten Bedürfnisse eines jeden Einzelnen geht, die gelebt und entfaltet werden wollen: »Werde, der Du bist«, sagt der griechische Dichter Pindar. Dazu sei auf die Kapitel über »Selbsterkenntnis« und »Authentizität« verwiesen. Neben den Lebenszielen, die die eigene

Natur vorgibt, sind es die Werte und Haltungen, die für eine weise Lebensführung stehen und uns unserem Ziel näherbringen: einem erfüllten und gelingenden Leben. Welche das sind, können diesem Buch entnommen werden, in dem wir versucht haben, einige der wesentlichsten Werte zu beschreiben, die zu einem guten Leben gehören. Im Übrigen muss es der Freiheit des Einzelnen überlassen bleiben, seinem Leben die konkreten Regeln zu geben, nach denen er leben möchte. Im vorliegenden Kapitel sollte lediglich dargelegt werden, wie wichtig es ist, diese Regeln so unbeeinflusst wie möglich selbst zu erkennen, zu wählen und ihnen im täglichen Lebensvollzug zu folgen.

Spiegelbildlich dazu ist die Frage zu beantworten, von welchen Prägungen, Erfahrungen, Gewohnheiten und Mustern wir uns lösen müssen, um innerlich »frei« zu werden. Genau genommen gibt es unendlich viele Prägungen. Jedes Lernen, jede Lebenserfahrung, jede Weiterentwicklung stellt eine Art Prägung dar, wird abgespeichert und kann auf unser Handeln Einfluss haben. Jede Sekunde verändern wir uns, werden wir minimal »umgeprägt«. Viele dieser Prägungen tun uns gut, geben uns Orientierung und helfen uns dabei, glücklich zu leben. Befreien sollten wir uns nur von solchen Mustern und Gewohnheiten, die uns Probleme bereiten und zu seelischem Leid führen, die wir nicht aus uns selbst entwickelt, sondern die sich von außen eingeschlichen haben, aber nicht zu uns passen, das heißt zu dem, wie wir eigentlich leben wollen und sollten. All diese negativen Gewohnheiten rufen Gefühle der Entfremdung und des Unwohlseins hervor. Kriterium für die Unterscheidung von guten und schlechten Prägungen ist zum einen, ob sie uns in unserer persönlichen Entwicklung fördern und uns in unsere Mitte führen; zum anderen, ob sie objektiv ein gutes, gelingendes Leben nähren oder es behindern, erschweren oder gar unmöglich machen.

Unabhängig von der Frage, welche Regeln wir unserem Leben geben, wir sollten uns stets bewusst sein, dass wir uns ständig ändern und weiterentwickeln, dass wir unterschiedliche Lebensphasen durchlaufen und dass sich auch die äußeren Rahmenbedingungen unseres Lebens unentwegt ändern. Das macht immer wieder Korrekturen und Anpassungen unserer Lebensmaximen notwendig, unter Umständen auch deren Austausch. Wir sollten daher die Grundsätze, nach denen wir leben wollen, regelmäßig auf den Prüfstand stellen.

Drei Lehren zu Autonomie und Freiheit

1.

Autonomie ist die Fähigkeit, sein Leben nach den eigenen Vorstellungen und Maximen zu führen und konsequent das umzusetzen, was man sich vorgenommen hat und den tiefsten Bedürfnissen entspricht.

2.

Die innere Freiheit, die Voraussetzung für ein autonomes, selbstverantwortetes Leben ist, gewinnt man dadurch, dass man in sich die schädlichen Denk-, Wollens- und Handlungsmuster erkennt, die einen unbewusst steuern, und sie dann abbaut oder durch Gewohnheiten ersetzt, die uns guttun und in denen wir unser Wesen erkennen und verwirklichen.

3.

Was uns unfrei macht, sind ein verbissenes Wollen und ein Anhaften an äußeren Gütern, Verhältnissen und Menschen, an Vorstellungen und Glaubenssätzen, die uns nicht guttun.

Drei Übungen zu Autonomie und Freiheit

1.

Mache dir klar, was deine wichtigsten Lebensziele sind, und denke und handle stets nach den Regeln, die dich diesen Zielen näherbringen.

2.

Pflege nährende Bindungen, aber löse alle Anhaftungen auf, indem du dich darin übst, an nichts zwanghaft festzuhalten und, wenn es sein muss, alles loszulassen.

3.

Zügle dein Wollen, versuche nichts zu erzwingen, sei bescheiden und vermeide jede Identifizierung mit Dingen, Verhältnissen oder Menschen.

KAPITEL 6
RESONANZ UND LIEBE

**»Anhänglichkeit an die Nächsten ist die Liebe.
Es handelt sich um nichts anderes, als dieses
Gefühl auszudehnen auf die ganze Welt.«**
Menzius

**»Deine Hand liegt auf meiner Hand.
Meinem Leib ist wohlgetan.
Mein Herz ist in Freude,
Weil wir zusammen gehen.«**
Altes Ägypten

»Was ist ein Freund? – Eine Seele in zwei Körpern.«
Diogenes von Sinope

Beziehungen: Wie wir am Du zum Ich werden

Im südlichen US-Bundesstaat Alabama wurde am 27. Juni 1880 Helen Keller als gesundes Kind geboren. Mit knapp zwei Jahren erkrankte sie schwer an Gehirnhautentzündung und verlor in der Folge ihr Seh- und Hörvermögen vollständig. Damit wurde auch ihre Verbindung zur Außenwelt gekappt. Kurze Zeit später verstummte das zuvor lebensfrohe und offenherzige Mädchen und zog sich vollständig in sich zurück. Erst sieben Jahre später erlöste Anne Sullivan, eine auf blinde Kinder spezialisierte Lehrerin, das Kind aus seiner Isolation und baute über intensive Zuwendung und das Fingeralphabet eine spezielle Verbindung mit ihr auf, die Kellers Leben grundlegend verändern sollte. Später lernte Keller durch ihre Bezugsperson die Braille-Blindenschrift und konnte fortan über eine Schreibmaschine für Blinde mit ihrer Umwelt kommunizieren. Beflügelt durch diese Erfahrung absolvierte sie ihren Schul- und Collegeabschluss und wurde später mit ihren Büchern und Vortragsreisen zu einem Vorbild für Millionen von Blinden und Gehörlosen. Ihr Lebensmotto »Ich bin blind, aber ich sehe; ich bin taub, aber ich höre« drückt die positive Kraft aus, die gelingende Resonanzen und Verbindungen mit anderen Menschen für unseren Lebensmut hat.

Auch das Lebenswerk von Jane Goodall, die wohl berühmteste Tier- und Verhaltensforscherin der Welt, verdeutlicht, wie tiefgehende Beziehungen zu einem erfüllten und bedeutungsvollen Leben führen können. Aber eben auch, dass gelingende Resonanzen nicht nur mit Menschen, sondern auch mit der Natur, mit Tieren, einem Hobby oder einer Berufung entstehen können. Goodalls Arbeit mit Schimpansen in Tansania, in der unmittelbaren Nachbarschaft zu gefährlichen Tieren ist absolut beeindruckend. Die daraus entstandenen Erkenntnisse revolutionierten unser Verständnis der Schimpansen und betonten die Bedeutung von Empathie und emotionaler Bindung in der Forschung. Ihre enge Beziehung zu den Menschenaffen ermöglichte es ihr, tiefere Einsichten in das Verhalten und die sozialen Strukturen der Primaten zu gewinnen. Ihr Lebenswerk zeigt eindrücklich, dass wahre Veränderungen oft aus tiefen empathischen Verbindungen und einem starken Gemeinschaftssinn entstehen.

Hans Zimmer, ein weltweit gefeierter deutsch-amerikanischer Filmkomponist, hat durch seine Musik für Filme wie *The Lion King*, *Gladiator* und *Dune* große Erfolge erzielt und wurde dafür zweimal mit dem Oscar ausgezeichnet. Insgesamt hat er über 150 Filmmusiken komponiert. Zimmers intensiver Fokus auf seine Kunst und sein Perfektionismus führten allerdings dazu, dass er seine Familie und Freundschaften oft vernachlässigte. Sein Fokus lag auf der Musik und dem damit verbundenen Erfolg. In der Retrospektive auf sein Künstlerleben stellte er in verschiedenen Interviews fest, dass es erst einiger schmerzhafter privater Niederschläge und zweier gescheiterter Ehen bedurfte, bis er sich nach vielen Jahren intensiver Arbeit auf die Bedeutung seiner persönlichen Beziehungen besann. Heute weiß er, wie wichtig diese für sein allgemeines Wohlbefinden und seine Kreativität sind.

Diese unterschiedlichen Lebenswege belegen, dass zu den wichtigsten Elementen eines glücklichen, erfüllten Lebens gelingende zwischenmenschliche Beziehungen gehören, sei es in Form der Liebe, Freundschaft oder einfach nur des Gesehenwerdens, der Achtung und Wertschätzung.

Zur Beschreibung dieses Phänomens entwickelte der Soziologe Harmut Rosa den allgemeineren Begriff der »Resonanz«, dem er vor einigen Jahren in einem viel beachteten Buch eine eingehende Analyse widmete. Darunter fasste er alle Verhältnisse, in denen der Mensch »in Schwingung« gerät mit etwas, das auf ihn antwortet, von dem er sich berührt fühlt und das er selbst berühren, erreichen und auf das er wirken kann. Für Rosa ist Resonanz eine fundamentale Kategorie zur Beschreibung des Verhältnisses des Menschen zur Welt. »Resonanz ist eine emotionale, neuronale und vor allem durch und durch leibliche Realität. Sie ist die primäre Form unserer Weltbeziehung. […] Resonanz ist also ein Kernelement des sozialen und kulturellen Daseins.« Der Mensch sei geprägt von einer tiefen Sehnsucht nach Verbundenheit durch Resonanz und umgekehrt von einer Angst vor Entfremdung, Getrenntsein, Zurückweisung, Isolation und Vereinsamung. »Leben ist in diesem Sinne Suche nach Resonanz und Streben nach der Vermeidung von dauerhafter Entfremdung. Menschen sehnen sich danach, die Welt als tragend, nährend, wärmend und entgegenkommend und sich selbst als in ihr wirksam zu erfahren.« Gelingende Resonanz wird laut Rosa zu dem entscheidenden Maßstab für ein gutes Leben. »Resonanz soll mithin also den Maßstab für ein gelingendes Leben liefern [...] Ein gutes Leben ist dann eines, das reich an Resonanzerfahrungen ist und über stabile Resonanzachsen verfügt.« In diesem Sinne meinte bereits der Neurowissenschaftler und Arzt Joachim Bauer, dass man »Spiegelung und Resonanz als das Gravitationsgesetz lebender Systeme bezeichnen« könnte.

Freunde: Das Beste, was es gibt auf der Welt

Der Mensch hat ein tiefes Bedürfnis nach Verbundenheit, insbesondere mit anderen Menschen. Niemand dürfte auf Dauer überleben oder glücklich werden können ohne menschliche Beziehungen, wie auch immer deren Qualität und Intensität ist. Wir brauchen Menschen, die uns spiegeln und erfahren lassen, dass wir da sind und existieren, besser noch, die uns anerkennen und wertschätzen, am besten aber, die uns lieben. Die erste und wichtigste Prägung, die jeder Mensch neben der genetischen Erbmasse und epigenetischen Konditionierungen erhält, ist die Erfahrung im Bauch der Mutter während der Schwangerschaft: das Genährt- und Getragenwerden, das Geschützt- und Geborgensein, die Wärme, das körperliche Berühren und Berührtwerden, das Einssein mit einem anderen Menschen. Unabhängig davon, ob die Schwangerschaft gut oder problematisch verläuft, die genannten Gefühle werden immer und von jedem Menschen erfahren und abgespeichert, der geboren wird. Wir alle kommen aus dem Bauch einer Mutter. Die Folge davon ist, dass sich jeder Mensch bewusst oder unbewusst sein ganzes Leben lang danach sehnt, solche Gefühle wieder zu erleben und, wenn es möglich wäre, zu verewigen. Jeder Mensch sehnt sich danach, zu lieben und geliebt zu werden. »Die Liebe leitet sich von den Eltern her«, heißt es im chinesischen *Buch der Riten*, und »so ist der Weg des Menschen die Liebe zu den Nächsten.«

Aus dieser Sehnsucht heraus ist in allen Kulturen der Mythos vom Paradies oder vom Goldenen Zeitalter entstanden, aber auch der Mythos vom Verlust des Paradieses, von der verloren gegangenen Einheit von Mensch und Natur. In diesen Mythen erzählt sich der Mensch das beglückende Wunder des Einsseins, aber auch das »Trauma der Geburt«, wie es der Psychoanalytiker Otto Rank genannt hat, die Durchschneidung der Nabelschnur und das Geworfensein in eine Welt, die wir im ersten Moment, aber auch später immer wieder als feindlich und abweisend erleben. Regelmäßig entfremden wir uns phasenweise von der Welt, von Verhältnissen und Orten, von Gewohnheiten, von anderen Menschen und von uns selbst. Und immer wieder versuchen wir dann, die aufgebrochene Kluft zu überbrücken, den entstandenen Zwiespalt zu schließen und die verlorene Heimat wiederzufinden, um das Gefühl von Geborgenheit wiederherzustellen. Das ist der Grund dafür, dass die Liebe eines der stärksten Gefühle des Menschen ist und dass Resonanzerfahrungen, Freundschaft und gelingende zwischenmenschliche Beziehungen für ein glückliches Leben unentbehrlich sind. »Worin der Weise sein eigentliches Wesen sieht, das ist Liebe […] die wurzelt ihm im Herzen«, sagt der Konfuzianer Menzius. Bei dem japanischen Mönch Yoshida Kenko lesen wir: »Mag einer in tausend Dingen noch so hervorragen – wenn er die Liebe missachtet, so ist es traurig um ihn bestellt, und er gleicht einem kostbaren Becher ohne Boden.«

Yoshida Kenko, circa 1283–1350 n. Chr., buddhistischer Mönch und Dichter. Sein Buch *Betrachtungen aus der Stille* ist ein Klassiker der japanischen Literatur. Dort finden sich Sätze wie: »Nichts spendet größeren Trost, als alleine, still für sich, im Lampenschein vor einem Buch zu sitzen und auf diese Weise Freundschaft mit Menschen aus längst vergangenen Tagen zu schließen.« Oder: »Würde man [...] ewig leben – wie könnte man da die zaubervolle Melancholie erfassen, die in allen Dingen webt?«

Die Sehnsucht nach Verbundenheit und Resonanz

Dabei sind gelingende Resonanzerfahrungen keineswegs auf zwischenmenschliche Verbundenheit beschränkt, mögen durch diese in aller Regel auch die stärksten Gefühle ausgelöst werden. Wir können grundsätzlich zu allem ein Verhältnis herstellen, das Gefühle hervorruft, die uns an die vorgeburtliche Urerfahrung der Liebe und Verbundenheit erinnern und uns ähnlich guttun. Wir können in Resonanz treten zu Dingen, Tieren, Tätigkeiten, Hobbys, Ideen, sinnlichen Genüssen, Gedanken, zur Natur, zu Kunstwerken oder zu Gott. Die Intensität und Nachhaltigkeit der Gefühle ist unterschiedlich und reicht in der Regel nicht heran an das Gefühl tiefer zwischenmenschlicher Verbundenheit. Die Urerfahrung im Mutterleib wurde mit einem Menschen gemacht, der Mutter, vielleicht noch mit der Natur als der pulsierenden lebendigen Kraft, die das leibliche Geschehen in der Mutter-Embryo-Einheit durchströmt und bestimmt. Deshalb sprechen wir auch häufig von der »Mutter Natur«. Aber die Gefühle der Freude und Befriedigung im Erlebnis der körperlichen oder geistig-seelischen Verbundenheit und Nähe sind wesensmäßig dieselben, ob ich einen Menschen mag oder eine Wanderung mache, ein Konzert höre, mich sportlich betätige oder ein Glas Wein genieße. Stets kommt es zu Momenten des Einswerdens und Aufgehens in etwas. Im vorliegenden Kapitel wollen wir uns auf die zwischenmenschlichen Beziehungen beschränken, die regelmäßig die tiefsten Resonanzen hervorrufen.

Einer der wichtigsten Aspekte der gelingenden zwischenmenschlichen Beziehung ist, dass man überhaupt gesehen wird. Erst dadurch erfahren wir, dass wir da sind. Die Erfahrung des Gesehenwerdens ist – was Hegel hervorgehoben hat – die Wurzel unseres Selbstbewusstseins. »Der Mensch wird am Du zum Ich«, sagt der jüdische Religionsphilosoph Martin Buber. Wir merken es nicht, weil wir uns immer schon als »Mitsein« erleben und keinen Zweifel an unserer Existenz haben. Bevor wir ein »Ich« entwickeln, sind wir ein »Wir«, ist unser geistiges, emotionales und körperliches Weltbild und Weltgefühl von Mitmenschen bevölkert. Ein Neugeborenes fühlt und erlebt sich vollkommen eins mit der Mutter und der Welt, bevor es merkt, dass die Mutter ein anderes Wesen ist und die Welt uns als ein anderes gegenübersteht, und das nicht immer freundlich. Niemand wächst als ein Kaspar Hauser in vollkommender Isolation auf, und selbst dieser wurde aus dem Bauch einer Mutter geboren, in dem er neun Monate lang Empfindungen des Mitseins und der Verbundenheit in seinem Körpergedächtnis abgespeichert hat.

Martin Buber, 1878–1965, jüdischer Religionsphilosoph, der mit seinem Hauptwerk *Ich und Du* (1923) die Lehre vom dialogischen Prinzip begründete. Von ihm stammen folgende eindrücklichen Sätze: »Im Anfang ist die Beziehung«, »Das Grundwort Ich-Du stiftet die Welt der Beziehung.«

Obwohl ein Grundgefühl des Mitseins nie verloren gehen kann, erleben wir ein Nichtgesehenwerden oder eine Nichtbeachtung in Situationen, in denen wir erwarten dürfen, beachtet zu werden, als Missachtung. Dieses Gefühl steigert sich bis zur Kränkung, wenn aus der Nichtbeachtung eine Herabsetzung oder eine ausdrückliche Verweigerung der Wertschätzung wird. Umgekehrt tut es uns gut und bereitet uns Freude bis hin zu Glücksgefühlen, wenn wir nicht nur beachtet, sondern anerkannt, wertgeschätzt, bewundert oder geliebt werden. Es ist immer wieder gesagt worden, dass es vielleicht kein größeres Glück gibt, als von einem Menschen, den wir schätzen und lieben, geliebt zu werden. Sehr schön kommt dies im Text des Songs »Nature boy« von Eden Ahbez zum Ausdruck. Dort ist die Rede von einem »sehr weisen« Jungen, der durch die ganze Welt gereist ist, um am Ende zu der Einsicht zu gelangen, dass die höchste Wahrheit (»the greatest thing you‹ll ever learn«) darin besteht, zu lieben und geliebt zu werden (»just to love and be loved in return«). Auf Youtube gibt es ein altes, sehenswertes Schwarz-Weiß-Video dieses Liedes von Nat King Cole, das den Sänger berühmt machte.

Vielleicht kann man jede Freude im Leben auf eine Form des Einswerdens oder der Verbundenheit mit etwas oder mit jemandem zurückführen. Wir erlangen, was wir uns gewünscht haben. Es wird unser Besitz, tritt ein in unsere Lebenswelt, kommt uns näher, wird ein Teil von uns, unseres Denkens und unseres Weltbilds, lebt in und mit uns. Konkret gesprochen: Im Zusammensein mit einem Menschen, sei es emotional, geistig oder körperlich, oder auf allen diesen Ebenen gleichzeitig, wird in praktizierter Verbundenheit Lebensglück wirklich. Bei jeder positiven zwischenmenschlichen Begegnung berühren sich zwei Seelen. Das erleben wir in unterschiedlicher Intensität als Freude, Glück und Erfüllung. »*Alles wirkliche Leben ist Begegnung*«, sagt Martin Buber. Es kann ein Blickkontakt sein, ein Lächeln, ein freundliches Wort, eine geteilte Überzeugung, ein gemeinsamer Glaube, gemeinsame Werte, ein tiefes Gespräch, ein intensives Mitfühlen – Gemeinschaft und Verbundenheit findet in vielen Formen statt.

Authentisch, offen und zugewandt sein

Wichtig ist, dass wir selbst es sind, unsere Mitte, unser Tiefstes, das in Verbindung mit dem Gegenüber tritt, nicht irgendeine Maske oder ein unwesentlicher Teil von uns. Die Selbstwirksamkeit, die wir in gelingenden Resonanzen erleben, muss sich auf das »Selbst«

beziehen, auf unsere individuelle Einheit und Besonderheit. Wo wir nicht mit unserer ganzen Person dabei sind, da erleben wir auch nichts Tiefes, Ergreifendes und Wesentliches. Die Begegnung, das Gespräch, das Verhältnis ist oberflächlich, ist Small Talk statt »echtes Gespräch« (Buber), Bekanntschaft statt Freundschaft. Wir stoßen hier auf eine der ersten Schwierigkeiten gelingender zwischenmenschlicher Beziehungen. Die Menschen müssen sich möglichst so zeigen, geben und begegnen, wie sie sind. Je authentischer, offener und zugewandter ein Mensch ist, umso tiefer und nährender werden seine zwischenmenschlichen Beziehungen. Je unechter, entfremdeter, verschlossener ein Mensch ist, um so oberflächlicher und belangloser werden seine Beziehungen, es sei denn, dem Gegenüber gelingt es, die Masken dieses Menschen zu durchstoßen, ihn zu öffnen und sein Inneres zu berühren. In guten Resonanzbeziehungen zeigt sich das Innere und spricht sich aus. Sonst redet und lebt man aneinander vorbei. Nur dieses Innere, das wahre Selbst, nicht das weltverfallene, oberflächliche, selbstsüchtige »Ich«, vermag zu berühren und beim Gegenüber tiefere Gefühle auszulösen.

Vor allem bei der partnerschaftlichen Liebe ist es für eine gelingende, dauerhafte Beziehung wichtig, dass sich beide Partner mit ihrem eigenständigen Selbst gegenübertreten. Sie müssen zwei in sich ruhende Pole bilden, die sich anziehen, aber auch eine Distanz des Andersseins wahren, in der sich eine reizvolle Spannung erhält, die das Glück des immer wieder sich Vereinens ermöglicht. Es ist der ständige Wechsel von momenthafter Eigenständigkeit und Verbundenheit, Auseinandertreten und Einswerden, Distanz und Nähe, der das Lebendige und Pulsierende, die innere Dynamik und Bewegtheit einer guten Partnerschaft ausmacht. Es ist ein uralter Gedanke, den wir in allen Weisheitslehren antreffen, dass die Gegensätze, Yin und Yang, Ein- und Ausatmen, Ausdehnung und Zusammenziehung, »Systole und Diastole das Grundgesetz alles Lebendigen« (Goethe) sind.

Dieses gegenseitige Beleben findet aber nur dort statt, wo das Oszillieren, das Hin- und Herschwingen durch gleichstarke Pole aufrechterhalten wird. In Liebesbeziehungen kommt es immer wieder vor, dass sich ein Teil ganz aufgibt und sich aus Liebe dem anderen vollständig unterwirft. Sich ganz hingeben können und sein »Ich« überwinden, kann wesentlich sein für eine gelingende Liebe, aber das Selbst, der Kern der Eigenständigkeit und Individualität, darf dabei nicht verloren gehen. Es ist der Ankerpunkt, an dem das Band der schwingenden Resonanz vertäut ist. Wird einer dieser Punkte aus seiner Verankerung herausgerissen, geht die Spannung und damit die Resonanz verloren.

Eine wertschätzende Liebe, die nicht von einem selbstständigen anderen kommt, ist leer, eine Nichtigkeit, die nicht erfüllen und beglücken kann. Sie gleicht dem Kniefall des abhängigen Sklaven, der nur den Schein von Wertschätzung für seinen Herrn vorgaukelt. In jeder echten Resonanzbeziehung, die eine der wichtigsten Erfahrungen von Selbstwirksamkeit vermittelt, müssen daher beide Seiten ihre Eigenständigkeit bewahren, ein Selbst sein, um das Selbst des anderen zu spiegeln und wahrhaft zu nähren. Die besten Beziehungen sind die, in denen sich beide Seiten in der Entfaltung ihres Eigenen und Individuellen nicht nur begleiten, sondern aktiv unterstützen, sodass man das Gefühl hat, gerade durch die Bindung zum anderen unser Selbst zu finden und zu entfalten.

Mit sich selbst Freundschaft schließen

Alles, was darüber hinausgeht, ist Selbstaufgabe, Abhängigkeit, leidvolles Anhaften, das sehr schnell in Eifersucht und der Unfähigkeit endet, neben und in der Beziehung gleichzeitig den eigenen Weg zu gehen, das eigene Leben zu entfalten, und gegebenenfalls auch loszulassen, wenn die Beziehung etwa tragisch-gewaltsam von außen beendet wird oder sich innerlich erschöpft hat, weil man sich auseinandergelebt hat. Es gehört zur Lebensrealität, dass sich die Personen in einer Liebesbeziehung in andere Richtungen entwickeln können und das verbindende Gemeinsame immer kleiner wird und sich am Ende verflüchtigt.

Zwischenmenschliche Beziehungen, in denen sich die beiden Seiten nicht mehr selbstständig fortentwickeln, sind genauso leblos wie solche, in denen die gemeinsame Schnittmenge verloren gegangen ist. Noch wichtiger als die Beziehung zu einem anderen ist die Beziehung zu sich selbst. Geht diese verloren, fehlt auch jeder zwischenmenschlichen Beziehung das Fundament und der Bezugspunkt. Dieser ist ein haltloses Nichts geworden. »Schließen Sie Freundschaft mit sich«, empfahl der buddhistische Mönch Thich Nhat Hanh. »Wenn Sie für sich ein wirklicher Freund, eine wahre Freundin sind, können Sie das auch für einen geliebten Menschen sein.« Schon Aristoteles lehrte, dass man sich selbst der beste Freund sein sollte. Aus dem Verständnis und der Liebe zu sich selbst erwächst die Liebe zu den Mitmenschen. In denen, die in sich ruhen, finden auch die Mitmenschen Ruhe. Die Ruhe in sich selbst aber findet am ehesten derjenige, der philosophiert. Als Hekaton von Rhodos gefragt wurde, was er durch die Philosophie gelernt habe, antwortete er: »Ich habe begonnen, mein Freund zu sein.«

Hekaton von Rhodos, 1. Jh. v. Chr., griechischer Philosoph und Stoiker. Er genoss hohes Ansehen. Aus seinen Büchern haben wir nur Fragmente, in denen sich unter anderem die folgende hübsche Geschichte findet. Als Zenon, der Begründer der Stoa, sich mit der Frage an das Orakel wandte, was er tun müsse, um auf die beste Weise sein Leben zu führen, da antwortete ihm der Gott: Er soll die Berührung mit den Toten suchen. Er verstand die Antwort und begann die Schriften der alten Denker zu lesen.

Deshalb ist es wichtig, in der Beziehung sein Selbst zu pflegen, zu wahren und zu entfalten. Nur wo die Beziehung ausreichend Raum zur Selbstverwirklichung lässt, kann sie die polare Spannung, von der sie lebt, aufrechterhalten. Mindestens ebenso wichtig ist es, schon vor einer Beziehung seine Mitte zu finden, sein Selbst zu leben und in sich zu ruhen. Zum einen ist eine in sich ruhende, aus geglichene Persönlichkeit anziehend. Zum anderen erhöht es die Wahrscheinlichkeit, dass sich das Gegenüber in die Person, wie sie wirklich ist, und nicht in eine Maske verliebt. So können unliebsame Überraschungen vermieden werden, denn – wie Kant sagte – wir verlieben uns in den Schein, aber wir lieben die Wahrheit. Erscheinen wir so, wie wir sind, können wir hoffen, dass aus Verliebtheit Liebe wird und keine Enttäuschung. Das ist der Grund dafür, dass eine gesunde Selbstliebe stets als Voraussetzung dafür angesehen wurde, auch andere lieben zu können. Dazu passt eine Stelle aus den altindischen *Upanishaden*, die besagt, dass man im anderen immer auch sich selbst liebt:

> »Eine Ehefrau liebt ihren Mann nicht um seinetwillen,
> sondern weil das Selbst in ihm wohnt.
> Ein Ehemann liebt seine Frau nicht um ihretwillen,
> sondern weil das Selbst in ihr wohnt.
> Kinder werden nicht um ihretwillen geliebt,
> sondern weil das Selbst in ihnen wohnt […]
> Alles wird nicht um seinetwillen geliebt,
> sondern weil das Selbst in ihm wohnt.«

Bei richtigem Verständnis dieser Stelle ist zu berücksichtigen, dass die Inder das »Selbst« mit Atman, dem Göttlichen, identifizierten. Wie wir in unserem tiefsten Inneren Gott finden, um ihn zu lieben, so auch im anderen.

Dazu passt, was Diogenes von Sinope zum Wesen der Freundschaft sagt. Er definierte sie als »eine Seele in zwei Körpern«. Anders als die Inder dürfte er damit allerdings nicht gemeint haben, dass sie beide Göttliches in sich haben und darin sich finden. Dem Diogenes-Zitat können wir aber entnehmen, dass die Freundschaft bei den Griechen einen sehr hohen Stellenwert einnahm, der noch über dem der partnerschaftlichen Liebe stand, und mit dieser das Merkmal der Verbundenheit und des Einsseins gemeinsam hatte. Der Freund/die Freundin ist im Bewusstsein immer präsent, begleitet uns, wirkt in der einen oder anderen Situation als Vorbild oder Mahner, als Lehrer, Mitfühlender oder Tröster.

Das Moment der kritischen und fördernden Polarität finden wir bei Aristoteles. Er sagt, dass »tugendhafte Freunde einander auch besser machen, indem sie einander korrigieren. Denn jeder nimmt einen Abdruck auf von den Eigenschaften, die ihm am anderen gefallen, und so heißt es: ›Edles (Gutes) lernst du von Edlen (Guten)‹«. Ähnliches hatte Konfuzius im Sinn, als er sagte: »Es ist noch nie vorgekommen, dass ein Gebildeter ohne Freund, der widerspricht, frei von Fehlern bliebe.« Echte Freunde, die auch den Mut haben, einem den Spiegel vorzuhalten und den Finger in Wunden zu legen, sind die Leiter, auf deren Sprossen wir zur höheren Entwicklung unserer Persönlichkeit schreiten. Sie sind Lehrer und Vorbild, im Ganzen oder in Bezug auf einzelne Charaktereigenschaften, die wir bei uns vermissen oder die uns ungelebte Möglichkeiten zeigen. »Wisse auch, dass jener die höchste Frucht der Weisheit Brahmans erntet, der dem Weg folgt, den der Lehrer, sein wahrer und bester Freund, und die eigene tiefere Einsicht ihm weisen«, schrieb der indische Philosoph Shankara. Aus dem 3. Jahrtausend v. Chr. stammt folgende ägyptische Inschrift: »Sei gut gegen deine Freunde, sie sind ein fruchtbarer Acker, den er bewässern soll, sie sind wichtiger für ihn als seine Schätze.«

Shankara, circa 788–820 n. Chr., einer der bedeutendsten Philosophen Indiens. Er erneuerte und vollendete die hinduistische Philosophie des Advaita-Vedanta. Er starb schon in jungen Jahren, wirkt aber bis heute nach. Als ein Plädoyer für die Philosophie kann sein Ausspruch gelten: »Die Sehnsucht nach Befreiung ist der Wille, sich von den Ketten, die die Unwissenheit geschmiedet hat [...] zu lösen.«

Persönlichkeitsentwicklung braucht Austausch und Feedback

Freundschaften bieten den Raum, in dem wir für die Dauer der Begegnung sein können, der wir sind, in dem wir uns nicht zu verstellen brauchen und sagen können, was wir denken und fühlen. Dabei wird uns häufig selbst erst richtig klar, wer wir sind, was wir denken, glauben und wollen. Mancher Nebel löst sich auf, und wir finden uns selbst in der Unterhaltung wieder, aber auch Trost und Ermutigung, bekommen den Schwung und die Entschlossenheit, eine Entscheidung zu treffen oder etwas umzusetzen. Die Liebe und Zugewandtheit des Freundes oder der Freundin stärkt unser Selbstwertgefühl und Selbstvertrauen, die zu den wichtigsten Ressourcen der Selbstverwirklichung gehören. Sehr schön kommt das in folgender Passage aus einem Brief Ciceros an seinen Freund Atticus zum Ausdruck: »Sei versichert, dass es mir gegenwärtig an nichts mehr fehlt als an einem Menschen, dem ich alles, was mir irgendwie Sorge macht, mitteilen könnte, der mich liebte, der Einsicht hätte, mit dem eine Unterhaltung möglich wäre, bei welcher ich mich nicht zu verstellen, nichts zu verheimlichen oder zu verdecken brauchte.«

Cicero, 106–43 v. Chr., römischer Redner, Philosoph und Politiker. Als Philosoph hatte er wenig eigenständige Gedanken, dafür das unsterbliche Verdienst, zahlreiche philosophische Begriffe aus dem Griechischen ins Lateinische übersetzt und damit die Überlieferung der griechischen Philosophie maßgeblich beeinflusst zu haben. Die therapeutische Funktion der antiken Philosophie brachte er auf die kurze Formel: »Pflege und Heilmittel für die Seele ist die Philosophie.«

Vielleicht wurde seit den Griechen der hohe Wert wahrer Freundschaft für die innere Entwicklung der eigenen Persönlichkeit immer unterschätzt. Die philosophischen Schulen im alten Griechenland waren häufig Lebensgemeinschaften, in denen man sich gegenseitig bei der Aufgabe, ein glückliches, erfülltes Leben zu führen und Leiden tapfer und duldsam zu ertragen, unterstützte und beistand. Der buddhistische Mönch Thich Nhat Hanh war stets davon überzeugt, dass wir den rechten Weg ohne die Gemeinschaft (Sangha) nicht finden können. Im Zentrum seines Denkens, das von der unmittelbaren Erfahrung des Vietnamkriegs geprägt war, stehen Lehren vom richtigen Umgang mit Leiden. Er war der Meinung, dass nur weniges so sehr hilft, Leiden ertragen zu können, wie echte Freundschaften oder eine durch Freundschaft verbundene Gemeinschaft.

Gewiss auch wusste er, dass keine Freude tiefer geht, als wenn sie gemeinsam mit einem Freund oder Geliebten erlebt wird. Es gibt eine schöne Stelle, die uns Sokrates im gemeinsamen Philosophieren mit Freunden zeigt, was ihn offenbar in ein Gefühl der Glückseligkeit versetzte. In den *Erinnerungen an Sokrates*, die sein Schüler Xenophon aufgeschrieben hat, sagt Sokrates: »Habe ich etwas Gutes, so belehre ich meine jungen Schüler, und ich empfehle sie anderen, bei denen sie nach meiner Auffassung für ihre Jugend gewinnen können. Auch die Kostbarkeiten der früheren weisen Menschen, welche jene schriftlich hinterlassen haben, rolle ich mit den Freunden zusammen auf, und ich gehe sie durch, und wenn wir etwas Gutes sehen, nehmen wir es heraus; wir halten es für einen großen Gewinn, wenn wir so einander befreundet werden.« Und Xenophon fährt fort: »Als ich dies hörte, schien mir Sokrates glücklich zu sein und auch die Zuhörer zum Schönen und Guten hinzuleiten.«

Xenophon, circa 430–354 v. Chr., griechischer Feldherr und Politiker, Schüler des Sokrates. Seine *Erinnerungen an Sokrates* sind eine wichtige Quelle zum Leben des Sokrates. Nach einer Anekdote soll dieser ihm in einer engen Gasse in den Weg getreten sein und gefragt haben, wo man Lebensmittel kaufen könne. Nachdem Xenophon geantwortet hatte, fragte Sokrates weiter: »Und wo lerne man Weisheit?«

Schließlich sei darauf hingewiesen, dass alle antiken Weisheitslehren davon überzeugt waren, dass gute zwischenmenschliche Beziehungen, Freundschaft und Liebe nicht nur ein privates Vergnügen sind, sondern der Schlüssel für den Frieden in der Welt und damit »der Weisheit letzter Schluss«. Auf die Frage eines Schülers, was ein weises Verhalten sei, antwortete Konfuzius: »Die Menschen lieben.« Sein bedeutendster Nachfolger, der Philosoph Menzius, stellt die Liebe ins Zentrum seiner Hauptschrift. Dort führte er näher aus, was Konfuzius meinte. Er schrieb: »Anhänglichkeit an die Nächsten ist die Liebe […] Es handelt sich um nichts anderes, als diese Gefühle auszudehnen auf die ganze Welt.« An anderer Stelle verknüpft er die Liebe zum Mitmenschen mit der Liebe zur Weisheit der Vorfahren: »Der beste Mensch auf Erden macht sich alle Guten auf Erden zu Freunden. Aber selbst alle Guten auf Erden zu Freunden zu haben, ist ihm noch nicht genug. Er steigt empor in seinen Gedanken zu den Menschen des Altertums, er rezitiert ihre Lieder, er liest ihre Schrift.« Dass Liebe, Zugewandtheit, Wohlwollen und verständnisvoller Umgang mit seinen Mitmenschen vielleicht die besten und einzigen Mittel sind, um Streit, Kränkungen, Verletzungen und persönliche Angriffe aus der Welt zu verbannen, ist auch der Sinn eines Sprichwortes aus dem alten Japan: »Wenn dich einer beleidigt, so hast du ihn nicht genug geliebt.«

Drei Lehren zu Freundschaft, Liebe und gelingenden Resonanzen

1.

Einer der wichtigsten und notwendigsten Bestandteile eines gelingenden Lebens sind gute zwischenmenschliche Beziehungen.

2.

Jede Form von Liebe und Freundschaft beruht auf zwei starken Polen, die sich anziehen und immer wieder zueinander finden, ohne dabei ihre Selbstständigkeit zu verlieren.

3.

Man lernt die Liebe, indem man lernt, sich selbst so zu lieben, wie man ist, mit allen Schwächen und Stärken, in dieser Liebe seine Ruhe und seine Einheit findet und dieses Gefühl auf andere überträgt.

Drei Übungen zu Freundschaft, Liebe und gelingenden Resonanzen

1.

Folgende Übung empfiehlt Hekton: »Wenn du geliebt werden willst, so liebe!« und auch Demokrit: »Wer niemand Liebe erweist, kann, wie mir scheint, auch bei niemand Liebe finden.«

2.

Befreunde dich mit dir selbst, finde in dir deine Mitte, deinen inneren Ausgleich und deinen Frieden, und die Menschen werden dich lieben.

3.

Übe dich darin, statt Menschen zu verurteilen, ihnen mit Offenheit, Zugewandtheit, Wohlwollen, Verständnis, Milde und Sanftheit zu begegnen, ihre Geschichte kennenzulernen und sich in ihre Seele mit ihren hellen und dunklen Seiten einzufühlen. Nährende Resonanzbeziehungen werden dann nicht ausbleiben.

KAPITEL 7
SELBSTGENÜGSAMKEIT UND VERZICHT

»Die Weisheit wird immer zufrieden sein mit dem, was sie hat.«
Cicero

»Auch dann noch würde ich Freude empfinden, wenn ich nur groben Reis als Kost, Wasser als Trunk und den gekrümmten Arm als Kissen hätte.«
Konfuzius

»Pflüge auf den eignen Feldern, da findest du deinen Bedarf, und du empfängst die Brote von deiner eigenen Tenne.«
Lehre des Amenemope (etwa 1100 v. Chr.)

Der Luxus, sich von überflüssigem Ballast zu befreien

Jonas Deichmann ist berühmt für seine Abenteuer und sportlichen Höchstleistungen. Nicht für seinen Besitz. Die Themen Reduktion, Verzicht und Minimalismus spielen in der Lebensphilosophie des deutschen Extremsportlers eine wichtige Rolle. Deichmann betont in der Dokumentation und den Interviews zu seinem Triathlon um die Welt, dass der Ausdauersport in seiner reinsten Form – ohne Hilfstross, reduziert auf das minimale Gepäck und ohne übermäßige technische Hilfsmittel – eine Übung in Reduktion und Selbstgenügsamkeit ist. Für ihn bedeutet der Verzicht auf unnötige Ausrüstung und Unterstützung nicht Verlust, sondern die Chance, sich unterwegs auf das wirklich Wichtige zu konzentrieren, Abenteuer zu erleben und Verbindung zu den Menschen vor Ort aufzubauen. Denn Verzicht als bewusste Entscheidung kann zu einem intensiveren und authentischeren Leben führen. Dabei ist der minimalistische Ansatz seiner Projekte auch die generelle Suche nach Einfachheit und Unabhängigkeit. So lassen sich durch den Verzicht auf Überflüssiges die echten Abenteuer des Lebens entdecken.

In Interviews und Vorträgen gibt Deichmann auch praktische Ratschläge, wie man Minimalismus und Verzicht in den Alltag integrieren kann. Mit seinen Unternehmungen und sportlichen Höchstleistungen liefert er den Beweis, dass weniger Besitz und ein simplerer Lebensstil mehr Raum für persönliche Entwicklung, Kreativität und authentische zwischenmenschliche Beziehungen schaffen.

Je weniger man hat, desto freier ist man. In der *Bhagavadgita* heißt es: »Wen nicht berührt die Außenwelt […] der findet in sich selbst das Glück.« Was aus der Selbstgenügsamkeit eine der wichtigsten Eigenschaften eines gelingenden Lebens macht, ist der Umstand, dass ein glückliches Leben nur im Inneren der eigenen Seele gefunden werden kann, in einer guten Seelenverfassung, die versteht, in den jeweiligen äußeren Lebensumständen, wie immer diese auch sind, sich selbst zu leben, zu entfalten und Erfüllung zu erlangen. Wenn das Glück im eigenen Innern liegt, braucht man, um glücklich zu sein, nichts oder doch nur sehr wenig an äußeren Gütern. Man genügt sich selbst. »Glücklich ist nicht derjenige, den das Volk so nennt, nämlich dem massenhaftes Geld zuströmt«, sagt Seneca, »sondern der, der sein ganzes Gut in seinem Innern hat.« Das heißt zugleich, dass man es in der eigenen Hand hat, ein glückliches Leben zu führen und dass man unabhängig von äußeren Gütern und vom Zufall der Ereignisse ist. Ob man viel hat oder wenig, ob etwas gelingt oder nicht, welche Stellung man im Unternehmen einnimmt, in der öffentlichen Verwaltung, in der Gesellschaft, ob man Familie und Kinder hat, wie viele Freunde man hat, was man sich leisten kann oder nicht – das alles hat keine oder doch nur geringe Bedeutung, wenn man sich selbst genügt. Deshalb meinte Epikur, »der größte Reichtum von allem ist die Selbstgenügsamkeit«.

Das Glück ist nicht von äußeren Gütern abhängig

Aber wie ist das möglich? Müssen wir nicht essen und trinken? Wer kann ohne Familie oder Freunde glücklich werden? Gehört zur Selbstverwirklichung nicht auch, dass man seine Begabungen, Anlagen und Fertigkeiten in der Welt zur Geltung bringt? Wer kann ohne Selbstwirksamkeitserfahrungen ein Selbstbewusstsein aufbauen, das ihm das Gefühl gibt, dass er lebt, einen Wert hat und sein Leben einen Sinn? Die Fragen sind berechtigt, berühren aber nicht die Selbstgenügsamkeit. Sie bedeutet nicht, dass man nicht essen und trinken muss, auf Familie oder Freunde verzichten kann und keine sinnvolle Aufgabe in der Gesellschaft oder an einem Arbeitsplatz auszufüllen braucht. Gemeint ist vielmehr, dass die Wurzel des persönlichen Glücks, des Selbstwertgefühls und des Selbstbewusstseins in der eigenen Seele liegt und das Glück von keinen *konkreten* äußeren Gütern und Verhältnissen abhängig ist.

Ausreichende Nahrung darf nicht fehlen, aber was man zu sich nimmt, ist für das eigene Glück unwichtig. Ohne zwischenmenschliche Beziehungen wird niemand glücklich, aber das Glück des

Selbstgenügsamen hängt an keiner konkreten Beziehung, sodass er imstande ist, eine Beziehung loszulassen, wenn das besser für ihn ist oder äußere Umstände ihn dazu zwingen. Ohne eine sinnvolle Beschäftigung ist Glück schwer zu erlangen, aber eine solche kann jeder finden. Was man wirklich brauche, meinte Epikur, sei leicht zu beschaffen. Nur das sei schwer zu erlangen und kenne kein Maß, was die Menschen glauben, dass sie es bräuchten. »Die Stimme des Fleisches spricht: Nicht hungern, nicht dürsten, nicht frieren. Wer das besitzt oder darauf hoffen darf, der könnte sogar mit Zeus an Glückseligkeit wetteifern«, sagt er.

Wenn Freude und Glück nicht von äußeren Gütern, Verhältnissen oder konkreten Beziehungen herrühren, was macht die Seele dann glücklich? Die einfache Antwort: Das Verhältnis zu sich selbst. Man fühlt sich wohl in seiner Haut, ist mit sich im Einklang, findet Geborgenheit im Innern, ist in sich zur Ruhe und zum Frieden gekommen. Kein Bedürfnis beklagt sich, nichts in der Seele begehrt auf oder rebelliert. Leidvolle Affekte wie Angst, Sorgen, Ärger, Zorn, Wut, Neid, Eifersucht, Stress, Hochmut, übermäßige Trauer oder Leidenschaft sind verstummt oder auf ein Maß reduziert, mit dem wir gut leben können, weil es unsere heitere Grundstimmung nicht beeinträchtigt. Im *I Ging*, dem ältesten Weisheitsbuch der Menschheit, heißt es zum 58. Doppelzeichen: »Zufriedene Heiterkeit. Heil!« Der Übersetzer dieser Stelle erläutert das Zeichen wie folgt: »Eine stille, wortlose, in sich gesammelte Freude, die nichts von außen begehrt und mit allem zufrieden ist, bleibt frei von allen egoistischen Zu- und Abneigungen. In dieser Freiheit liegt das Heil, denn sie birgt die ruhige Sicherheit des in sich gefestigten Herzens.« Bei dem chinesischen Philosophen Liezi heißt es: »[…] das auf sich selbst Beruhende stillet, wirket, ebnet, besänftigt, leitet, wartet.« Wer einen solchen Seelenzustand erreicht hat und fähig ist, ihn gegen äußere Störungen, Anfeindungen und Schicksalsschläge zu verteidigen, der kann an allem Freude empfinden und wird nichts vermissen. Er hat Wünsche, Ziele, Pläne wie jedermann, aber die Freude seiner heiteren Gemütsverfassung wird nicht beeinträchtigt oder geschmälert, wenn sich ein Wunsch nicht erfüllt. Von Konfuzius hieß es, ob er sein Ziel erreichte oder nicht, das stellte er einer höheren Fügung anheim und blieb heiter bei jedem Ausgang.

Liezi, circa 5. Jh. v. Chr., war ein chinesischer Philosoph des Daoismus. Mehr als sein Werk *Das wahre Buch vom quellenden Urgrund* ist von ihm kaum bekannt. Er soll sehr zurückgezogen gelebt haben. Von ihm stammt der schöne Satz, dass es auf der Welt keine Weisheit gebe, die immer und überall und unter allen Umständen richtig wäre. Ebenso der Satz, dass wer sein Selbst pflegt ohne Rücksicht auf äußeren Erfolg, der hat keinen Kummer. Wie andere Äußerungen der Daoisten zeigt auch dieser Satz eine Nähe zur stoischen Philosophie.

Die Selbstgenügsamkeit gründet in einer Haltung, die sich dankbar an dem erfreut, was vorhanden ist, die im Hier und Jetzt lebt und weder viel auf die Zukunft hofft noch der Vergangenheit nachhängt. Der Fokus der inneren Aufmerksamkeit liegt auf dem Gegenwärtigen und Vorhandenen. Das Wollen geht nicht wesentlich über das hinaus, was da ist. Wünsche nach anderem mag der Selbstgenügsame wie jeder Mensch hegen, aber weder leidet er unter dem Mangel, dass das Erwünschte (noch) nicht da ist, noch fürchtet er, der Wunsch könne unerfüllt bleiben. Demjenigen, dem »das eigene Leben einen unfreundlichen, in Kummer versunkenen Anblick bietet, weil die unerfreulichen Leiden, Geschäfte und Sorgen kein Ende nehmen und einen unaufhörlich niederdrücken und bedrängen«, empfiehlt der griechische Philosoph Plutarch, »von nun an mit dem, was die Gegenwart bietet, auszukommen, der Vergangenheit dankbar zu gedenken und die Zukunft in gütiger und lichter Hoffnung ohne Furcht und Argwohn herankommen zu lassen«. Noch weiter geht Laotse: »Der Weise wünscht Wunschlosigkeit. Er hält nicht wert schwer zu erlangende Güter.«

Mit sich ins Reine kommen

Eine solche Haltung bedeutet nicht strengen Verzicht, Askese und Selbstbeschränkung. Tatsächlich stehen im Vordergrund die Dankbarkeit und Freude an dem, was vorhanden ist und an sich selbst, an seiner Lebendigkeit und inneren Ausgeglichenheit, der Stimmigkeit der Lebenswerte und des Lebensvollzugs, des Gefühls, mit sich im Reinen zu sein. Dieser Grundbefindlichkeit gegenüber treten unerfüllte Wünsche nach äußeren Gütern oder Verhältnissen in den Hintergrund. Eine solche Haltung kann man einüben, indem man immer wieder den Wert der äußeren Dinge herabsetzt und sich andererseits die Wichtigkeit der eigenen Seelenverfassung ins Bewusstsein ruft.

Selbstgenügsamkeit bedeutet auch nicht, dass man auf Genuss, Besitz, Karriere, ehrgeizige Ziele, Ansehen und gesellschaftliche Stellung verzichten muss. Selbst ein Überfluss davon schließt weder Selbstgenügsamkeit noch Bescheidenheit aus. Es kommt allein auf die innere Einstellung und das Verhältnis zu diesen Gütern an. Wer all diese Dinge hat, aber weiß, dass er sie zu seinem Glück nicht braucht, und wer deshalb in der Lage ist, jederzeit auf sie zu verzichten und sie loszulassen, ohne seine Zufriedenheit und innere Ausgeglichenheit zu verlieren, ist selbstgenügsam, mag er noch so viel besitzen. Der Satz »weniger ist mehr« mag die Einfachheit im Leben fördern, ist aber keine zwingende Maxime des Selbstgenügsamen. Mark Aurel schrieb seinem Stiefvater Antoninus Pius, selbst einer der »weisen Kaiser« im alten Rom, die Gabe zu, »alle die Dinge, die zur Annehmlichkeit des Lebens beitragen […] bescheiden und doch ohne jedes Bedenken zu gebrauchen, sodass er sie, wenn sie da waren, ganz unbefangen benutzt hat, wenn sie aber fehlten, ihrer nicht bedurfte […] Es dürfte auf ihn passen, was man von Sokrates erzählt, dass er die Fähigkeit sowohl zum Verzicht wie zum Genuss solcher Dinge hatte, auf die die meisten Menschen zu schwach sind zu verzichten, während sie im Genuss kein Maß kennen«.

Die Weisen der Antike in Ost und West sprachen vom inneren Reichtum, gegen den der äußere verblasst. Schon im alten Ägypten hieß es: »Ein guter Charakter ist eines Menschen Himmel.« »Weil dem Weisen nach nichts Begehr steht, ist er im Herzen reich«, schrieb Kaibara Ekiken. »Wenn dein Geist Schicksalsschläge gering geachtet, über Angst erhaben ist und nicht voller Gier und Hoffnung nach unermesslichem Reichtum trachtet, sondern gelernt hat, in sich selber Schätze zu finden […] wenn er alles verachtet, was das Leben zwar bereichert, gleichzeitig aber zur Qual macht […] dann bist du ein Mensch, der, geschützt vor Stürmen, auf festem Boden, unter einem blauen Himmel lebt und in höchstem Grad ein Wissen erworben hat, das nutzbringend und notwendig ist. Alles andere ist müßiger Zeitvertreib«, sagt Demetrios von Korinth. Für Sokrates ist die Selbstgenügsamkeit gar eine göttliche Eigenschaft: »Du gleichst einem, der glaubt, Glückseligkeit bestehe aus Üppigkeit und Pracht. Ich aber glaubte schon immer, dass Bedürfnislosigkeit göttlich ist und dass man dem Göttlichen am nächsten komme, wenn man wenig bedürfe.«

Kaibara Ekiken, 1630–1714, japanischer Philosoph, Gelehrter und Arzt. Er war der Goethe Japans und hinterließ neben 110 Büchern ein großes Weisheitswissen, so etwa in den noch heute geschätzten Büchern: *Regeln zur Lebenspflege* oder *Unterweisung zur Freude*. Er liebte die Natur, durchwanderte ganz Japan und soll all seine Berge bestiegen haben, einige davon noch im Alter von 78 Jahren. In weiser, abgeklärter Lebenskunst brachte er es zu wahrer Meisterschaft.

Demetrios von Korinth, 1. Jh. n. Chr., kynischer Philosoph, der lange in Rom lebte. Seneca zählte ihn zu seinen engsten Freunden und bewunderte ihn sehr. Trotz oder wegen seiner Besitzlosigkeit schien er ein glücklicher Mensch gewesen zu sein. Als Caligula ihm ein großes Geldgeschenk machen wollte, wies er es zurück und wunderte sich darüber, wie wenig Caligula von ihm zu halten schien, da er meinte, ihn bestechen zu können.

Sich mit innerem Reichtum zu begnügen, setzt aber voraus, dass dieser vorhanden ist. Auch ein solcher will erworben werden, und das ist nicht einfach. »Genussreicher als Reichtum mit Kummer ist das Brot, wenn das Herz glücklich ist«, heißt es in der *Lehre des Amenemope*, aber wie wird man glücklich? Dass das nicht einfach ist, zeigt die Tatsache, dass wir eher selten auf selbstgenügsame Menschen treffen. Die meisten rennen äußeren Gütern hinterher, sind ständig mit Plänen, Projekten und Zielen beschäftigt, sind selten vollkommen im Hier und Jetzt und werden unruhig, wenn sie einmal nichts zu tun haben. Wie man innerlich glücklich werden kann, davon ist nahezu in allen Kapiteln dieses Buches die Rede. Es geht darum, den eigenen Seelengarten zu pflegen, von fremdem und störendem Gewächs zu befreien und zum Erblühen zu bringen. Je besser uns das gelingt, umso weniger brauchen wir von außen. »Der Weise führt seine ganze Habe bei sich«, heißt es bei Menander.

Menander, 342–291 v. Chr., war ein berühmter griechischer Komödiendichter, der die Schule des Aristoteles besucht hatte. Von den über 100 Komödien, die er geschrieben hat, ist nur eine einzige nahezu vollständig überliefert. Das ist sehr schade, denn nach den überlieferten Fragmenten aus seinen Komödien zu urteilen, scheint er sehr weise gewesen zu sein und die Menschen gut gekannt zu haben. Der dem römischen Komödiendichter Terenz zugeschriebene Ausspruch *»Nichts Menschliches ist mir fremd«* dürfte auf Menander zurückgehen, von dem mehrere ähnliche Sprüche überliefert sind.

Selbstgenügsamkeit führt zu Freiheit und Gelassenheit

Berühmt wurde die Geschichte, die von dem weisen Stilpon von Megara erzählt wird, dem bei der Eroberung seiner Stadt sein ganzes Hab und Gut genommen wurde, versehentlich, wie es hieß, denn der

Feldherr hatte befohlen, das Haus des weisen Stilpon zu schonen. Als man ihm das Verlorene ersetzen wollte, sagte er, dass er nichts verloren habe: »Alles, was ich besitze, trage ich bei mir« (lateinisch: *omnia meum mecum porto*). Der Ausspruch ist noch heute im Umlauf. Der Altphilologe Werner Jaeger, der ein dreibändiges Standardwerk über die (Selbst)Bildung der Griechen geschrieben hat, weist auf die grundlegende Bedeutung dieser Stelle hin: »Der Begriff alles dessen ›was mein ist‹ ist für den sokratischen Menschen die Paideia (Bildung, Selbstbildung) geworden: seine innere Lebensform, sein geistiges Sein, seine Kultur. Im Kampf des Menschen um seine innere Freiheit inmitten einer Welt elementarer Gewalten, die sie bedrohen, wird sie der Punkt des unerschütterlichen Widerstandes.«

Hier werden zwei wesentliche Werte genannt, zu denen die Selbstgenügsamkeit verhilft: Freiheit und Gelassenheit. Schon Epikur stellte fest: »Der größte Lohn der Selbstgenügsamkeit ist die Freiheit.« In diesem Sinne heißt es in der *Bhagavadgita*:

> »Wer nicht der Taten Frucht erstrebt,
> zufrieden, auf sich selbst gestellt,
> der ist von allem Handeln frei [...]«

Gemeint ist damit nicht, dass man nun nichts mehr tun solle. Glücklich können wir nur werden, wenn wir uns in der Welt betätigen, wirken, eine sinnvolle Aufgabe erfüllen und durch die Erfahrung der Selbstwirksamkeit uns selbst finden und verwirklichen. Deshalb handelt auch der Selbstgenügsame, aber er macht alles, was über die Beschaffung des Lebensnotwendigen hinausgeht, nicht, weil er von seinen Wünschen und Begierden dazu getrieben wird, sondern aus freiem Entschluss. Er braucht nicht den konkreten Erfolg, sondern findet Erfüllung im Lebensvollzug selbst, in der Freude, sein Bestes für eine Sache oder ein Werk zu geben. Kommt dann der Erfolg dazu, freut er sich umso mehr, bleibt er aber aus, verliert er weder seine Freude am Leben noch seine Grundstimmung heiterer Gelassenheit.

Stilpon von Megara, 4./3. Jh. v. Chr., war ein griechischer Philosoph, der die Autarkie, innere Freiheit und die Besitzlosigkeit zu seinen höchsten Werten zählte. Er war Lehrer des Zenon von Kition, dem Begründer der stoischen Philosophie, genoss großes Ansehen und soll, wie viele seiner Kollegen, sehr alt geworden sein.

Der Selbstgenügsame hat sich nicht nur aus der »Knechtschaft seiner Begierden« befreit, er ist auch frei geworden, sich ganz dem Hier und Jetzt hinzugeben, weil er nicht mehr abgelenkt wird durch das verbissene Verfolgen von äußeren Zielen. Die fernöstliche Philosophie spricht hier von einer »Leere« im positiven Sinne, die sich in jedem Moment mit allem und jedem füllen kann, dem wir mit Achtsamkeit begegnen. Man ist »leer« von Wünschen, Absichten, Plänen und einem Wollen, das den ganzen Innenraum unserer Aufmerksamkeit besetzt hält und verstopft. Im Westen sprechen wir statt von »Leere« von Offenheit, Neugier oder Aufgeschlossenheit, von der Bereitschaft zu empfangen, zu sehen und zu hören, was gerade ist und geschieht. Es ist viel, was das alltägliche Leben dem zu geben vermag, der es dankbar zu empfangen versteht. Vom Aufwachen über die wohltuende Dusche, den Kaffee, das Frühstück und all die vielen Dinge, die wir uns für den Tag vornehmen und die gelingen, sowie die unerwarteten Geschenke des Alltags. Wir bemerken gar nicht, was alles gelingt, weil wir es für selbstverständlich nehmen. Lösen wir aber alle Selbstverständlichkeiten des Alltags auf, haben wir viel mehr Gründe, uns am Leben zu erfreuen, als es zu beklagen, sehen wir einmal von den Menschen ab, die dem Krieg, Hunger oder einer Katastrophe ausgesetzt sind. Es ist der Selbstgenügsame, der achtsam ist für die vielen kleinen Geschenke des Alltags und wenig Begehrlichkeiten entwickelt, die darüber hinausgehen. Epikur schrieb: »Die Undankbarkeit der Seele macht das Lebewesen begehrlich nach unbegrenzten Raffinements der Nahrung.«

Heitere Gelassenheit statt rastloses Wollen

Der zweite große Gewinn der Selbstgenügsamkeit ist die heitere Gelassenheit, die Seelenruhe, die nahezu alle antiken Weisheitslehren für ein Synonym des glücklichen Lebens hielten. Das Verhältnis von Selbstgenügsamkeit und Gelassenheit kommt bei dem japanischen Dichter Kamo Chomei zum Ausdruck: »Da ich meinen Leib kenne und da ich die Welt kenne, bin ich ohne Wünsche und voller Gelassenheit. Mein Sehnen ist allein auf die Stille gerichtet, und in der Leidlosigkeit finde ich meine Freude.« »Leidlosigkeit« meint, dass man sich schon dann freuen kann, wenn einem körperlich nichts wehtut. Selbstgenügsamkeit führt zur Gelassenheit, da die meiste innere Unruhe von unseren Begierden und Wünschen kommt, insbesondere, wenn diese sehr stark sind, weil wir ihre Erfüllung bewusst oder unbewusst mit unserem Glück oder Wohlbefinden verknüpfen. Wir geraten leicht in Unruhe, Anspannung oder Stress, und es entstehen Sorgen und Ängste. Die innere Unruhe gefährdet unsere Selbststeuerungskräfte, sodass es passieren kann, dass uns das eigene Leben entgleitet oder fremd wird. »Ein Mensch, der wenig Wünsche hat, wird wohl auch einmal die Gewalt über sein Herz verlieren, aber doch selten«, schreibt Menzius und fährt fort: »Ein Mensch, der viele Wünsche hat, wird wohl auch einmal die Gewalt über sein Herz behalten, aber doch selten.« Unser Denken und Bewusstsein werden von unseren Wünschen besetzt und eingenommen. Treffend heißt es bei Zhuangzi: »Der Weise sucht auch Dinge, die sich erzwingen lassen, nicht zu erzwingen, darum bleibt er frei von Aufregung. Die Menschen der Masse suchen Dinge, die sich nicht erzwingen lassen, zu erzwingen, darum sind sie fortwährend in Aufregung. Weil sie ihrer Aufregung freien Lauf lassen, so haben sie immer etwas zu machen und zu erstreben. Die Aufgeregtheit aber richtet auf die Dauer zugrunde.« Wir brauchen das nicht zu vertiefen, sondern können auf das Kapitel über die »Gelassenheit« verweisen. Hier war nur die innere Verwandtschaft von Selbstgenügsamkeit und Gelassenheit aufzuzeigen.

Kamo Chomei, 1155–1216 n. Chr., japanischer buddhistischer Dichter, der in der zweiten Hälfte seines Lebens sehr zurückgezogenen lebte. Seine Gedichte sind noch heute in Japan bekannt.

Für die Griechen heilte die Selbstgenügsamkeit eine weitverbreitete Krankheit, die sie »Pleonexie« nannten, das Immer-mehr-haben-Wollen. Sie waren der Auffassung, dass viele Begierden im Fall ihrer Befriedigung nicht aufhören, sondern noch wachsen. Der Lustgewinn sei nur von kurzer Dauer. Ihm folge auf dem Fuß ein erneuter Mangel und die Lust nach mehr. So komme man nicht weiter, denn stets überwiege das Leiden am Mangel, das noch verstärkt werde von der schmerzvollen Leere, die ein bloß kurzfristiger Lustgewinn zurücklasse. Das schnelle Vergehen der Lust nach gestilltem Verlangen und die unmittelbare Erneuerung des Bedürfnisses, lässt uns spüren, dass es nicht dieser »Kick« ist, wonach wir uns in der Tiefe unseres Wesens sehnen. Tatsächlich sehnen wir uns nach einem dauerhaften Gefühl der Zufriedenheit ohne das Gefühl eines Mangels. Es dürfte nur wenige Menschen geben, die das Glück, nach dem wir uns sehnen, für eine Aneinanderreihung und Anhäufung von Momenten halten, in denen wir körperliche Bedürfnisse befriedigen, wenn auch viele so leben, als schienen sie das zu glauben.

Einfaches Auftreten und Weglassen

Ein weiterer Gewinn der Selbstgenügsamkeit ist die Einfachheit. Wer sich selbst genügt, der muss sich auch nicht um viele Dinge kümmern. Wer viel wünscht, wer viel hat, wer viel will, der hat in der Regel auch viel zu tun. Sein Leben ist keinesfalls einfach und die tägliche To-do-Liste lang. Besitz belastet, insbesondere je mehr er einem bedeutet, weil man kein Genügen in sich selbst findet. Großer Besitz kann auch den Blick und die Freude an den Dingen verstellen, die nichts kosten und leicht zu haben sind. »Je ausgedehntere

Säulenhallen man errichtet«, schreibt Seneca, »je höher man die Türme in die Höhe aufsteigen lässt, je breitere Straßen man anlegt, je tiefere Grotten man für die Sommerzeit anlegt, je größere Steinmassen man für den Bau der hohen Speisesäle verwendet, umso mehr verdeckt man sich die Aussicht auf den freien Himmel.« Ganz in diesem Sinne sagt der indische Yogi Mandaris: »Das beste Haus ist das, welches die geringste Einrichtung braucht.« Diesem Mandaris begegnete Alexander der Große, als dieser auf seinem langen Feldzug nach Indien kam. Alexander, Schüler des Aristoteles, hat sich neben seinen Eroberungskriegen zeitlebens für Weisheit und Philosophie interessiert. So ist uns ein Dialog überliefert zwischen einem Offizier Alexanders und den »nackten Weisen« (griechisch: *gymnosophisten*), wie die Griechen die indischen Yogis nannten. Als diese über die jeweiligen philosophischen Anschauungen ihrer Heimatländer sprachen, sagte Mandaris, dass die Ansichten der griechischen Philosophen im Großen und Ganzen den ihrigen entsprächen. Allerdings seien die Inder genügsamer als ihre griechischen Kollegen, denn sie bräuchten keine Kleider.

Im *I Ging* heißt es zum 10. Doppelzeichen: »Einfaches Auftreten. Fortschreiten ohne Makel.« »Man befindet sich in einer Lage«, erläutert der Übersetzer dieser Stelle, »in der man noch nicht gebunden ist durch die Verpflichtungen des Verkehrs (gesellschaftlichen Umgangs). Wenn man einfach auftritt, bleibt man frei von gesellschaftlichen Verpflichtungen und kann ruhig den Neigungen des eigenen Herzens folgen [...] Wenn jemand sich nicht in bescheidenen Verhältnissen beruhigen kann (einrichten kann), so will er voran und ist streberisch und unruhig.« Gesellschaftliche Verpflichtungen kann man kaum umgehen und sollte dies auch nicht tun. Sie geben uns das gute Gefühl, etwas Sinnvolles zu tun. Aber wir sollten uns von solchen Verpflichtungen nicht beherrschen lassen und abhängig machen. Der Selbstgenügsame mag gesellschaftliches Engagement für wichtig halten, kann aber auch jederzeit darauf verzichten, wenn er nichts bewirken kann. Dann zieht er sich zurück, pflegt sein Inneres und wartet auf den Augenblick, wo er wirken kann, heißt es in einem chinesischen Weisheitsbuch. Seine Genügsamkeit macht ihn weder gleichgültig noch gefühllos, er kann aber alles konkrete Tun loslassen, ohne dass ihm etwas fehlt an seinem Glück, denn dieses wurzelt im eigenen Selbst. Er hat, wie Buddha sich ausdrückt, in seinen weltlichen Verhältnissen »die Begierde und Unzufriedenheit aufgegeben. Er verharrt bei seinen Gefühlen und seinem Herzen [...] So wahrlich hat er sich selbst zur Leuchte, sich selbst zur Zuflucht und sonst keine Zuflucht«.

I Ging, (Buch der Wandlungen): chinesisches Orakel- und Weisheitsbuch, dessen Ursprung bis ins 3. Jtsd. v. Chr. reichen soll und daher der wohl älteste Weisheitstext der Menschheit ist. Wer es zu lesen vermag, dem gibt es Orientierung in jeder möglichen Lebenssituation. Konfuzius soll sich so intensiv mit diesem Buch beschäftigt haben, dass die Bindung dreimal nachgebessert werden musste.

Die Selbstgenügsamkeit und Bescheidenheit ist kein Privileg antiker Menschen. Wir treffen sie – wie in allen Zeiten – so auch heutzutage an, etwa bei Berühmtheiten wie dem Dalai Lama, Thich Nhat Hanh, Anselm Grün, aber auch bei ganz gewöhnlichen Menschen aus der Nachbarschaft. Es sind zufriedene Menschen, die in sich ruhen und denen nichts zu fehlen scheint. Jeder hat die Fähigkeit dazu, sich zu einem selbstgenügsamen Menschen zu erziehen, wenn er das richtige Bewusstsein in sich entwickelt.

Drei Lehren zur Selbstgenügsamkeit

1.

Der Selbstgenügsame findet sein Glück in sich selbst, hat es selbst in der Hand und macht es unabhängig von äußerem Besitz, Erfolg, Ansehen und Verhältnissen.

2.

Die Selbstgenügsamkeit ist vor allem eine innere Haltung zu den äußeren Dingen und Verhältnissen und bedeutet nicht, dass man auf Güter wie Besitz, Ansehen, Karriere, ehrgeizige Ziele oder zwischenmenschliche Beziehungen verzichten muss.

3.

Die Selbstgenügsamkeit setzt voraus, dass man in sich Frieden gefunden hat und sich in seiner Haut wohlfühlt, unabhängig von den äußeren Lebensbedingungen. Die Früchte der Selbstgenügsamkeit sind Zufriedenheit, Freiheit, Gelassenheit und Einfachheit.

Drei Übungen zur Selbstgenügsamkeit

1.

Mache dir immer wieder klar, wie unbedeutend äußere Güter und Verhältnisse für dein Lebensglück sind im Vergleich zu inneren Werten, Haltungen und einer guten Seelenverfassung.

2.

Pflege deinen Seelengarten und sei ein guter Gärtner, sodass du die tiefsten Freuden aus dir selbst schöpfst.

3.

Suche dein Glück im Lebensvollzug selbst, in der Freude am Tun und Wirken, das aus deinem Herzen kommt, nicht in äußeren Erfolgen, denn die liegen nicht in deiner Hand.

KAPITEL 8
ÄNGSTE UND SORGEN

»Es ist vor allem die Angst, die den Menschen nicht zur inneren Ruhe und Weisheit gelangen lässt.«
Liezi

»Wenn das Herz um seinen Besitzer zu sehr besorgt ist, dann schafft es ihm Krankheit.«
Altes Ägypten (3. Jtsd. v. Chr.)

»Wer fürchtet, er könne etwas verlieren, kann nicht glücklich sein.«
Cicero

Wie wir der Angst und den Gedankenschleifen entkommen

Jonathan Meese ist einer der bedeutendsten zeitgenössischen Künstler des deutschsprachigen Raums und für seine expressiven Gemälde, Skulpturen und Performances bekannt. Meeses Arbeiten sind extrem provokativ und thematisieren Macht, Autorität und Freiheit. Kaum zu glauben, dass ein solcher Rebell, der sich an keine gesellschaftliche Konvention hält, von tiefsitzenden Ängsten und Unsicherheiten geplagt wird. Dabei nutzt er seine Werke, um innere Konflikte auszudrücken und aus den Gedankenschleifen auszubrechen. Er sieht Kunst als Weg, sich von gesellschaftlichen Zwängen und persönlichen Ängsten zu befreien. Durch Performances und Installationen stellt er seine Sorgen zur Schau, um sie zu verarbeiten. Der kreative Prozess als radikaler Akt der Selbstbefreiung.

Ed Sheeran, weltweit erfolgreicher Sänger und Songwriter, spricht offen über seine sozialen Ängste und seine Ambivalenz im Umgang mit dem plötzlichen Ruhm. Sheeran beschrieb, wie die ständige Aufmerksamkeit und der Druck, in der Öffentlichkeit zu stehen, seine schon als Straßenmusiker vorhandenen Angstzustände verstärkten. Um seine Ängste im Zaum halten zu können, verlässt er sich auf die beruhigende Wirkung seiner Musik und den Zuspruch von Freunden und Familie. Seiner Erfahrung nach ist der offene Umgang mit Ängsten und Gedankenschleifen sehr hilfreich. Es wirke befreiend, auch in der Öffentlichkeit über seine Ängste und Beklemmungszustände zu sprechen und Unterstützung anzunehmen. Nur so könne es gelingen, sich nicht von diesen negativen Affekten kontrollieren zu lassen. Als ein enger Freund an einem Herzinfarkt starb und Sheerans Frau schwer erkrankte, schlugen jedoch Angst und Beklemmung in Depression um. Um gegen diese anzukämpfen, holte er sich schließlich Hilfe in einer Psychotherapie. Ein wichtiger Schritt, wenn Ängste krankhafte Züge annehmen.

Dies sind nur zwei Beispiele für die Tatsache, dass massive Ängste oder Sorgen zu den häufigsten Hindernissen für ein glückliches Leben zählen, in schwächerer Form aber jedem Menschen bekannt sind. Schwere Ängste und Sorgen lasten auf dem Leben wie eine dunkle Wolke. Alles wird von ihr verdüstert und bekommt eine drückende Schwere. Man fällt in eine von Sorgen und Ängsten geprägte Stimmung, die es einem nicht mehr erlaubt, die Freuden des Lebens zu genießen. »Wer von Ärger, Kummer und Furcht geplagt wird, kann nichts wahrhaft genießen«, schreibt Xunzi. Die »Leichtigkeit des Seins« geht verloren. Man schaut mit finsteren Vorahnungen in die Zukunft und ist tief verunsichert. Man kann sich nicht mehr unbeschwert fallen lassen und ganz im Hier und Jetzt aufgehen.

Das auf die Welt bezogene Ego, das ständig etwas zu tun hat, etwas erhofft, sich Sorgen macht oder ängstigt, ist immer woanders, weil sein Denken, Wollen und Fühlen besetzt ist von Absichten, Plänen und Unternehmungen. Man lebt ganz in der Zukunft, nie im gegenwärtigen Moment. Bei Epikur lesen wir: »Das Leben der Toren ist ohne dankbares Gedenken und voller Angst. Es ist ganz der Zukunft zugewandt.« Wer aber die Freuden des Augenblicks nicht unbefangen und frei von belastenden Gedanken genießen kann, wen ständig Sorgen und Befürchtungen umtreiben, dessen Leben halten wir nicht für ein glückliches, am wenigsten er selbst. »Die wahre Lust besteht darin, dass die Seele sich in einem Zustand der Ruhe und der Heiterkeit befindet. Ohne das sind die Schätze von Midas und Kroisos nutzlos. Wer sich wegen einer ernsten oder geringfügigen Sache Sorgen macht, ist nicht glücklich, sondern unglücklich«, heißt es in einem anonymen Fragment aus der abendländischen Antike.

Xunzi, circa 300–239 v. Chr., chinesischer Philosoph der konfuzianischen Richtung. Er nahm an, dass der Mensch von Natur böse sei, durch Lernen und Selbstkultivierung sich aber zum Guten erziehen kann. Von ihm stammt der Ausspruch: »Wenn du deinem Glück ein Maß zu setzen verstehst, wirst Du es auch erreichen.« Wie Sokrates war er der Meinung, dass »das Lernen erst dann endet, wenn man es in die Praxis umsetzt«.

Gute Ängste, schlechte Ängste

Die Freiheit von Ängsten, Sorgen und Betrübnis war daher in allen Weisheitstraditionen eines der wichtigsten Elemente eines gelingenden Lebens. »Weisheit, die sich vor nichts fürchtet, ist das allerwertvollste Gut und höchster Ehre würdig«, sagt Demokrit. In der *Bhagavadgita* ruft der Gott Krishna den Gläubigen zu: »Wer ohne Furcht [...] ist, der ist mein Freund zu jeder Frist.«

Freilich ist nicht jede Angst und nicht jede Sorge schlecht. Angst ist ein tief verankerter Reaktions- und Rettungsmechanismus, der sich evolutionär entwickelt und genetisch festgeschrieben hat. Es soll jedes Lebewesen vor Gefahren für Leib und Leben warnen und kann in einzelnen Momenten überlebenswichtig sein. So etwa bei plötzlich auftauchenden Gefahrensituationen, bei dem ein Adrenalinschub in Sekundenbruchteilen alle Abwehrkräfte mobilisiert und spontane Rettungsaktionen auslöst. »Sorge« in der Form des Umsorgens, für etwas Sorge tragen, etwas besorgen, Vorsorge treffen, ist etwas Positives und kann ebenfalls von existenzieller Wichtigkeit sein. Wenn wir aber im Zusammenhang mit dem »guten Leben« von Ängsten und Sorgen sprechen, dann meinen wir jene belastenden Affekte, die keine positive Warn-, Abwehr- oder Vorsorgefunktion haben, sondern sich darauf beschränken, die Seele zu beunruhigen, einzutrüben, negativ zu stimmen und in eine leidvolle Anspannung zu versetzen. Unser Wohlgefühl ist massiv beeinträchtigt. *Angst essen Seele auf* hieß ein Film von Rainer Werner Fassbinder.

Im antiken Weisheitsdenken in Ost und West wurde dieser Zustand als eine »Seelenkrankheit« beschrieben, die mit der praktischen Philosophie und Weisheitslehre geheilt werden könne. »Die Beschäftigung mit der Philosophie nimmt einem die Angst vor dem Tod«, sagt der Stoiker Poseidonios, und damit – nach Auffassung der alten Denker – alle Ängste. »Wenn der Tod seinen Schrecken verloren hat, vermag nichts mehr zu ängstigen«, heißt es bei Shenzi. Ein glückliches Leben war ein solches, das frei ist von leidvollen Ängsten und Sorgen. Vielleicht hatte Aristoteles recht, der lehrte, die Tugend sei immer die Mitte von Extremen. So ist etwa die Großzügigkeit die Mitte zwischen Geiz und Verschwendungssucht, die Tapferkeit die Mitte zwischen Feigheit und Tollkühnheit. So können sich bei allen Affekten stets negative und auch positive Aspekte zeigen. Von daher gesehen ist es wichtig, stets genau zu beschreiben, wovon man spricht. Angst und Sorge können ein Motor zu produktiver Tätigkeit sein, sie können uns veranlassen, vorsichtig, besonnen, achtsam und mit Respekt an eine Sache heranzugehen. In einem Ahnentempel stieß Konfuzius auf ein goldenes Standbild, auf dessen Rückseite Weisheiten aufgeschrieben waren, unter anderem die folgenden: »Im Glück und Frieden vergesst die Vorsicht nicht. […] Stets Vorsicht üben können ist die Wurzel jeden Glückes.« Diese Erscheinungsformen von Angst und Furcht im weiten Sinne standen natürlich nicht auf der Liste derjenigen leidvollen Affekte, die es nach Auffassung der antiken Denker zu überwinden galt.

Poseidonios, 135–51 v. Chr., griechischer Philosoph der mittleren Stoa. Er war ein bedeutender Lehrer auf Rhodos, bei dem unter anderem Cicero und Pompeius Philosophie studierten. Er nahm Platons Bild vom Wagenlenker auf und meinte, die Denkkraft habe die Aufgabe, wie ein Wagenlenker das Gespann der Rosse, nämlich der Begierde und des Gefühls, zu regieren und zu beherrschen. »In den unvernünftigen Kräften der Seele kann aber kein Wissen entstehen, so wenig als in den Rossen, sondern diesen wird die ihnen eigene Tüchtigkeit durch eine Art unbewusster Gewöhnung zuteil.«

Pause im Kopfkino

Wenn im Folgenden von Angst und Sorge die Rede ist, ist damit ein Seelenzustand gemeint, bei dem diese positiven Aspekte fehlen und nur ein unproduktives leidvolles Gefühl übrig bleibt, auf das man nicht nur ohne Weiteres verzichten kann, sondern das man abbauen sollte, will man sich im Leben wohlfühlen. Beiseite lassen wir auch Phobien oder Angstzustände, die so schwere psychische Störungen darstellen, dass eine psychiatrische oder medikamentöse Behandlung nötig ist. Hier ist eine Selbstregulierung durch den Patienten ohne medizinische Behandlung nicht mehr möglich. Eine therapeutische Philosophie kann nur dort helfen, wo die Möglichkeit besteht, dass der Angesprochene aufgrund einer Einsicht sein Denken oder Verhalten ändern und dadurch negative Affekte beeinflussen kann.

Ängste und Sorgen sind stets auf die Zukunft gerichtet. Sie werden von der Vorstellung ausgelöst, dass sich in der Zukunft ein Übel ereignen könnte, dass man etwas verliert, dass etwas endet, dass man sich trennen muss von jemandem oder von etwas, an dem man hängt, oder dass ein Wunsch sich nicht erfüllt, eine Hoffnung sich zerschlägt, ein Ziel nicht erreicht wird. Ihr liegt häufig ein Anhaften an etwas zugrunde oder ein ausgeprägtes Bedürfnis nach Sicherheit, Beherrschbarkeit und Kontrolle. Letztlich befürchtet man eine Beeinträchtigung der körperlichen, seelischen oder sozialen Integrität, die Verletzung oder gar Vernichtung der eigenen Existenz oder ihrer Grundlagen. Deshalb haben die frühen Stoiker dem Überlebenstrieb eine zentrale Bedeutung in ihrer Ethik zugewiesen. Allen Handlungen und Emotionen liegt letztlich der Überlebenswille zugrunde. Traumatische Erlebnisse von Verletzungen oder eines Kontrollverlusts, des Ausgeliefertseins sowie Trennungs- und Verlusterfahrungen sind häufig die tieferen Ursachen für eine Veranlagung, Ängste und Sorgen zu entwickeln und von ihnen eingenommen oder beherrscht zu werden. Die Folgen sind innere Unruhe, Anspannung, Nervosität, Unwohlsein und die Unfähigkeit zur spontanen Freude, auf der mentalen Ebene Perspektivverengung, Blockaden und die Unfähigkeit, klar, besonnen und objektiv zu urteilen.

Es ist wichtig zu erkennen, wie groß unser eigener Anteil an der Entstehung von Sorgen und Ängsten ist. Es sind nicht die äußeren Dinge, Geschehnisse und Ereignisse, sagten die Stoiker, die Ängste oder Sorgen auslösen, sondern unsere Vorstellungen und Urteile, die wir damit verbinden. Ohne unser Zutun können sich keine Ängste und Sorgen bilden. Mark Aurel schreibt: »Unter den Sätzen aber, die dir unmittelbar zur Hand sein müssen, auf die du dich zurückziehen kannst, soll auch der folgende sein: […] dass die Dinge nicht die Seele berühren, sondern außerhalb dieser regungslos dastehen, dass vielmehr die Beunruhigungen ausschließlich aus der Meinung in uns kommen.« Ohne unser Werturteil über die Dinge gibt es nichts Schlechtes, das zu fürchten wäre. Wären wir imstande, alles so zu nehmen, wie es kommt, ohne es zu bewerten, gäbe es keine Ängste und Sorgen. Die Stoiker vertraten die Auffassung, dass wir selbst für unsere Ängste und Sorgen verantwortlich sind, da alles Äußere wertneutral ist, weder zu fürchten noch zu erhoffen, weder gut noch schlecht (griechisch: *adiaphore* = gleichwertig, nicht unterscheidbar). Dass nicht die Dinge, sondern wir selbst die Ursache für Ängste und Sorgen sind, ist noch in unserer Sprache greifbar, wenn wir etwa sagen: »Wir ängstigen uns« oder »Wir machen uns Sorgen«.

Vielleicht sollte der Mythos vom Sündenfall genau diese Einsicht veranschaulichen, dass wir durch unser Bewerten die Übel auf uns ziehen. Adam und Eva wurden aus dem Paradies vertrieben, als sie Früchte vom Baum der »Erkenntnis von Gut und Böse« aßen, das heißt, als sie anfingen, die Dinge zu bewerten. Dass man sich vielleicht, um glücklich zu leben und seine Bestimmung zu erfüllen, den Wertungen der äußeren Dinge enthalten und sich dem natürlichen Gang der Dinge einfügen sollte, klingt auch bei Zhuangzi an: »[…] das Leben des berufenen Heiligen (Weisen) ist Wirken des Himmels (Natur, Dao) […] In seiner Stille ist er eins mit dem Wesen der Nacht; in seinen Regungen ist er eins mit den Wogen des Tags. Er sucht nicht dem Glück zuvorzukommen noch dem Unglück zu begegnen; er entspricht nur den Anregungen, die auf ihn wirken […] er tut ab Vorsätze und Erinnerungen und folgt allein des Himmels Richtlinien. Darum trifft ihn nicht Strafe des Himmels noch Verwicklungen durch die Dinge, nicht der Tadel der Menschen noch Beunruhigung der Geister. Sein Leben ist wie Schwimmen […] Er macht sich keine Sorgen und schmiedet keine Pläne.«

Hätte, Wenn und Aber

Unsere Vorstellungen, Werturteile und Gedanken führen zu Ängsten und Sorgen, wenn wir äußere Dinge, Verhältnisse und Zustände, die nicht vollkommen in unserer Hand liegen, mit unserem Lebensglück verknüpfen, anders ausgedrückt: wenn wir unser Glück mit ihnen identifizieren, wenn wir uns über Äußeres definieren. »Wer seine äußeren Verhältnisse für ein Glück hält, der wird die Angst nicht los«, schrieb Boethius. Es sind bewusste oder unbewusste Glaubenssätze wie »Geld macht glücklich«, »dieser Posten ist wichtig für meine Karriere«, »das ist die Frau/der Mann meines Lebens«, »Vermögen gibt Sicherheit«, »man braucht ein eigenes Haus, ein großes Auto, jährlich eine Fernreise« et cetera. Ob sich diese Glaubenssätze erfüllen, ob das Erreichte von Dauer ist, ob der erarbeitete Besitz bewahrt bleibt oder verloren geht, all das liegt nicht in unserer Hand, sondern ist vom Zufall abhängig. In jeder Nachrichtensendung erfahren wir, wie Menschen von heute auf morgen alles verlieren, wie sich die äußeren Umstände in einem Augenblick ins Gegenteil verkehren, wie Menschen ganz plötzlich aus dem Leben gerissen werden. Weil wir das bewusst oder unbewusst wissen, entwickeln sich Ängste und Sorgen. Wir sträuben uns dagegen, Unsicherheit, Unverfügbarkeit, Tod und Vergänglichkeit zu akzeptieren. Vor allem die Stoiker, aber auch andere antike Weisheitslehren folgerten daraus, dass wir alle Glaubenssätze aufgeben sollten, die unser Lebensglück mit äußeren Umständen verbinden, die wir nicht vollständig beherrschen. Das ist das berühmte »nicht Anhaften«, die Fähigkeit »loslassen zu können«, dem auch im Buddhismus eine große Bedeutung zukommt. Der Weise »bleibt sich gleich, ist unerschrocken und niemals in Gefahr«, schreibt Seneca, weil er um die Vergänglichkeit und den Wandel der Dinge und Umstände weiß: »Er freut sich am Gegenwärtigen, vom Künftigen hängt er nicht ab; denn nichts Festes besitzt der, der sich auf Ungewisses eingelassen hat. Großen Sorgen, die die Seele quälen, ist er daher entzogen. Mit dem Seinen zufrieden hofft oder begehrt er nichts und gerät nicht in Zweifel.«

Wer von Ängsten und Sorgen geplagt wird, dem fehlt aufgrund falscher Vorstellungen die innere Unabhängigkeit von äußeren Dingen und Umständen, ihm fehlt Selbstgenügsamkeit, die Fähigkeit, sein Lebensglück in sich selbst, in seinem Sein und im bloßen Lebensvollzug zu finden. Ihm fehlt Seelenruhe und innere Geborgenheit, alles Kategorien, die wir in diesem Buch besprochen haben. Die am Äußeren hängen, denen ergeht es nach Konfuzius wie folgt: »Ehe sie erreicht haben, wonach sie streben, bangen sie um den Erfolg. Haben sie ihr Ziel erreicht, bangen sie des möglichen Verlustes wegen.« Der Weise dagegen pflegt sein Inneres, nicht das Äußere. Ein Schüler fragte Konfuzius, was einen Weisen kennzeichne. Er antwortete: »Der Weise kennt weder Sorge noch Furcht, sprach der Meister. […] Wenn einer sich selbst prüft und dabei nichts Böses entdeckt – warum sollte er da in Angst und Sorge leben?« Für Konfuzius gab es nur eine Sorge: die innere Stimmigkeit, Authentizität und Wahrhaftigkeit zu verlieren. Jemand vergaß beim Umzug, seine Frau mitzunehmen. Das sei nicht das Schlimmste, sagte Konfuzius, »sich selbst vergessen ist das Schlimmste«.

Es ist stets das Begehren, das uns an Äußeres und Ungewisses bindet und damit Sorgen und Furcht hervorruft und die innere Ruhe, den Seelenfrieden stört. Der römische Dichter Horaz schreibt: »Bei allem Tun und Treiben lies die Lehrer der Weisheit und befrage sie nach dem Leitsatz, der dein Leben in ruhiger Fahrt dahin führen kann. Prüfe, ob dich ein ewig unbefriedigtes Begehren hetzt und plagt, oder die Pein der Unruhe (lateinisch: pavor = Angst), das Hoffen auf Güter, deren Wert gering ist. Suche Antwort auf die Fragen: […] Was kann die Sorgen mindern, was bringt dich mit dir selbst in Einklang und schafft dir heitere Ruhe? Etwa die Ehre gewinnen? Hübsch Geld verdienen? Oder tut es die Abkehr von der Heerstraße, ein Lebenspfad in den Bergen der Stille?« Mit »Heerstraße« ist der Weg der Masse gemeint, für die materielle Güter häufig das höchste Gut darstellen.

Verloren im Hamsterrad der Geschäftigkeit

Ebenso wie das Begehren führt auch ein starkes Hoffen zu Furcht und Sorge. Daher sagt Hekaton von Rhodos: »Du wirst aufhören zu fürchten, wenn du aufhören wirst zu hoffen.« Intensives Anhaften treibt uns in ein Hamsterrad der Geschäftigkeit, in dem wir uns aufreiben, erschöpfen, krank werden und uns selbst verlieren. Zhuangzi sagt: »Das Tao (der rechte Weg) liebt nicht Geschäftigkeit. Geschäftigkeit führt zur Überlastung; Überlastung führt zur Unruhe; Unruhe führt zu Sorgen, und mit Sorgen ist man rettungslos verloren.« Wir verlieren die Lebensfreude, ja sogar die Fähigkeit, das Leben zu genießen. »Menschen, die dem groben Reiz der Dinge verfallen sind (anhaften) und doch in ihrem Herzen nicht von Ärgernissen und Kummer geplagt werden, gibt es nicht […] Ebenso wenig gibt es Menschen, die den Gefahren der Außenwelt schon verfallen sind und dennoch keine Furcht empfinden. Wer aber von Ärgernissen und Kummer und dazu auch noch von Furcht geplagt wird, der mag sich den Mund mit Leckerbissen von bestem Schaf- und Schweinefleisch vollstopfen, er merkt doch nicht den feinen Geschmack. Und spielt man ihm auch mit Glocken und Trommeln die schönste Musik vor, so merkt er doch nicht den Wohlklang. Auch merkt er nichts von der Schönheit der Muster, wenn sein Blick auf feinbestickte Gewänder fällt. Und ruht er warmgekleidet auf weichem Pfühl, empfindet er doch kein wohliges Behagen dabei«, schreibt Xunzi.

Horaz, 65–8 v. Chr., bedeutender römischer Dichter, der uns eine große Anzahl von Lebensweisheiten hinterlassen hat, zum Beispiel: »Wer viel begehrt, dem fehlt auch vieles« oder: Derjenige ist frei und ein Weiser, »der in dem eigenen Ich Genüge findet, wie eine Kugel abgerundet und vollkommen, an deren glatter Fläche nichts von außen haften bleibt«.

Man muss aber weder auf jegliches Wollen, Begehren, Hoffen und Wünschen verzichten noch auf ein sinnenfreudiges, weltliches Leben, um der Angst und den Sorgen zu entgehen. Man kann leben wie jeder Mensch, Karriere machen, Besitz anhäufen, Ansehen oder politischen Einfluss anstreben. Das allein verursacht nicht zwangsläufig Ängste und Sorgen. Es kommt einzig auf die innere Haltung an, mit der wir uns den »weltlichen« Aktivitäten zuwenden. Nicht das Hoffen, Wollen und Begehren als solches führt zu Angst und Sorgen, sondern die Unbedingtheit und Intensität dieser inneren Ausrichtung, die Verbissenheit, mit der wir unsere äußeren Ziele und Absichten verfolgen. Je intensiver wir uns auf äußere Güter fixieren, umso mehr identifizieren wir unser Lebensglück mit ihnen und umso mehr ängstigen und sorgen wir uns, sie nicht zu erlangen.

Haben wir dagegen an uns selbst genug, schöpfen wir unsere Freude aus unserer inneren Stimmigkeit, ist uns der Weg und das Unterwegssein wichtiger als das Ziel, konzentrieren wir uns auf das »Sein«, nicht auf das »Haben«, dann bleiben Sorgen und Ängste fern. Das führt zu innerer Ruhe, woraus die Kraft erwächst, die am Ende auch zu äußerem Erfolg führt. Dass die Fokussierung auf die inneren Qualitäten und die Relativierung äußerer Werte Ängste und Sorgen fernhält, spricht Konfuzius aus, wenn er auf die Frage, ob der Weise in Sorge komme, antwortet: »Nein. Der Weise pflegt den Wandel. Solange er keinen Erfolg erreicht hat, ist er froh in seinem Herzen; wenn er Erfolg erreicht, so ist er außerdem froh, dass er Ordnung schaffen kann; darum ist er sein ganzes Leben lang fröhlich und keinen Tag lang verzagt. Der Gemeine (dem Weisheit fehlt) ist nicht so. Ehe er Erfolg erreicht hat, ist er bekümmert, dass er es zu nichts bringt; hat er Erfolg erreicht, so ist er besorgt, dass er ihn wieder verlieren könnte; darum ist er sein ganzes Leben lang verzagt und keinen Tag lang fröhlich.« Im Hinblick auf die äußeren Unternehmungen gab Zhuangzi daher die Empfehlung: »Der Weise wird auch das, was er erzwingen kann, nicht erzwingen wollen.«

Wie wir Ängste und Sorgen überwinden können

Was können wir tun, um Ängste und Sorgen abzubauen oder erst gar nicht aufkommen zu lassen? Es gilt das bereits beschriebene Schema, mit dem man alle negativen Affekte überwinden oder doch vermindern kann. Zunächst einmal geht es darum, das Leiden, hier Ängste und Sorgen, zu erkennen, sie nicht zu verdrängen, sondern anzunehmen und sich vorzunehmen, sie zu heilen. Auf der zweiten Stufe geht es darum, die Ursachen des Leidens zu erkennen. Warum entwickeln wir in bestimmten Lebenssituationen Ängste und Sorgen? Welche Vorstellungen und Glaubenssätze liegen dem zugrunde, welche Begehren, Wünsche und Ziele? Oder sind es traumatische Erfahrungen oder frühkindliche Prägungen, aufgrund deren sich Reiz-Reaktionsmuster verinnerlicht haben, die in bestimmten Situationen Ängste und Sorgen auslösen? Oder ist es – wie häufig – ein Zusammenspiel von beidem? Bei der Aufdeckung der Ursachen stehen wir uns nicht selten selbst im Weg, weil wir etwa das Problem aus unserem Bewusstsein verdrängt haben oder weil es schmerzt, uns damit auseinanderzusetzen und alte Wunden aufzureißen. Wir haben einen natürlichen Drang, der Lösung innerseelischer Probleme aus dem Weg zu gehen oder sie aufzuschieben. In diesem Fall können Freunde oder der Rat von Fachleuten eine Hilfe sein.

Hat man die Ursache und den psychischen Mechanismus erkannt, der zu Ängsten und Sorgen führt, können wir damit beginnen, die Ursache aufzuheben und uns »zu heilen«. Auf dieser vierten Stufe ist der »Achtfache Pfad« Buddhas hilfreich, ein Übungsprogramm, mit dem wir alte, leidvolle Denk- und Verhaltensmuster auflösen und durch wohltuende ersetzen. Diese »Umprogrammierung« der neuronalen Verknüpfungen in unserem Gehirn – die Antike sprach von innerer Umwandlung oder Umkehr – setzt bei den schädlichen Glaubenssätzen und inneren Haltungen an. Bei Buddha heißt es, wir müssen uns in »rechten Anschauungen« und im »rechten Denken« einüben. Wir müssen uns immer wieder die Schädlichkeit der alten Muster klarmachen und sie durch bessere, richtigere und gesündere ersetzen.

Beispielsweise haben wir jahrelang bewusst oder unbewusst die Überzeugung genährt, dass großer Besitz und eine lückenlose soziale Absicherung für unser Lebensglück essenziell und unverzichtbar sind. Vielleicht glaubten wir tief im Innern, dass Reichtum Lebensglück bedeutet. Vielleicht kommen wir aus bescheidenen Verhältnissen und haben uns immer schon eine bessere, wohlsituierte Existenz gewünscht. Wir müssen lernen und einsehen, dass eine solche Einstellung von einer falschen Prämisse ausgeht, nämlich dass Lebensglück im Äußeren zu finden ist. Wir müssen zu der Einsicht gelangen, dass Glück weder im Besitz noch in einer lückenlosen sozialen Absicherung besteht, die es ohnehin nicht gibt. Glück und Unglück liegen in der Seele. Seneca schreibt: »Willst du wissen, wie wenig das Unglück mit Besitzlosigkeit zu schaffen hat, so vergleiche die Mienen derjenigen, die kein Vermögen haben mit denen der Reichen: der ohne Vermögen lacht öfter und aufrichtiger; kein Kummer geht bei ihm in die Tiefe; auch wenn eine Sorge ihn befällt, so zieht sie doch vorüber wie eine leichte Wolke. Dagegen ist die Heiterkeit der sogenannten Glückskinder (Reichen) nur eine äußerlich angenommene, tatsächlich aber nichts anderes als ein schwerer Trübsinn, der wie eine Wunde unter der Oberfläche eitert und umso drückender ist, weil sie sich der Welt nicht als unglücklich darstellen dürfen, sondern inmitten aller Kümmernisse, die an ihren Herzen nagen, die Glücklichen spielen müssen.« Im gleichen Sinne heißt es bei Zhuangzi: »Die Reichen mühen sich ab in harter Arbeit und sammeln viele Schätze, die sie doch nicht aufbrauchen können. In ihrer Sorge für das Leben haben sie sich an die Außenwelt verloren […] werden sich selber fremd.«

Mithilfe solcher und ähnlicher Sätze, die wir in allen Weisheitslehren finden, sollten wir regelmäßig darüber meditieren, dass Glück im inneren Reichtum liegt, in der Seelenruhe, in der Stimmigkeit unserer Werte und einer entsprechenden Lebensführung, in Gradlinigkeit, Wahrhaftigkeit und Authentizität, in gelingenden Resonanzbeziehungen und in einer Tätigkeit, die uns Freude macht und die erfüllt, unabhängig davon, mit welchem äußeren Erfolg, Lohn und

Ansehen sie verbunden ist. Wir wiederholen diese Übung so lange, bis wir uns von dem Glaubenssatz befreit haben, dass Geld glücklich mache, und der neue Glaubenssatz, dass Glück im seelischen Reichtum liege, verinnerlicht und in Fleisch und Blut übergegangen ist. Der »Achtfache Pfad« empfiehlt neben der Einübung der »rechten Anschauung« und dem »rechten Denken«, dass wir auch bei all unserem Sprechen und Handeln stets darauf achten, dass wir in Übereinstimmung mit der geänderten Anschauung leben und unseren Werten treu bleiben. Üben wir diese Haltung konsequent und beharrlich, dann verändert sich im Laufe der Zeit unsere Einstellung und Lebensweise. Je mehr es uns gelingt, mit der neu gewonnenen Haltung unsere Anhaftung an äußere Güter aufzulösen und zu relativieren, umso weniger Ängste und Sorgen werden wir haben.

Die Urangst vor dem Tod überwinden

Zum Abschluss dieses Kapitels soll noch auf einen Punkt eingegangen werden, dem in der Antike beim Umgang mit Ängsten und Sorgen eine große Bedeutung zukam. Er betrifft die Einstellung zum Tod, zum eigenen wie zu dem nahestehender Menschen. Häufig begegnet uns im antiken Weisheitsdenken die Auffassung, dass mit der Überwindung der Angst vor dem Tod auch alle anderen Ängste überwunden werden. Der chinesische Gelehrte Huai-Nan Dse schreibt: »Wenn wir lernen, Leben und Tod als gleich anzusehen, gibt es nichts mehr zu fürchten.« In der westlichen Philosophie finden wir ähnliche Äußerungen. »Das einzige Mittel frei zu sein ist, die Angst vor dem Tod zu überwinden«, sagt Epiktet. »Befreie dich vor allem von der Furcht vor dem Tode; er ist es, der uns das Joch auferlegt«, lesen wir bei Seneca.

Wer imstande ist, den eigenen Tod anzunehmen und die Angst vor ihm zu überwinden, dem fällt es auch leichter, Dinge loszulassen, sich von lieb gewonnenen Vorstellungen zu verabschieden, unrealistische Wünsche aufzugeben oder den Verlust nahestehender

Menschen zu ertragen. Wer das Bewusstsein von der Vergänglichkeit von allem verinnerlicht hat, der entwickelt, wenn überhaupt, nur wenig Ängste und Sorgen. Auch das kann man lernen. »Übe dich im Sterben!« lautet ein Ausspruch Epikurs. Wenn man sich immer wieder ins Bewusstsein ruft, dass alles irgendwann vergehen wird, dass jeder Mensch sterben muss, dass alles kommt und geht, dass sich die Dinge und Verhältnisse in einem ständigen Wandel befinden, dass alles, was man besitzt, »nur geliehen ist«, wie es Seneca formulierte, dann wird man immer gelassener gegenüber jeder Art von Veränderung, Verlust und Beeinträchtigung. Man hat die Kunst des Loslassens erlernt und verinnerlicht. Je besser wir diese Kunst beherrschen, umso weniger Ängste und Sorgen bereitet uns das Leben. Unser Leben bekommt eine angenehme Unbeschwertheit. Wir haben uns abgewöhnt, uns »um künftige Zeiten zu sorgen, sondern sind allein darauf bedacht, gerade den jeweiligen Augenblick nicht ungenutzt verstreichen zu lassen«. (Yoshida Kenko). In einem ägyptischen Papyrus, der über 3000 Jahre alt ist, dem *Lied des Harfners*, wird diese Leichtigkeit besungen: »Feiere den frohen Tag! Folge deinem Herzen bei Tag und bei Nacht! Lass die Sorge nicht ein in dein Herz, verbringe deine Jahre froh auf Erden [...]«

Drei Lehren zu Angst und Sorgen

1.

Wir selbst sind es, die durch unsere eigenen Gedanken, Vorstellungen, Werte und Haltungen unsere Ängste und Sorgen erzeugen. Deshalb hat auch jeder die Fähigkeit, sie durch sein Denken abzustellen.

2.

Ängste und Sorgen entstehen aus dem Anhaften und starren Festhalten an äußeren Gütern, Verhältnissen, Menschen sowie an eigenen Wünschen, Vorstellungen, Plänen und Absichten.

3.

Je mehr man sein Glück aus sich selbst schöpft und daher bereit ist, alles Äußere loszulassen – einschließlich der auf Äußeres bezogenen Vorstellungen und Absichten –, umso weniger Ängste und Sorgen entwickelt man.

Drei Übungen zur Überwindung von Angst und Sorgen

1.

Erkenne dein Anhaften an äußere Güter und an Vorstellungen, die auf äußere Güter bezogen sind, und übe dich in einem Denken, das diese Anhaftungen auflöst.

2.

Übe dich darin, den Wert aller äußeren Güter zu relativieren und mache dir immer wieder bewusst, wie gering ihre Bedeutung für dein Lebensglück ist.

3.

Übe dich im Sterben! Versöhne dich mit der allgegenwärtigen Vergänglichkeit und akzeptiere, dass du einmal sterben wirst. Betrachte den Tod als einen natürlichen Bestandteil des Lebens und als seinen Abschluss, dem niemand ausweichen kann.

KAPITEL 9
SELBSTWIRKSAMKEITSERFAHRUNG, SELBSTWERTGEFÜHL UND SELBSTVERTRAUEN

»Unerfreulich ist Untätigkeit.«
Thales

»Wenn du beim Morgengrauen verdrießlich aufwachst, dann denk daran: ›Ich stehe auf zur Arbeit eines Menschen‹ [...] überhaupt, bist du zum Genießen oder zum Handeln da?«
Mark Aurel

»Es gibt nur ein Gut als festen Untergrund eines glücklichen Lebens, das ist das Selbstvertrauen.«
Seneca

Mentale Barrieren durch Selbstwirksamkeitserfahrungen einreißen

Der Brite Roger Bannister (1929–2018) war in den 1940er- und 1950er-Jahren ein ebenso vielversprechender Medizinstudent wie Mittelstreckenläufer. Als Sportler stellte er die weitverbreitete Überzeugung infrage, dass es unmöglich sei, eine Meile in unter vier Minuten zu laufen. Bis dahin waren sich Sportexperten, Athleten und Physiologen einig, dass eine solche Leistung jenseits menschlicher Fähigkeiten liege. Bannister jedoch war überzeugt, dass er dieses Ziel entgegen allen Unkenrufen erreichen könnte. Trotz seiner begrenzten Trainingszeit von nur einer halben Stunde täglich – schließlich musste er sich auf sein Medizinstudium konzentrieren – setzte er als künftiger Neurologe vor allem auf die richtige mentale Vorbereitung. Er stellte sich möglichst konkret vor, wie er die magische Vier-Minuten-Grenze läuferisch unterbietet. Immer wieder visualisierte er jede Bewegung und jede Situation, bis hin zu dem Moment, in dem er die Ziellinie überquert und ihm die Menge zujubelt. Am 6. Mai 1954 gelang ihm, was bis dahin als unerreichbar galt: Bannister lief die Meile in 3 Minuten und 59,4 Sekunden.

Dieser historische Erfolg sollte später als Bannister-Effekt in die psychologischen Lehrbücher eingehen. Sein historischer Rekord hatte aber nur wenige Wochen Bestand und wurde bereits sechs Wochen später von dem Australier John Landy um anderthalb Sekunden (3:57,9 Minuten) unterboten. In den nächsten drei Jahren knackten über zehn Läufer den bis dahin unvorstellbaren Rekord. Bis heute haben fast 2000 Läufer die magische 4-Minuten-Marke unterboten. Bannisters Sieg bewies, dass solche Grenzen oft nur in den Köpfen der Menschen existieren. Sein Erfolg zerstörte kollektive Glaubenssätze und motivierte seine Nachahmer, sich ebenfalls an der bis dahin als unmöglich geltenden Leistung zu versuchen. Der Bannister-Effekt verdeutlicht, dass ein einziger Erfolg die Selbstwirksamkeit von vielen positiv beeinflussen und eine Welle von Nachahmern motivieren kann, ein bisher unrealistisch erscheinendes Ziel ebenfalls zu erreichen und die mentalen Barrieren einzureißen.

Aber so wesentlich solche Erfahrungen der Selbstwirksamkeit für ein gelingendes Leben sind, so wenig ist dies den Menschen bewusst. Selbstwirksamkeitserfahrungen stehen nicht nur für ein erfülltes Leben, sie sind auch die Grundlage für ein gesundes Selbstbewusstsein und Selbstwertgefühl. Ohne sie gibt es kein Selbstvertrauen. Selbstvertrauen aber ist ein unverzichtbarer Bestandteil eines glücklichen Lebens, wie Seneca in dem einleitenden Zitat zutreffend feststellt. Was verbirgt sich hinter diesen Begriffen, und wie hängen sie miteinander zusammen?

Es war der deutsche Philosoph Hegel, der gezeigt hat, wie wir durch die Umsetzung einer Vorstellung in der äußeren Wirklichkeit Selbstbewusstsein erlangen. Wir nehmen uns etwas vor und tun es, dann steht das Ergebnis vor uns und sagt uns: »Das hast *Du* gemacht.« Zunächst sieht der Schuhmacher den Schuh, den er machen will, nur vor seinem geistigen Auge und hat Werkzeug und Material vor sich liegen. Dann geht er an die Arbeit, bis schließlich der Schuh tatsächlich vor ihm steht. Er existiert jetzt nicht nur in seiner Vorstellung, sondern hat sich materialisiert und ist eine gegenständliche Wirklichkeit geworden, die man anfassen und benutzen kann. Der Schuh sagt ihm: »Ich bin dein Werk« und damit zugleich: »Du bist, du existierst, du erschaffst Dinge.« Ohne sich dessen bewusst zu werden, macht der Schumacher die Erfahrung, dass er Welt gestalten kann. Diese Erfahrung des Erschaffens und Bewirkens von etwas stellt sich immer ein, wenn die Welt uns spiegelt, dass wir etwas in ihr verändert haben. Das ist die Selbstwirksamkeitserfahrung.

Gesehenwerden, Wertschätzung und Anerkennung

Mit ihr entsteht zugleich Selbstbewusstsein. Gut nachvollziehbar ist dies auch an der Entwicklungspsychologie. Wenn der Mensch geboren wird, unterscheidet er noch nicht zwischen sich, der Mutter und der Welt. Alles ist eins. Er ist die Welt, die ihn umgibt, die Mutter, die Nahrung und die Wiege, in der er liegt. Erst nach einigen Wochen, etwa wenn er einmal wieder Hunger bekommt, die nährende Brust aber nicht da ist, weil die Mutter gerade nicht im Zimmer ist, beginnt in seinem Gehirn die Trennung zwischen Ich, Mutter und Welt. Gleichzeitig bemerkt er, dass er mit einem bestimmten Tun bestimmte Reaktionen hervorrufen kann. Er schreit, und kurz darauf ist die Brust da, an der er seinen Hunger stillen kann. Das sind die ersten Selbstwirksamkeitserfahrungen und zugleich die Erfahrung, dass Welt, Mutter, Brust und er selbst getrennte Existenzen sind. Das ist die Geburtsstunde des »Ich« und des Selbstbewusstseins.

Durch das vorgeburtliche Erlebnis des Getragenseins, des Geborgenseins, des Einsseins mit der Mutter, des Genährtwerdens, der Wärme, der Sicherheit und der körperlichen Nähe, das der Fötus als paradiesisch empfindet und abspeichert, sehnt sich jeder Mensch nach Verbundenheit und Liebe im weitesten Sinne (siehe dazu das Kapitel »Resonanz«). Mit allem, was er tut, zielt er darauf ab, dass sich die gleichen oder ähnliche Gefühle wieder einstellen, die er während der Schwangerschaft als Glück und vollkommenes Wohlsein abgespeichert hat. Jede Selbstwirksamkeitserfahrung vermittelt nun das Gefühl der Verbundenheit, sei es auch nur in einem ganz bescheidenen Umfang. Denn wenn »die Welt« auf unser Tun und Wirken »antwortet«, dann erleben wir unsere Verbundenheit mit der Welt. Ohne ein solches Gefühl der Verbundenheit, ohne jegliche Selbstwirksamkeitserfahrung kann kein Mensch überleben. Praktisch ist ein Leben ohne Selbstwirksamkeitserfahrung gar nicht denkbar, denn in irgendeiner Form wirken wir immer auf irgendetwas ein, schon, wenn wir uns einen Kaffee machen, uns anziehen, aufräumen oder sauber machen. Entscheidend für ein gelingendes Leben ist die Intensität und Qualität der Selbstwirksamkeit, insbesondere positive Selbstwirksamkeitserfahrungen. Wir wollen nicht nur Verbundenheit erleben, nicht nur erfahren, dass wir existieren, sondern wir sehnen uns nach wohlwollenden, anerkennenden, wertschätzenden und liebenden Reaktionen der Welt auf unser Tun und Wirken.

Deshalb wollen wir unsere Arbeit nicht nur erledigen, sondern wir wollen sie gut machen, wir wollen nicht nur, dass unsere zwischenmenschlichen Verhältnisse funktionieren, sondern dass dabei auch ein Gesehenwerden, eine Wertschätzung und Anerkennung stattfindet. Wir wollen zu Menschen tiefere Gefühle wie Freundschaft und Liebe entwickeln. Je mehr das der Fall ist, umso stärker reagieren unser Gemüt und Körper mit Gefühlen des Wohlseins, der Befriedigung und des Glücks. Das geschieht meistens unbewusst, aber das Resultat ist für jeden spürbar: Wohlbefinden, Zufriedenheit, Glücksgefühle. Das macht die Selbstwirksamkeitserfahrung so wichtig für ein gelingendes Leben. Verkürzt könnte man sagen, ein glückliches Leben entsteht aus guten zwischenmenschlichen Beziehungen und positiven Selbstwirksamkeitserfahrungen.

Wir haben gesehen, wie beides eng zusammenhängt. Bei einer positiven Selbstwirksamkeitserfahrung ist charakteristisch, dass wir dabei nicht nur unsere bloße Existenz bestätigt bekommen, sondern unsere Fähigkeiten, unser Können und bestenfalls unsere spezifischen Anlagen und Talente entfalten und ausbilden. Aristoteles meinte, dass jedes Lebewesen von Natur aus den starken Trieb hat, seine spezifischen Anlagen zu realisieren und zu entfalten. Je besser ihm dies gelingt, umso »vollendeter« und glücklicher fühlt es sich an. Er nannte es Teleologie, von dem griechischen Wort *telos*, Zweck, Ziel, Bestimmung. Das Telos einer Eichel ist es, eine Eiche zu werden, die stetig wächst und ihre Äste nach allen Seiten ausbreitet.

So ist auch der Mensch, wobei die individuellen Anlagen durch Erbgut, Vorgenerationen und die Sozialisation ganz unterschiedlich sein können. Der eine ist mehr technisch begabt, ein anderer handwerklich, musisch, sozial, wissenschaftlich, schöngeistig oder kreativ. Je mehr er in seinem Wirken, seiner Arbeit oder seiner Tätigkeit seine spezifischen Begabungen realisiert und umsetzt, umso intensiver ist die Selbstwirksamkeitserfahrung, die er dabei erlebt, und umso wohler fühlt er sich. Sokrates sagte einmal, glücklich sei derjenige Mensch, der das, was er am besten kann und gelernt hat, auch bestmöglich umsetzt. Umgekehrt leidet der Mensch, je weniger er seine Anlagen in die Tat umsetzen kann. »Wenn ein Mensch seinen Weg und seine Bestimmung kennt, sie aber nicht ausbreiten kann: das ist Not und Elend«, sagt Zhuangzi. »Geringe Kleider und zerrissene Schuhe dagegen zeugen nur von Armut, nicht von Not.« Schlimmer als die Armut ist es, meint Zhuangzi, sein Leben nicht nach den eigenen Werten und Vorstellungen führen zu können.

Selbstvertrauen und Selbstverwirklichung

Selbstwirksamkeitserfahrungen begründen unser Selbstbewusstsein und befriedigen je nach ihrer Intensität unsere Sehnsucht nach Verbundenheit sowie den Drang, unsere Anlagen im Außen zu verwirklichen. Das ist es, was seit jeher »Selbstverwirklichung« im positiven Sinne genannt wurde. Damit ist nicht die egoistische Durchsetzung selbstsüchtiger Interessen gemeint, sondern die Entfaltung seiner Persönlichkeit in der Gemeinschaft. Dadurch wird positive Selbstwirksamkeit zu einem wesentlichen Faktor für unser Lebensglück. Je intensiver sich das Gefühl der Verbundenheit und der Selbstverwirklichung einstellt, umso stärker wird unser Selbstwertgefühl und damit zugleich unser Selbstvertrauen. Je mehr wir in unser Lebensumfeld hineinwirken, in unsere Familie, in unseren Freundeskreis, auf der Arbeitsstelle, umso stärker wird unser Gefühl für unseren eigenen Wert. Zugleich bekommt unser Leben dadurch Sinn, und es wächst das Vertrauen in uns selbst und unsere Fähigkeiten. Das ist der letzte wichtige Aspekt der Selbstwirksamkeitserfahrung.

Selbstwertgefühl und Selbstvertrauen geben Sicherheit, Standfestigkeit, Stabilität und Resilienz, wenn die Wogen des Schicksals einmal hoch hinaufschießen, wenn die Welt sich widerständig zeigt und sich die Dinge anders entwickeln, als wir erwartet und erhofft haben, wenn es Probleme im Umgang mit anderen Menschen oder mit uns selbst gibt. Sie sind die Mauern der »inneren Burg« und sichern uns auch in schwierigen Zeiten unsere Gelassenheit und Seelenruhe. Sie geben uns Widerstandsfähigkeit und Kraft, unbeirrt unseren Weg zu gehen, etwas zu leisten und in der Entfaltung unserer Anlagen unsere tiefsten Bedürfnisse zu befriedigen. »Vernimm, was ich unter einer gesunden Seele verstehe«, schreibt Seneca: »sie ist mit sich selbst zufrieden, sie hat volles Vertrauen zu sich.« »Zwei Dinge sind es, denen die Seele vor allem ihre Kraft verdankt: der Glaube an die Wahrheit und das Selbstvertrauen.« »Die Seele [...] muss volles Vertrauen zu sich gewinnen, muss an sich selbst ihre Freude haben.«

Intensive, positive Selbstwirksamkeitserfahrungen, die das Selbstwertgefühl steigern und das Selbstvertrauen festigen, setzen voraus, dass wir uns in der Welt betätigen. Das ist weit mehr als die berufliche Tätigkeit. Jedes Wirken im Außen, die Erledigung der eigenen Angelegenheiten, das Leben in der Familie, unter Freunden, in Vereinen, in der Nachbarschaft oder Gemeinde, alles das sind Quellen von Selbstwirksamkeitserfahrungen. Eine der wichtigsten ist gewiss die Arbeit, bezahlt oder unbezahlt. Zum einen verbringt der Mensch sehr viel Zeit in seinem Beruf; zum anderen kommen hier am stärksten seine Fähigkeiten und Anlagen zur Entfaltung, die zum Kern seiner Persönlichkeit gehören. Hier ist er am produktivsten. Deshalb finden wir in allen Weisheitstraditionen den Hinweis auf die Wichtigkeit der Arbeit, des erschaffenen Werkes und jeder Art von Betätigung für ein gelingendes und erfülltes Leben. In einem der ersten schriftliche Zeugnisse der griechischen Kultur, bei dem Dichter Hesiod (8. Jh. v. Chr.), lesen wir die harschen Worte:

> »Der ist Göttern und Menschen verhasst, der ohne zu wirken
> Hinlebt; gleicht er doch den faul-nichtsnutzigen Drohnen,
> Die da als zwecklose Fresser das Werk der Bienen vernichten.
> Dir aber sei es gelegen an wohlgemessener Arbeit [...]«

In der *Bhagavadgita* heißt es:

> »Denn nicht durch trägen Müßiggang
> Gelangt der Mensch zur inn'ren Ruh,
> Und nicht durch Werkentsagung strebt

Er innerer Vollendung zu.«

»Das Werk zu tun sei dein Beruf.«

Auch wenn für das altindische Denken der yogischen Meditation und Weltentsagung eine große Rolle zukommt, wird die Tätigkeit höher geschätzt:

»Entsagung zwar und Tätigkeit,
Sie führen beide wohl zum Heil,
Doch wird vor dem Entsagenden
Dem Tätigen der Preis zuteil.«

»Die Natur hat uns zu beidem geschaffen«, schreibt Seneca, »zum Betrachten wie zum Handeln.« Der japanische konfuzianische Gelehrte Kamada Ryuko meinte: »Vielleicht sind gerade die weltlichen Geschäfte der eigentliche Gegenstand des Praktizierens.« »Praktizieren« meint hier das Zu-sich-selbst-Finden, die Realisierung der eigenen Lebensvorstellungen in der Welt. Und bei Goethe lesen wir: »Je früher der Mensch gewahr wird, dass es ein Handwerk, dass es eine Kunst gibt, die ihm zur geregelten Steigerung seiner natürlichen Anlagen verhelfen, desto glücklicher ist er«, und »da wo du bist, da wo du bleibst, wirke was du kannst, sei tätig und gefällig, und laß dir die Gegenwart heiter sein.«

Die Auffassung Goethes finden wir bereits bei dem Philosophenkaiser Mark Aurel. Je mehr wir bei unserer Tätigkeit einem inneren Antrieb folgen, indem wir ein tiefes Bedürfnis und eine spezifische Begabung entfalten, umso glücklicher und erfüllter leben wir. »Wenn du der rechten Vernunft folgst und die Forderung des Tages erfüllst«, schreibt Mark Aurel, »voll Ernst und Kraft, in guter Gesinnung und nichts als nebensächlich behandelst, sondern deinen eigenen Dämon rein und lauter bewahrst […] ohne etwas zu erwarten oder zu fürchten, sondern dir genügen lässt an der gegenwärtigen naturgemäßen Betätigung und der heroischen Wahrhaftigkeit, in dem, was du sagst und äußerst, dann wirst du glücklich leben. Und niemand gibt es, der das hindern könnte.«

Hesiod, 8./7. Jh. v. Chr., griechischer Dichter, von dem wir große Teile unseres Wissens über die griechische Götterwelt haben. Er war Ackerbauer und Viehhalter und gab uns in seinen Werken viele Weisheiten mit auf den Weg. Über den »rechten Weg« sagte er, er sei anfangs lang, steil und rau, habe man aber einmal Höhe erlangt, so sei er leicht und angenehm. »Vor Verdienst aber setzten den Schweiß die unsterblichen Götter.«

Kamada Ryūkō, 1754–1821, konfuzianischer Gelehrter aus Japan. Über den Vorteil einer geduldigen Lebensweise schrieb er die beherzigenswerten Worte: »Voreiligkeit beruht auf Ungeduld und Hast. Vergesslichkeit beruht darauf, dass man von Anfang an ungeduldig ist, durch seine Gefühle in Verwirrung gerät und somit keine innere Ruhe findet. Beide Schwächen dürften kaum auftreten, wenn man sich stets in Geduld übt, seine Fassung behält und sich auf die im Augenblick anstehende Aufgabe konzentriert.«

Eigene Fähigkeiten und Grenzen respektieren

Damit die Selbstwirksamkeitserfahrung das Selbstwertgefühl und Selbstvertrauen stärkt, muss es das »Selbst« sein, was sich im Äußeren betätigt und in der Welt wirkt. Das hatte Goethe im Auge, wenn er davon spricht, dass die Tätigkeit zur Steigerung der eigenen Anlagen dienen soll. Je mehr wir aus unserer Mitte heraus handeln, umso mehr stärken wir unser spezifisches Selbst. Je mehr wir unser Leben leben, je wahrhaftiger und authentischer wir sind, umso mehr ist es auch unser Selbst, das im Außen wirkt, und umso intensiver wird die

Selbstwirksamkeitserfahrung: »Was im Innern wahr ist, das gestaltet sich im Äußern«, heißt es im chinesischen *Buch der Riten, Sitten und Gebräuche*. Bei entfremdeter Tätigkeit ist der positive Effekt auf unser Selbstwertgefühl und unser Selbstvertrauen deutlich geringer, weil wir nicht in unserer Eigenart und Individualität bestätigt und gestärkt werden. Wir spüren nicht uns selbst in dem, was uns auszeichnet und charakterisiert. Es fühlt sich schal an, wenn wir für etwas gelobt werden, von dem wir meinen, dass wir es gar nicht besonders gut können. Wir wollen Wertschätzung für das, worin wir uns für besonders fähig halten.

Ein gesundes Selbstwertgefühl ist stets verbunden mit der Einsicht und genauen Kenntnis der eigenen Grenzen. Wer seine Fähigkeiten überschätzt, wird übermütig und muss früher oder später scheitern. Überheblichkeit, griechisch *hybris*, kommt vor dem Fall. Vor kaum einer Charakterschwäche haben die Griechen so sehr gewarnt wie vor der eigenen Überschätzung, indem man sich Dinge vornimmt, die über die eigene Kraft und Fähigkeit hinausgehen. Mehrfach hat Demokrit, der Philosoph von Maß und Mitte, auf diese Gefahr hingewiesen: »Wer wohlgemut leben will, der darf nicht vielerlei treiben, weder in eigener noch in öffentlicher Sache. Und was er auch treibt, darf seine eigene Kraft und Begabung nicht übersteigen. Er muss vielmehr so sehr auf sich achtgeben, dass er sich selbst dann, wenn das Glück über ihn kommt und ihn allem Anschein nach emporführen will, nicht darum kümmert und nichts anfasst, was über seine Kräfte geht. Denn rechtes Maß ist sicherer als Übermaß.« Hierzu passt, was eine alte ägyptische Spruchweisheit uns lehren möchte: »Nimm nicht das Wesen eines Immer-Geschäftigen an.«

Zur Vermeidung von Hybris gehört auch, dass man seine Fähigkeiten und Begabungen selbstkritisch beurteilt, ihre Grenzen richtig einschätzt und über eigene Schwächen und Defizite nicht hinwegsieht. Je besser man sich kennt, umso erfolgreicher wird man bei all seinem Tun und vermeidet ein selbstverschuldetes Scheitern. Jedes Scheitern aber beeinträchtigt das Selbstwertgefühl und Selbstvertrauen. Wer seine Schwächen kennt und sie sich offen eingesteht, der schützt sich auch davor, dass Herabsetzungen und Kritik von Dritten sein Selbstwertgefühl nachhaltig beeinträchtigen. Denn entweder ist die Kritik unberechtigt, dann braucht er sich nicht weiter mit ihr zu beschäftigen. Oder sie betrifft eine Schwäche, die er selbst schon als solche erkannt hat. Dann kann er mit der Kritik leben, ohne dass sein Selbstvertrauen Einbußen erleidet.

In das andere Extrem verfällt derjenige, der seine eigenen Leistungen und Erfolge nicht sich selbst, sondern anderen Ursachen zuschreibt, etwa dem Glück, Zufall oder anderen Menschen. Dieses nicht selten anzutreffende Phänomen – auch als Imposter-Syndrom bekannt – ist eine Unterschätzung der eigenen Fähigkeiten und genauso verfehlt wie die Überschätzung. Jeder Mangel an Selbsterkenntnis gefährdet ein gelingendes Leben, denn wer sich in sich selbst täuscht, kann auch nicht angemessen und richtig mit sich umgehen, sagte Sokrates.

Um positive Selbstwirksamkeitserfahrungen zu machen, sollte man bei seinem Handeln stets Zeit und Umstände berücksichtigen. Für alles gibt es einen richtigen Zeitpunkt, die Griechen nannten ihn *kairos*. »Wenn die Weisen des Altertums nicht die rechte Zeit und Umstände trafen, so war ihr Wirken auf Erden vollständig unmöglich. So trieben sie ihre Wurzeln tiefer, waren vollkommen still und warteten. Das war der Weg, sich selbst zu bewahren«, schreibt Zhuangzi. »Ihre Wurzeln tiefer treiben« meint, an der Entwicklung der eigenen Persönlichkeit zu arbeiten. Selbstwirksamkeit wird nicht um ihrer selbst willen angestrebt. Sie sollte positiv sein und etwas bewirken. Bei allem, was wir tun, sollten wir möglichst das Gefühl haben, dass wir etwas Gutes, Sinnvolles und Produktives getan haben. Nur dann stärkt das Getane unser Selbstwertgefühl und Selbstvertrauen. Das ist umso mehr der Fall, je besser wir unser Handeln der Zeit und den Umständen anpassen.

Ein gesundes Selbstwertgefühl und Selbstvertrauen hängt nicht nur von positiven Selbstwirksamkeitserfahrungen ab. Es wird auch von zahlreichen äußeren Faktoren beeinflusst. Am wichtigsten sind die frühkindlichen Erfahrungen und Prägungen. Indem die Eltern das Kleinkind liebend umsorgen und ihm durch ihr Verhalten und ihre Ansprache vermitteln, dass es willkommen ist, dass es so angenommen und geliebt wird, wie es ist; indem sie vermeiden, es nach ihren Vorstellungen zu formen, und stattdessen in seinem Wesen und seiner Eigenart fördern, legen sie die Grundlagen für sein Selbstwertgefühl und Selbstvertrauen. Hier entsteht das Urvertrauen zu sich selbst.

Leider ist keine Erziehung perfekt, und häufig kommt es zu Fehlentwicklungen, Defiziten und falschen Weichenstellungen. Wer nicht genügend Liebe empfängt oder mit Ansprüchen und Erwartungen konfrontiert wird, die er nicht erfüllen kann oder die seiner Wesensnatur widersprechen, wird in seinem Selbstwertgefühl verunsichert und hat ständig das Gefühl zu scheitern. Wer abgelehnt oder nicht so angenommen wird, wie er ist, der bezieht diese Ablehnung auf sich. Da er sich nach der Liebe der Eltern sehnt, denkt er, irgendetwas stimme nicht mit ihm. Er beginnt, sich selbst und seinen Gefühlen zu misstrauen. Umso mehr macht er sein Selbstwertgefühl von der Liebe und Anerkennung Dritter abhängig. Wie eine Art Trauma zieht sich diese Erfahrung durch sein ganzes Leben, wenn es ihm nicht gelingt, diese Prägung zu erkennen, sie abzubauen und die dadurch in ihm entstandenen schädlichen Denk- und Verhaltensmuster durch positive und wohltuendere zu ersetzen.

Vom Glück der Kritik

Auch in späteren Phasen des Lebens haben die Meinungen und Äußerungen der anderen, insbesondere uns nahestehender Menschen, einen erheblichen Einfluss auf unser Selbstwertgefühl und Selbstvertrauen. Die Stärke dieses Einflusses hängt davon ab, wie fest das Selbstwertgefühl in uns selbst verankert ist. Ist es schwach ausgeprägt und speist es sich vorwiegend von der Anerkennung und Wertschätzung anderer, dann wurde uns in früheren Jahren jenes

Urvertrauen wohl nicht vermittelt. In diesem Fall wirft uns jede Kritik aus der Bahn und führt zu tiefer Verunsicherung. Wir nehmen alles persönlich und werden ständig von Sorgen und Ängsten im Hinblick darauf geplagt, wie die Außenwelt auf unsere Arbeit, unser Wirken und unsere Person reagiert. Wer dagegen ein starkes Selbstwertgefühl hat, der kann mit Kritik offen umgehen und sie nutzen, um sich weiterzuentwickeln. »Jemand kritisiert mich? Welch ein Glück!«, sagte Konfuzius einmal. Wer derart konstruktiv mit Kritik umgeht, bleibt ruhig und ganz bei sich. Wenn Seneca sagt, dass man einen »großen Charakter nicht beleidigen kann«, dann schwebt ihm ein Mensch vor, der seine Mitte gefunden hat und sein Selbstwertgefühl und Selbstvertrauen aus sich selbst schöpft.

Ungünstige frühkindliche Prägungen manifestieren sich dagegen in schädlichen Glaubenssätzen, die einem häufig nicht bewusst sind, wie etwa »Du musst immer der Beste sein«, »Du bist nicht gut genug«, »Alle müssen dich lieben«, »Du darfst keinen Fehler machen« et cetera. Wer sein Selbstbewusstsein, Selbstwertgefühl und Selbstvertrauen stärken möchte, der muss sich von solchen und ähnlichen Glaubenssätzen befreien. Er sollte sich immer wieder auf die eigenen Fähigkeiten und Qualitäten besinnen, auf das bereits Geleistete und auf erzielte Erfolge. Seine Schwächen und Defizite sollte er akzeptieren und sich von ihnen nicht herunterziehen lassen. Einen Menschen ohne Defizite gibt es nicht. Jeder Mensch ist wertvoll, und kein Mensch ist wertvoller als ein anderer. Eine stärkende Wirkung haben auch Beharrlichkeit, Konsequenz, Stimmigkeit und Treue gegen sich selbst. Wer sich jeden Tag bemüht, sein Leben so zu leben, wie es seinen inneren Anschauungen und seinem Wesen entspricht, sich Dinge vornimmt und sie auch umsetzt, wer seine Bequemlichkeit überwindet und an dem dranbleibt, was er für gut und richtig hält, dessen Selbstwertgefühl und Selbstvertrauen wird kontinuierlich wachsen und sich festigen. Regelmäßiger Sport ist ein gutes Beispiel dafür. Er fördert nicht nur die körperliche Gesundheit, sondern stärkt auch das Selbstbewusstsein und den Muskel der Selbstbeherrschung, mit dem man umsetzt, wie man leben möchte.

Drei Lehren über Selbstwirksamkeit, Selbstwertgefühl und Selbstvertrauen

1.

Unser Wirken und Handeln im Außen führt zu der Erfahrung der Selbstwirksamkeit, die eine wichtige Bedeutung für unser Selbstwertgefühl und ein gelingendes Leben hat.

2.

Aus positiven Selbstwirksamkeitserfahrungen erwachsen und stärken sich unser Selbstwertgefühl und unser Selbstvertrauen, die das Fundament für ein glückliches Leben bilden.

3.

Sind das Selbstwertgefühl und Selbstvertrauen durch frühkindliche Prägungen nur schwach ausgebildet, müssen diese Prägungen auf- und abgearbeitet und ihre Folgen und falschen Glaubenssätze aufgehoben werden. Das Selbstwertgefühl und Selbstvertrauen können durch Übungen aufgebaut und kontinuierlich gestärkt werden.

Drei Übungen über Selbstwirksamkeit, Selbstwertgefühl und Selbstvertrauen

1.

Entwickle kontinuierlich deine Anlagen und Begabungen und versuche, sie überall umzusetzen und zur Geltung zu bringen. Das gilt insbesondere in deinem Beruf, deiner Familie und deiner Freizeitgestaltung.

2.

Besinne dich immer wieder auf deine Fähigkeiten und positiven Anlagen, auf das bereits Geleistete, auf erzielte Erfolge und gelungene Unternehmungen, auf deinen Wert als Mensch und erkenne, dass kein Mensch wertvoller ist als ein anderer.

3.

Übe dich darin, deine Schwächen und Defizite zu akzeptieren und dich weder durch sie noch durch Herabsetzungen, mangelnde Anerkennung oder Wertschätzung anderer oder durch ein Scheitern deiner Pläne und Unternehmungen herunterziehen zu lassen.

KAPITEL 10
PERSÖNLICHKEITSENTWICKLUNG

»Für alle ist die Bildung der Persönlichkeit die Wurzel.«
Liji

»Du bist nicht ewig hier, um dich ändern zu können.«
Lehre des Ani, Altes Ägypten, circa 1500 v. Chr.

»Schämst dich nicht, für möglichst große Füllung deines Geldbeutels zu sorgen und auf Ruhm und Ehre zu sinnen, aber um Einsicht, Wahrheit und Besserung deiner Seele kümmerst du dich nicht und machst dir darüber keine Sorge?«
Sokrates

Der Weg zur persönlichen Transformation

Zwar wurde Yasmeen Lari 1940 in eine wohlhabende Familie in der damaligen Kolonie Britisch-Indien geboren, aber es war in diesem extrem männlich dominierten Land und der späteren Abspaltung Pakistan keineswegs absehbar, dass sie nach dem Studium in Oxford 1964 zur ersten Architektin ihres Landes werden würde. Schnell avancierte sie zur Stararchitektin Pakistans und später zu einer internationalen Ikone des sogenannten »Brutalismus«, einem zwischen 1960 und 1980 dominierenden Baustil der Moderne. Im Laufe ihrer ersten Karriere errichtete sie staatliche Gebäude, Firmenhauptquartiere und Wohnkomplexe aus Stahl, Beton und Glas. Je größer das Projekt, desto besser.

Im fortgeschrittenen Alter von über 60 Jahren und mit dem eigentlich geplanten Ruhestand begann Lari jedoch, ihre bisherige berufliche und persönliche Haltung zu hinterfragen. Die immer häufiger auftretenden Klimaextreme wie Hitzephasen und Flutkatastrophen in Pakistan, die spürbaren Folgen des menschengemachten Klimawandels, ließen sie über ihre Rolle als Architektin und ihre Haltung als Mensch nachdenken. So wandelte sie sich schrittweise zur Umweltarchitektin und begründete eine Zero-Carbon-Selbstbau-Bewegung für Klimaflüchtlinge und Landlose. Den endgültigen Anstoß zur persönlichen Transformation von der Star- zur Umweltarchitektin lieferte das verheerende Erdbeben im Norden Pakistans im Jahr 2005, bei dem über 80.000 Menschen ums Leben kamen und mehr als drei Millionen obdachlos wurden. Lari und die von ihr gegründeten NGOs engagierten sich im Katastrophengebiet stark. Nach ihrer heutigen Überzeugung muss Architektur das Überleben und die Würde des Einzelnen mit dem Schutz des Planeten in Einklang bringen. Auch noch im Sommer 2022, als ein Drittel Pakistans überflutet wurde, leistete die bereits über 80-Jährige unermüdlich architektonische Katastrophenhilfe.

In Zusammenarbeit mit Klimageflüchteten und Landlosen entstanden dank Laris Plänen zehntausende erdbeben- und flutsichere Häuser aus Materialien wie Bambus, Lehm und Kalk. Zudem entwarf sie einen Selbstbau-Herd, der rauchfrei und emissionsarm funktioniert. Heute erklärt Yasmeen Lari ihren späten fundamentalen Persönlichkeitswandel damit, dass sie erst im fortgeschrittenen Alter und durch externe Schocks wie den Klimawandel und andere Katastrophen gelernt hatte, ihr Ego zurückzunehmen und ihr Umfeld kritisch zu hinterfragen. Es geht ihr nicht mehr um Ruhm als Gestalterin oder das Schaffen von Signature-Architektur, sondern darum, die Bedürfnisse der Einheimischen zu erfragen, sie in die Planung einzubeziehen und lokale Selbstbaubewegungen zu initiieren. Heute steht sie für eine Architektur im Einklang mit der Umwelt und den sozialen Bedürfnissen der Menschen und hat sich zu einer Symbolfigur für nachhaltiges Bauen und soziale Gerechtigkeit entwickelt.

Damit ist Yasmeen Lari ein beeindruckendes Beispiel für die einhellige Auffassung der praktischen Philosophie und Weisheitslehre der Antike in Orient und Okzident, dass es nicht an äußeren Umständen, sondern ausschließlich an uns selbst liegt, ob wir ein erfülltes Leben führen. Wir schaffen uns unser Glück und Unglück selbst. »Neun von zehn Menschen schaden sich selbst«, schrieb Kaibara Ekiken, »deshalb sollte jeder die Kunst der Lebenspflege kennen.« Zwar kann niemand Schicksalsschlägen ausweichen, und keiner bleibt von Unglücksfällen verschont. Aber ein schweres Schicksal bedeutet nicht zwangsläufig, dass man auch ein unglückliches Leben führen muss. Der Weise, sagten die Alten, hat die Kraft, auch Schweres tapfer zu ertragen, ohne sich dadurch aus der Bahn werfen zu lassen und dauerhaft seine Freude am Leben zu verlieren. Ein Unglück war ihnen nur, wie Bion meinte: »Unglück nicht ertragen zu können.« Nach Konfuzius vermag der Weise sogar: »Unglück in Glück zu verwandeln.« Deshalb behauptete der Philosoph Heraklit, der zur selben Zeit im entfernten Griechenland über das Leben nachdachte: »Der Charakter des Menschen ist sein Schicksal.«

Bion von Borysthenes, circa 335–252 v. Chr., griechischer Philosoph und Wanderlehrer der kynischen Richtung, die Antisthenes und Diogenes begründet haben. Er soll der Sohn eines Fischhändlers und einer Prostituierten gewesen sein. Auf die Frage, wer am meisten leiden müsse, antwortete er: »Wer am meisten Erfolg haben möchte.« Dazu passt ein weiteres Wort von ihm: »Die Geldgier ist die Metropole aller Übel.«

Heraklit, circa 520–460 v. Chr., bedeutender vorsokratischer Philosoph. Von seinem Leben ist wenig bekannt, von seinen Schriften haben wir nur kurze Fragmente. Weil sie schwierig zu verstehen sind, erhielt er schon in der Antike den Beinamen »der Dunkle«. Sokrates soll zu seinen Gedanken gesagt haben: »Was ich davon verstanden habe, zeugt von hohem Geist; und, wie ich glaube, auch was ich nicht verstanden habe; nur bedarf es dazu eines delischen Tauchers.« Die Taucher der Insel Delos konnten sehr tief tauchen.

Innere und äußere Umstände des Lebens

Liegt es also allein an uns, ob unser Leben gelingt und wir Freude an ihm haben, so rückt die Frage ins Zentrum der praktischen Philosophie, wie wir leben sollen. Da niemand als Weiser geboren wird, können wir die Frage dahin präzisieren, wie wir uns selbst entwickeln und erziehen müssen, damit wir glücklich und zufrieden leben. So wurde das Thema der Persönlichkeitsentwicklung der Hauptgegenstand der praktischen Philosophie und Weisheitslehre der Antike. Alles, was sie schrieb und diskutierte, kann darauf bezogen werden. Einiges dazu wird im Kapitel über die Selbstsorge ausgeführt. Aber im Grunde dreht sich das ganze Buch um diese Frage.

Die Denker der Antike beobachteten, dass der Mensch, wenn er vom Kind zum Erwachsenen heranreift, sich keineswegs in einem idealen Zustand befindet. Daran ändert sich auch nichts, wenn wir es dabei belassen. »Wenn du dein Inneres öffnest, wirst du dort ein Magazin vielgestaltiger Laster finden«, sagt Demokrit. Für Valentinus war die Seele »eine schmutzige Kneipe, in der die Dämonen ein- und ausgehen«. Das ist sehr drastisch ausgedrückt, beschreibt aber zutreffend die Tatsache, dass unsere Persönlichkeit am Anfang des Lebensweges noch unreif, ungeordnet, blind und orientierungslos ist. Ständig melden sich die unterschiedlichsten Wünsche und Begierden, ohne dass wir wüssten, wann, wie und in welchem Maße wir sie befriedigen sollen. Wir haben noch keine Strategie, wie wir uns gegenüber Herabsetzungen und Schicksalsschlägen verteidigen können. Eine »innere Burg« gibt es noch nicht. Die Psyche hat zwar bestimmte Abwehrmechanismen, aber diese laufen auf der unbewussten Ebene ab und sind keine wirkliche Verarbeitung der Probleme, die zu einer echten Weiterentwicklung unserer Persönlichkeit führen würde. Wir leben nach dem Programm unserer Erziehung und übernommenen gesellschaftlichen Normen, aber haben noch keine Vorstellung vom eigenen Weg, von Lebenszielen oder vom »Sinn des Lebens«. Unsere Prägungen und die daraus entstandenen Denk-, Wollens- und Verhaltensmuster stammen von Dritten, ohne dass wir schon die Reife, das Alter und die Lebenserfahrung hätten, sie kritisch zu prüfen, Unpassendes auszusortieren und unsere eigene Vorstellung vom Leben zu entwickeln.

Valentinus, circa 100–160 n. Chr., war ein christlicher Lehrer mit einer Gottesvorstellung, die uns heute fremdartig anmutet. Außer dem Zitat gibt es nichts Bemerkenswertes über ihn zu berichten, es sei denn, man findet Gefallen an akademischen Fragen zur theologischen Dogmatik.

Kurzum: Wenn wir damit beginnen, selbstständig zu denken und unser Leben nach den eigenen Vorstellungen zu gestalten, finden wir uns größtenteils als fremdbestimmtes, ja entfremdetes Wesen vor, das sich, seinen Charakter und sein eigenes Leben erst noch finden und gestalten muss. Das ist die Aufgabe der Persönlichkeitsentwicklung. Sie findet bei jedem Menschen statt, meistens unbewusst, selten aber ganz bewusst, methodisch und unter philosophischer Anleitung. Häufig plätschert das Leben so dahin, ohne Steuermann und Charakterschulung. Die Einflüsse von außen, von den Lebensumständen und den Menschen, mit denen man zu tun hat, spielen dabei eine große Rolle. Persönlichkeitsentwicklung steht dann vor der Aufgabe, sich freizuschwimmen und loszulösen von Fremdbestimmungen. Wir müssen – wie es in der altindischen Philosophie verstanden wurde – die »Masken aufschneiden«, die uns von außen aufgesetzt wurden. Bei diesem Prozess kommen den eigenen Lebenserfahrungen und ihrer Verarbeitung eine erhebliche Bedeutung zu. Die alten Chinesen waren der Meinung, man könne erst mit 50 Jahren weise werden, weil man dann erst genügend Lebenserfahrung habe, um eine reife Persönlichkeit entwickelt zu haben.

Der Mensch als Mangelwesen

Während die Entwicklung bei anderen Lebewesen ein natürlicher Prozess ist, der von Trieben und Instinkten sicher gesteuert wird, scheint dieser Prozess beim Menschen gestört zu sein. Die Anthropologie hat den Menschen daher auch als »Mangelwesen« bezeichnet, bei dem die Instinkte verkümmert sind und keine sichere Orientierung mehr geben. Was die Instinkte entthront hat, scheint genau das zu sein, was den Menschen von den anderen Lebewesen unterscheidet und angeblich auszeichnet: die Vernunft. Obgleich Organ einer weisen, besonnenen und selbstbestimmten Lebensführung, scheint die Vernunft zugleich an der Manipulation und Zerstörung einer harmonischen Entfaltung der natürlichen Anlagen beteiligt zu sein. Wenn der Mensch in der Zerstörung seiner Artgenossen, der natürlichen Umwelt, ja seiner selbst, von keinem anderen Lebewesen übertroffen wird, so ist das auch das Werk der Vernunft, nämlich einer solchen, die den Dienst an der Natur und der Gemeinschaft aufgekündigt hat und sich ganz der Durchsetzung selbstsüchtiger Interessen, der Aneignung und Vermehrung materieller Güter, der Ausbeutung anderer, der Lustoptimierung, der Machtausbreitung, der gigantischen Ausplünderung natürlicher Ressourcen verschrieben hat.

Das Tier, sagt Demokrit, weiß, wie viel es braucht, der Mensch nicht. Die Vernunft ist ein bloßes Mittel zur Erreichung von Zwecken, für gute ebenso wie für schlechte. Die Zwecke werden beim Menschen aber nicht durch ein wohltemperiertes System von Instinkten und Trieben vorgegeben, bestimmt und begrenzt. Nach Platon ist die Seele ein »vielköpfiges Ungeheuer«, von dem jeder Kopf die Tendenz hat, sich zum Alleinherrscher zu erheben und die anderen zu unterdrücken. Jeder dieser Köpfe kann sich zur Durchsetzung seines Machtanspruchs der Vernunft bedienen. Ist etwa bei einem Menschen das Besitz-, Macht- oder Luststreben stark ausgeprägt und bedient er sich der Vernunft, dieses Streben gegen alle inneren und äußeren Widerstände einseitig durchzusetzen, dann kann die Vernunft, dieses einzigartige Organ, in der Gemeinschaft und der eigenen Seele großen Schaden anrichten.

Wenn wir nicht lernen, unsere unterschiedlichsten Bedürfnisse in einen harmonischen, wohltuenden Ausgleich zu bringen, der auf Dauer weder andere noch uns selbst schädigt, dann müssen wir lernen – so Platon und alle Denker der Antike – dieses vielköpfige Ungeheuer zu zähmen. Diese Zähmung ist die Persönlichkeitsentwicklung. Im *Buch der Riten, Sitten und Gebräuche* lesen wir: »Darum wacht der weise Mensch über sich selbst, auch wenn er allein ist. Wenn Heiterkeit, Zorn, Trauer, Freude sich noch nicht geregt haben, nennt man dies Gleichmaß der Mitte. Haben sie sich bereits geregt, doch in dem ihnen jeweils zukommenden Maße, nennt man dies Harmonie. Gleichmaß der Mitte ist die große Wurzel des Alls; Harmonie ist der allgültige Rechte Weg des Alls. Werden Gleichmaß der Mitte und Harmonie zu vollem Wert gebracht, so finden Himmel und Erde den ihnen gemäßen Platz, und alle Dinge gedeihen.« Konfuzius bringt es auf die kurze Formel: »Wer nicht sein Inneres pflegt, sondern sein Äußeres, macht der es nicht verkehrt?«

Die Kraft der persönlichen Resilienz

Dabei geht es nicht nur darum, diejenigen Begierden und Seelenkräfte, die über das Ziel hinausschießen und »immer mehr haben wollen«, zu zügeln und zu bremsen. Dazu gehört auch, Bedürfnisse und positive Anlagen, die zu kurz kommen, anzutreiben, auszuleben und zur Geltung zu bringen. Man müsse die »Nachzügler voranpeitschen«, sagt Zhuangzi. Auf Platons Bild des Wagenlenkers hatten wir bereits hingewiesen. Es findet sich in ganz ähnlicher Form auch bei Konfuzius und in den *Upanishaden*, ohne dass diese voneinander gewusst hätten. Dieses Bild beschreibt gut, was Persönlichkeitsentwicklung und eine selbstverantwortete Lebensführung bedeuten. Aufgabe der Persönlichkeitsentwicklung ist es demnach, sich selbst immer besser kennenzulernen, die inneren Kräfte zum Ausgleich zu bringen, zur Seelenruhe zu gelangen und die eigenen Kräfte zu entwickeln. Dies geschieht, indem man seine Anlagen zur Entfaltung bringt und lernt, diese Kräfte so einzusetzen, dass man seine Lebensziele erreicht und seine Bestimmung erfüllt, das »Gesetz wonach Du angetreten« (Goethe). Je mehr uns das gelingt, umso glücklicher und erfüllter erleben wir die Spanne unseres Erdendaseins.

Was unsere »Bestimmung« ist, wie man sich selbst erkennt, welches die Seelenkräfte sind, was die Entfaltung der Anlagen oder was »Seelenruhe« bedeutet, und wie man sich einen »inneren Ausgleich« vorstellen soll – das sind Fragen, denen an anderen Stellen in diesem Buch nachgegangen wird. In diesem Kapitel gilt unser Augenmerk dem Prozess der Entwicklung unserer Persönlichkeit, was dabei im Allgemeinen zu tun, zu beachten und zu vermeiden ist. Wir haben zunächst versucht, die Aufgabe zu beschreiben, vor die wir gestellt sind, wenn wir damit beginnen, Ordnung in unseren Seelenhaushalt zu bringen und »Herr im eigenen Haus« zu werden. Wie haben das

Ziel beschrieben, nämlich fähig zu werden, unser Innenleben – so weit es geht – zu beherrschen und zu steuern, um es dahin zu entwickeln, dass wir uns im Innern wohlfühlen, eine »Geborgenheit im Innern« finden, und dass die Entfaltung der Kräfte im Außen weder uns selbst noch andere schädigt, sondern Befriedigung verschafft und uns und andere glücklich macht. Denn dies wurde von der antiken Philosophie und Weisheitslehre in Ost und West als das letzte Ziel des menschlichen Lebens angesehen.

Selbstreflexion und kontinuierliche Entwicklung

Ein wichtiger Teil der Persönlichkeitsentwicklung und Selbstkultivierung besteht darin, die negativen Affekte im Seelenleben abzubauen, denn sie sind es vor allem, die uns daran hindern, ein glückliches, gelingendes Leben zu führen. Soll dein Lebensweg dir Freude machen, »heile die Fehler, die dich begleiten«, schreibt Seneca. Negative Gefühle, Neigungen und Einstellungen, wie etwa Ängste, Sorgen, Zorn, Wut, Hass, Missgunst, Neid, Eifersucht, Habgier, Geiz, ungezügelte Leidenschaften, übermäßige Trauer, maßloser Ehrgeiz, Überheblichkeit, Ungeduld, Überforderung, Entfremdung, innere Unruhe oder Unausgeglichenheit, tun weder uns noch anderen gut. Die Antike bezeichnete diese negativen Eigenschaften als »Seelenkrankheiten«. Aufgabe der praktischen Philosophie sei es, uns von diesen Krankheiten zu heilen, denn sie verhindern, jedenfalls wenn sie häufiger auftreten, ein glückliches Leben. Philosophie in diesem Sinne war Seelenheilkunde und hatte eine therapeutische Aufgabe. Der Prozess der Heilung besteht darin, die Persönlichkeit so zu entwickeln und zu transformieren, dass sich diese toxischen Gefühle immer seltener einstellen und am Ende ganz verschwinden. Wer in sich Ruhe gefunden und eine Grundstimmung heiterer Gelassenheit hergestellt hat, sodass solche negativen Gefühle und Einstellungen nicht mehr auftreten oder wenn, sich sogleich wieder auflösen, ein solcher Mensch wird ein glückliches Leben führen.

Persönlichkeitsentwicklung ist die Arbeit an sich selbst, bei der es immer seltener zu einer Störung des inneren und äußeren Friedens durch ein Hervorbrechen solcher negativen Affekte kommt. Es liegt in unserer Hand, uns dahin zu erziehen. Was wir dazu brauchen, ist Einsicht in die Entstehungsursachen solcher Gefühle und Einstellungen, die Entschlossenheit, sie abzubauen, die Kenntnis der richtigen Übungen und eine Beharrlichkeit, die Übungen so lange fortzusetzen, bis das Gefühl oder die Einstellung nicht mehr auftaucht. »Sich zu ändern, das erst zählt«, schrieb Konfuzius. »Die Tugend besteht nicht nur in theoretischem Wissen, sondern ist auch eine praktische Übung«, meinte Musonius Rufus. Wenn Goethe etwas an seiner eigenen Person störte, dann gab er keine Ruhe, bis er diesen Mangel überwunden hatte. Als junger Mann beklagte er, dass er nicht schwindelfrei war. Als er in Straßburg studierte, begab er sich jeden Tag in das Münster und stieg den Turm hinauf, bis er sich von der Schwäche vollkommen befreit hatte.

Neuroplastizität und Veränderung von Verhaltensmustern

Auf dieselbe Weise können wir uns von nahezu allen unseren Affekten befreien. Sie entstehen aufgrund bestimmter neuronaler Verknüpfungen, Reiz-Reaktionsschemen oder Gewohnheiten im Denken, Fühlen und Wollen. Das Gehirn, Sitz all dieser Faktoren, ist keine in Stein gemeißelte feste Masse, sondern in ständiger Bewegung und Veränderung. Diese sogenannte »Neuroplastizität« erlaubt es, neuronale Verschaltungen »umzuprogrammieren« und aus einem Saulus einen Paulus zu machen. Durch kontinuierliches Einüben wohltuender Gewohnheiten im Denken, Sprechen, Wollen und Handeln ändern wir die neuronalen Vernetzungen. Es entstehen neue Zellverbände, die unser Erleben und unsere emotionalen Reaktionen auf äußere Reize, Geschehnisse oder das Verhalten anderer verändern. Auf diese Weise steuern wir mittelbar unsere Gefühle und die gesamte Gemütslage. Durch Übung und Verinnerlichung schaffen wir die Muster, nach denen sich wohltuende Gefühle einstellen. Daher konnte Seneca, obgleich er vom Aufbau des Gehirns nichts wusste, mit Recht seinen Freund auffordern: »Mach dich selbst glücklich!« Bereits der Vorsokratiker Demokrit stellte fest: »Natur und Erziehung sind einander ähnlich; denn die Erziehung formt den Menschen um, und indem sie dies tut, erschafft sie (eine neue) Natur.« »Natur« meint hier den psychischen Mechanismus, nach dem bestimmte Gefühle ausgelöst werden oder ausbleiben.

Genetische Veranlagungen stehen solchen Veränderungsprozessen nicht entgegen. Die Epigenetik hat festgestellt, dass wir durch unsere Lebensweise, unser Denken, Wollen und Handeln Einfluss darauf haben, ob ein genetischer Code abgelesen und aktiviert wird oder nicht. Die Antike scheint dies bereits gewusst zu haben. Bei Lukrez heißt es: »Wenige Spuren der ursprünglich wirksamen Anlagen bleiben, die sich nicht ausmerzen ließen durch klug durchdachte Methode.« Etwa 400 Jahre vor ihm schrieb der griechische Dichter Epicharm: »Durch Übung erreicht man mehr als durch gute Anlage.«

Epicharm, circa 540–460 v. Chr., griechischer Dichter. Ein antikes Standbild von ihm soll die folgende Inschrift getragen haben: »Wie die Sonne mit mächtigem Glanz überstrahlt alle Sterne, / wie das Meer mehr Macht hat als alle Flüsse vereint, / ebenso überragt Epicharmos alle an Weisheit.«

Lukrez, circa 99–54 v. Chr., römischer Dichter und Philosoph, der die Philosophie Epikurs in dem berühmten Lehrgedicht »Von der Natur der Dinge« verherrlichte. Über sein Leben ist wenig bekannt. Wie Epikur war er Atomist, meinte also, die ganze Welt bestehe aus kleinsten unteilbaren Elementen. Seine praktische Philosophie will dem Menschen Gemütsruhe und Gelassenheit vermitteln und ihm seine Ängste nehmen. Einer seiner späten Bewunderer war Albert Einstein.

Gemeinschaft und Unterstützung im Entwicklungsprozess

Wichtige Hilfsmittel bei der Persönlichkeitsentwicklung sind eine regelmäßige Selbstkontrolle und eine kontinuierliche Besinnung darauf, wo man gerade steht, was man bereits geleistet hat und was noch vor einem liegt. »Prüfe dich bis ins Innerste, erforsche und beobachte dich auf jede Weise; achte vor allem darauf, ob du [...] im Leben selbst Fortschritte gemacht hast«, schrieb Seneca. Ein Tagebuch leistet dabei gute Dienste. Der Austausch mit Freunden oder dem Lebenspartner kann sehr hilfreich sein. In den philosophischen Schulen der Antike, die bisweilen auch Lebensgemeinschaften waren, unterstützte man sich gegenseitig im täglichen Miteinander.

Die Inder verehren bis heute den »Guru«, den spirituellen Lehrer, der oft über Jahre die Entwicklung seiner Schüler begleitet. Im Westen gibt es das in dieser Form nicht. Dieselbe Aufgabe aber kann ein guter Lehrer in der Schule oder Universität erfüllen, den man bewundert und sich zum Vorbild nimmt. Schon im *I Ging* heißt es: »So der Weise: Sieht er Gutes, so ahmt er es nach.« Und in einem ägyptischen Papyrus lesen wir: »Ich bin glücklich und angesehen, weil ich zugehört habe.« Schließlich können gute Bücher, insbesondere der praktischen Philosophie, vorzugsweise klassische Bücher wie die Senecas, die eigene Entwicklung begleiten und fördern. Überlieferte Weisheit ist gesammelte Lebenserfahrung, die man sich auf jede Weise zunutze machen sollte. Das bloße Lesen reicht dafür allerdings nicht. Man muss schon ein wenig mit ihnen arbeiten. »Die Stärke eines Menschen kommt nicht von dem, was er verschlingt, sondern von dem, was er verdaut«, sagt der griechische Arzt Erasistratos. Es ergibt keinen Sinn, meinte Konfuzius, Worte bloß zu verstehen und einzusehen, »ohne sich danach auch zu ändern«.

Erasistratos, circa 305–250 v. Chr., griechischer Arzt, Naturforscher und bedeutender Anatom. Nach einer Legende soll er einen schwer erkrankten Königssohn dadurch geheilt haben, dass er erkannte, dass der Patient unsterblich in seine junge Stiefmutter verliebt sei. Erasistratos bemerkte, dass sich in ihrer Anwesenheit der Pulsschlag des Königssohns heftig beschleunigte. Die Heilung trat ein, nachdem der weise Arzt den Vater überredete, seine junge Frau dem Sohn abzutreten.

Balance zwischen Natürlichkeit und Bildung

Persönlichkeitsentwicklung hat mit zahlreichen äußeren und inneren Widerständen zu kämpfen. Was die äußeren Widerstände angeht, hat Goethe, der sich immer wieder mit aller Kraft äußerem Druck entgegenstemmte, Wesentliches ausgesprochen: »Unser physisches sowohl als geselliges Leben, Sitten, Gewohnheiten, Weltklugheit, Philosophie, Religion, ja so manches zufällige Ereignis, alles ruft uns zu, daß wir entsagen sollen. So manches, was uns innerlich eigenst angehört, sollen wir nicht nach außen hervorbilden; was wir von außen zur Ergänzung unseres Wesens bedürfen, wird uns entzogen, dagegen aber so vieles aufgedrungen, das uns so fremd als lästig ist. Man beraubt uns des mühsam Erworbenen, des freundlich Gestatteten, und ehe wir hierüber recht ins Klare sind, finden wir uns genötigt, unsere Persönlichkeit erst stückweis und dann völlig aufzugeben.«

Persönlichkeitsentwicklung ist oft ein Schwimmen gegen den Strom. »*Der Weise wandelt nicht auf der allgemeinen Straße*«, schrieb Seneca. Der Druck von außen kann enorm sein, und es bedarf viel Mut, Standfestigkeit und Beharrlichkeit, um seine Persönlichkeit zur Geltung zu bringen. Nicht selten muss diese Treue gegen sich selbst mit Verzicht bezahlt werden.

Innerseelisch sind Trägheit und Bequemlichkeit Hemmnisse für die Persönlichkeitsentwicklung, denn die notwendigen

Umgewöhnungsprozesse erfordern eine gewisse Anstrengung und kontinuierliches Üben. »Darum muss dem Erlernen dessen, was zu jeder Tugend gehört, durchaus die Übung folgen, wenn das Lernen uns einen Nutzen bringen soll«, heißt es bei Musonius Rufus. Nicht immer ist das leicht. »Schwer bezähmbar ist das Selbst«, sagt Buddha. »Der Weise kämpft gegen sein Böses (Charakterschwächen, negative Affekte), er sucht seine Fehler, er gibt sich Mühe in den Dingen, die er noch nicht kann, er entfernt selbstsüchtige Triebe und geht an seine Arbeit, wo die Pflicht ruft«, lesen wir im *Buch der Riten, Sitten und Gebräuche*.

Andererseits sollte man auch nicht zu streng mit sich sein und sich nicht überfordern. Wer gleichzeitig an zu vielen Baustellen arbeitet, der übernimmt sich leicht, kann scheitern und frustriert aufgeben, bevor es zu einer positiven Veränderung gekommen ist. Besser und effektiver ist es, behutsam Schritt für Schritt voranzuschreiten und sich zunächst auf ein Problem zu konzentrieren, bis es verschwunden ist, um sich dann, wenn man will, einem anderen inneren Störenfried zu widmen. Die Persönlichkeitsentwicklung ist ein Prozess, der einen das ganze Leben begleitet. »Greis schon bin ich und lerne immer noch dazu«, sagte der weise Solon.

Solon von Athen, circa 640–560 v. Chr., griechischer Staatsmann, Dichter und Philosoph, einer der Sieben Weisen. Schon in der Antike ein hoch angesehener Denker, reicht sein Einfluss bis zum heutigen Tag. Er ist der Wegbereiter der attischen und damit auch der europäischen Demokratie. Berühmt sind seine Aussprüche wie »Nichts zu sehr!«, »Fliehe die Lust, aus der Leid hervorwächst«, »Siehe auf das Ende!«, »Lerne dich zu beherrschen und Du wirst andere beherrschen können!«

Die Persönlichkeitsentwicklung sollte geduldig, unverkrampft, maßvoll und mit Leichtigkeit vorangetrieben werden, ohne dabei seine

Natürlichkeit zu verlieren. Man sollte sich bilden, nicht verbilden. Konfuzius warnt: »Ist ein Mensch mehr natürlich als gebildet, dann ist er unkultiviert. Unterdrückt die Bildung seine Natur, dann ist er eine Schreiberseele (verkopfter Mensch). Erst wenn Bildung und Natur ausgeglichen sind, ist man ein Weiser.« Mit wachsendem Fortschritt wird das Leben leichter und einfacher werden, weil immer mehr wohltuende Denk-, Verhaltens- und Wollensmuster verinnerlicht worden sind. Automatismen führen uns nun sicher auf den rechten Weg, ohne dass wir viel darüber nachdenken müssten. »Nach all dem Schnitzen und all dem Gestalten, muss man sich wieder an die Einfachheit halten«, schreibt Zhuangzi.

Drei Lehren zur Persönlichkeitsentwicklung

1.

Jeder Mensch ist ein roher Diamant, der zu einem Edelstein werden kann, wenn er an sich arbeitet. Gelingt es ihm, wird er ein glückliches Leben führen.

2.

Persönlichkeitsentwicklung bedeutet, dass man die guten, wohltuenden Anlagen, Begabungen und Eigenschaften pflegt, ausbildet und im Außen entfaltet, die Defizite und Mängel aber so weit wie möglich abbaut, kleinhält und daran hindert, im Innen und Außen in Erscheinung zu treten.

3.

Eine zentrale Aufgabe der Persönlichkeitsentwicklung ist die Überwindung schädlicher Prägungen und Einflüsse von außen und die Herausbildung seiner eigenen, selbstständigen Persönlichkeit.

Drei Übungen zur Persönlichkeitsentwicklung

1.

Nehme dir regelmäßig eine Auszeit, um darüber nachzudenken, wie es um deine Seelenverfassung steht: Wo willst du hin, was hast du schon geleistet, und was bleibt noch zu tun?

2.

Übe dich kontinuierlich darin, so zu denken, zu fühlen, zu wollen und zu handeln, wie du es für richtig hältst, und höre nicht auf damit, bis du der geworden bist, der du sein möchtest.

3.

Wenn dich etwas an dir selbst stört, prüfe dich, woher es kommt, wann und wodurch es entstanden ist und beginne damit, das alte Muster durch ein neues, wohltuendes zu ersetzen.

KAPITEL 11
KRÄNKUNG UND RESSENTIMENT

»Ein wahrhaft großer Geist rächt keine Beleidigungen, weil er sich nicht beleidigt fühlt.«
Seneca

»Der Weise murrt weder gegen Gott noch grollt er den Menschen.«
Menzius

»Hasse die Sünde, aber liebe die Sünder.«
Anonyme fernöstliche Weisheit

Kränkungen und Ressentiments mit Großmut überwinden

Der berühmte Bürgerrechtler Mahatma Gandhi erlebte als indischer Rechtsanwalt unter der britischen Kolonialregierung eine Reihe von Kränkungen und Herabsetzungen durch die Vertreter des Regimes. Seine Antwort war gewaltloser Widerstand und freundlicher Dialog. Mit dieser Haltung wurde er zum geistigen und politischen Anführer der indischen Unabhängigkeitsbewegung. Trotz mehrfacher Misshandlungen und Inhaftierungen hielt Gandhi an seinen Prinzipien der Güte und Gewaltfreiheit fest. Besonders deutlich wird dies in seiner Beziehung zu General Jan Smuts in Südafrika. Gandhi vertrat als Rechtsanwalt die Interessen einer indischen Firma und war tiefgreifend von der rassistischen Diskriminierung und den Ungerechtigkeiten betroffen, die die indische Gemeinschaft erlebte. 1913 kämpfte er für die indische Community in Südafrika gegen diskriminierende Passgesetze und organisierte einen friedlichen Protestmarsch. Smuts war sein Widersacher und organisierte die gewaltsame Niederschlagung der Aktion. Trotz ihrer Konflikte entwickelte sich zwischen den beiden eine gegenseitige Achtung. So schenkte Gandhi Smuts nach einer Inhaftierung ein Paar selbst gefertigte Sandalen als Zeichen des Respekts und der Versöhnung. Smuts trug diese Sandalen und erinnerte sich später an Gandhis beeindruckende Güte. Schließlich ging der kleine Mann, der den Ehrennamen »Große Seele« trug (»Mahatma«), grundsätzlich davon aus, dass jeder Mensch Herzensgüte besitzt, an die man appellieren und so eine einvernehmliche Lösung herbeiführen kann.

Auch Udo Lindenberg, einer der erfolgreichsten deutschen Rockmusiker, hat in seinem Leben neben künstlerischen Hochphasen eine Menge menschliche Herausforderungen und Kränkungen erlebt. So zerstritt er sich in einer seiner exzessiven Alkoholphasen mit engen Freunden und Bandmitgliedern des Panikorchesters. Er litt unter der Kränkung, dass viele in seinem engen Umfeld ihn für ein Wrack und keinen Künstler mehr hielten. Schließlich fiel die Band aufgrund der persönlichen Spannungen und der eingetretenen Entfremdung auseinander. Seit Mitte der 1990er-Jahre arbeitete Udo an einer Versöhnung und Wiedervereinigung mit den Panikorchestermitgliedern. Unter der Bedingung, dass er mit dem exzessiven Trinken aufhört, fand die ursprüngliche Besetzung an Udos 50. Geburtstag wieder zusammen. 2008 produzierten sie gemeinsam Lindenbergs erfolgreichstes Album »Stark wie Zwei«. Seitdem betont Udo in diversen Interviews, wie wichtig Verzeihen und die Heilung alter Wunden für sein persönliches Wohlbefinden und seine künstlerische Inspiration waren.

Nicht nur bei Bürgerrechtlern und Rockmusikern entstehen Ressentiments, Zorn, Wut oder Hass, mithin negative Emotionen, die meistens durch Kränkungen, Beleidigungen und Herabsetzungen durch Dritte hervorgerufen werden. Wer häufig oder dauerhaft von solchen negativen Gefühlen heimgesucht wird, der ist weder glücklich noch hält er sich selbst dafür. Will man Zorn, Wut, Hass und Ressentiment überwinden, müssen wir uns fragen, wie diese Gefühle entstehen und durch was sie hervorgerufen werden. Was sind die Auslöser, tieferen Ursachen, psychischen Bedingungen und Mechanismen, die zu diesen Gefühlen führen? Ressentiment unterscheidet sich in dieser Hinsicht nicht von Zorn, Wut oder Hass. Auch ihm liegt eine Kränkung zugrunde. Die dadurch hervorgerufenen negativen Gefühle gegen den Kränkenden werden aber nicht herausgelassen und geäußert, sondern als eine Abneigung gegen die Person dauerhaft im Innern aufgespart und konserviert. In einem Teil der Seele leben sie fort, brodeln vor sich hin und können jederzeit hervorbrechen. Manchmal ist sich der Gekränkte oder Herabgesetzte gar nicht bewusst, dass er gegen jemanden Ressentiments hegt. Gleichwohl ist das Ressentiment ein Gefühl, das wie Hass, Wut oder Zorn die Seele verdunkelt, belastet und unser Wohlbefinden massiv beeinträchtigt. Bei längerer Dauer kann eine solche »Seelenkrankheit« auf den Leib »überspringen« und zu körperlichen Beschwerden bis hin zu ernsthaften gesundheitlichen Problemen führen.

Konstruktive Kritik von der Kränkung unterscheiden

Von der Kränkung, die in diesem Kapitel behandelt werden soll, ist die berechtigte Kritik zu unterscheiden. Für diese sollte man dankbar sein, denn sie gibt uns die Möglichkeit, uns weiterzuentwickeln. Zornige oder verärgerte Gefühlsreaktionen wären hier lediglich ein Zeichen verletzter Eitelkeit und der Unfähigkeit, berechtigte Kritik anzunehmen und zum Anlass zu nehmen, etwas über sich zu erfahren und hinzuzulernen. Anders ist es bei ungerechtfertigten Kränkungen. Daher ist jede Herabsetzung erst einmal daraufhin zu prüfen, ob in ihr nicht eine berechtigte Kritik zum Ausdruck kommt.

Wer sich von solchen Gefühlen wie Zorn, Wut und Hass befreien möchte, muss bei sich selbst anfangen. Er sollte den Blick von demjenigen, von dem die Kränkung ausgeht, auf sich lenken und sich fragen, welchen Anteil er selbst daran hat, dass negative Gefühle bei ihm ausgelöst werden. Wir können es nicht vermeiden, hin und wieder Opfer ungerechter Kränkungen, Herabsetzungen oder Missachtungen zu werden. Mit der Feststellung dieser Lebenstatsache verbindet Mark Aurel bereits ein erstes Heilmittel, das darin besteht, diese Wirklichkeit innerlich anzunehmen: »So oft du an der Unverschämtheit jemandes Anstoß nimmst, frage dich sogleich: Ist es möglich, daß es in der Welt keine unverschämten Leute gibt? Das ist nicht möglich. Verlange also nicht das Unmögliche.«

Gegen Tatsachen, die wir nicht ändern können, ist es sinnlos, vorzugehen oder sich darüber aufzuregen. Das hieße, mit dem Kopf gegen eine Wand zu rennen. Welchen Nutzen soll das haben?, fragt Mark Aurel. »Rührt ein Übel […] von einem andern {…] bessere ihn, wenn du es kannst; kannst du das aber nicht, wozu nutzt dir das Anklagen?« Mark Aurel wusste, dass niemand sich selbst gemacht hat, und vermied es daher – wie sein Vorgänger Seneca –, den Menschen als solchen zu verurteilen. Solche Verurteilungen aber sind der Nährboden für negative Gefühle. Das Christentum folgte in diesem Punkte den Stoikern, weil sie hier eine Übereinstimmung mit den Lehren Christi erkannten. »Ich aber sage euch: Jeder, der seinem Bruder auch nur zürnt, soll dem Gericht verfallen sein.« (Matthäus 5, 22) »Richtet nicht, damit ihr nicht gerichtet werdet!« (Matthäus 7, 1)

Warum kommt es zu Gefühlen von Zorn, Wut, Hass und Ressentiment, wenn wir gekränkt werden? Was ist unser Anteil daran? Seneca meinte, es sei die »übertriebene Selbstliebe« und das Unerwartete des Angriffs, auf das auch Mark Aurel in dem wiedergegebenen Zitat anspielt. »Wie kommt es also«, fragt Seneca, »dass uns die Beleidigungen von Feinden in Aufregung versetzen? Weil wir sie nicht erwartet haben [...] Das ist die Folge unserer übertriebenen Selbstliebe. [...] Entweder also ist es der Stolz, der uns zornig macht, oder unsere mangelhafte Weltkenntnis: denn wie kann man sich darüber wundern, dass Schurken Schurkereien verüben?«

Selbstliebe wurzelt im Überlebenstrieb. Von Natur aus wollen wir unsere körperliche Integrität bewahren. Werden wir angegriffen, verteidigen wir uns. Dringt ein schädlicher Keim in unseren Körper, wird das Immunsystem aktiviert und sendet Botenstoffe aus, die den Eindringling bekämpfen. Gleiches gilt für die seelische Integrität. Versagt uns jemand die Anerkennung und Wertschätzung, indem er uns herabsetzt, beleidigt oder auf andere Weise kränkt, so empfinden wir das als einen Angriff auf unser seelisches Wohlbefinden und eine Negation unserer geistig-seelischen Existenz. Auch hier werden Botenstoffe zur Verteidigung ausgestoßen, und diese führen zu den genannten Gefühlen wie Zorn, Wut und Hass, die auf Abwehr und Vernichtung des Angreifers gerichtet sind. Tief im Unbewussten glaubt jeder Mensch an seine Einzigartigkeit, Größe und Werthaftigkeit. Seneca nennt es »Stolz«. Jede Kränkung verletzt unser Selbstbild und unseren Anspruch auf Anerkennung und Wertschätzung, sodass Zorn, Wut, Hass und Ressentiment auf Verteidigung und Wiederherstellung dieses Selbstbildes durch Bekämpfung des Angreifers gerichtet sind.

Das erste literarische Zeugnis des Abendlandes beginnt mit dieser Konstellation. In der *Ilias* des Homer nimmt Agamemnon, der Heerführer der Griechen, dem Achilles dessen Kriegsbeute und Konkubine Briseis weg. Wütend vor Zorn greift Achilles zum Schwert und will Agamemnon töten. Nur das Eingreifen der Göttin der Weisheit, Pallas Athene, hindert ihn daran, seinem Impuls zu folgen: »Ich komme vom Himmel, um deinem Zorn ein Ende zu machen, wenn du mir folgst [...] Hör auf mit dem Streit und zücke das Schwert nicht!« Die Göttin verspricht ihm eine dreimal reichere Kriegsbeute, wenn er seinen Zorn zügelt. So ist es auch heute noch: Wer Gefühle von Wut, Zorn, Hass und Ressentiment überwindet, dem winkt großer Lohn: Seelenruhe und innerer Frieden.

Sehnsucht nach Liebe und Verbundenheit

Ein weiterer Grund für unsere negativen Gefühle ist die Verletzung unseres natürlichen Bedürfnisses nach Liebe, Verbundenheit, Wertschätzung und Anerkennung, die in der Kränkung liegt. Vor unserer Geburt waren wir eins mit der Mutter, wurden genährt, getragen, gewärmt, behütet und beschützt. Unser Körper hat diese fundamentale Urerfahrung der Geborgenheit abgespeichert. Unser ganzes Leben hindurch wirkt sie fort als bleibender Wunsch nach Liebe und Verbundenheit mit anderen Menschen. Sie ist eine der stärksten triebhaften Prägungen, mit denen wir geboren werden. Jede Kränkung oder Herabsetzung ist eine schroffe Zurückweisung dieses Bedürfnisses nach Verbundenheit.

Wie stark diese Verweigerung uns trifft, wie viel Zorn, Wut, Hass und Ressentiment sie in uns hervorruft, ist individuell unterschiedlich, je nachdem, wie viel Liebe, Selbstvertrauen und Selbstsicherheit wir in der frühsten Kindheit mitbekommen haben. Wurde uns Liebe und Zuwendung von einem oder beiden Elternteilen oder von unserer Hauptbezugsperson vorenthalten, wurden wir abgelehnt und nicht so akzeptiert und angenommen, wie wir sind, bildet sich nur ein schwaches Selbstwertgefühl aus. Enttäuscht über die verweigerte Liebe, suchen wir den Fehler bei uns selbst und lehnen uns ab. Mehr oder weniger haben alle Menschen solche Erfahrung der Zurücksetzung oder mangelnder Zuwendung gemacht. Das vollkommene Urvertrauen des Embryos bewahrt niemand uneingeschränkt sein ganzes Leben hindurch. Schon beim »Trauma der Geburt« bekommt dieses Urvertrauen einen ersten Riss. Als Folge erlebter Zurücksetzung und mangelnder Zuwendung entwickeln viele Menschen in späteren Jahren ein verstärktes Bedürfnis nach Anerkennung und Wertschätzung durch Dritte. Dieses Bedürfnis wird durch eine Kränkung zurückgewiesen und verletzt.

Wie schaffen wir es nun, dass wir uns nicht gekränkt und herabgesetzt fühlen? Wie können wir das natürliche Reiz-Reaktionsschema zwischen Kränkung und den Gefühlen von Zorn, Wut, Hass und Ressentiment durchbrechen? Die antiken Weisheitslehren empfahlen, dass wir unsere innere Burg stärken und einen Schutzwall errichten zwischen der Außenwelt und unserer seelischen Integrität. Wie ein Immunsystem soll sie uns schützen vor Angriffen von außen. Dazu ist es notwendig, dass wir unsere Selbstliebe und das damit verbundene Selbstwertgefühl von äußeren Einflüssen so weit wie möglich unabhängig machen. Das geschieht, indem wir lernen, unser Selbstwertgefühl vom Lob und der Anerkennung unserer Mitmenschen zu lösen und in uns selbst zu finden. Gelingt uns dies nicht, hängt unser Wohlgefühl und Lebensglück immer von der Willkür, den Launen und Befindlichkeiten anderer ab. Es liegt nicht mehr in unserer eigenen Hand. Das gilt es zu ändern, wenn wir unser Lebensglück nicht vom Zufall abhängig machen, sondern selbst dafür verantwortlich sein wollen.

Auf dem Gebiet der zwischenmenschlichen Beziehungen ist das schwierig, weil das Bedürfnis nach Verbundenheit und Anerkennung tief verankert und von existenzieller Bedeutung ist. Deshalb sind Gefühle wie Zorn, Wut, Ressentiment und auch der Hass stark verbreitet. Es findet sich kaum ein Mensch, der völlig frei davon wäre. Wir haben es hier mit einem Zielkonflikt zu tun. Wir sehnen uns nach Verbundenheit, sollten aber unser Selbstwertgefühl von der Anerkennung und Wertschätzung Dritter so weit wie möglich unabhängig machen, um seelische Verletzungen zu vermeiden.

Dieser Zielkonflikt lässt sich lösen. Sein Selbstwertgefühl von der Anerkennung anderer unabhängig zu machen, bedeutet nicht, auf Verbundenheit, Liebe und gute zwischenmenschliche Beziehungen zu verzichten, was unglücklich machen würde. Man muss jedoch lernen, sein Lebensglück nicht von *konkreten* Beziehungen und Anerkennungsverhältnissen abhängig zu machen. Man muss bereit sein, eine Beziehung loszulassen oder auf die Anerkennung und Wertschätzung durch einen Menschen zu verzichten, ohne sich dadurch verletzt zu fühlen. Wer sein Selbstwertgefühl ganz aus sich heraus schöpft und nicht auf das Lob anderer angewiesen ist, kann auch nicht enttäuscht und gekränkt werden. Nur den trifft eine Herabsetzung, der sich an die Wertschätzung anderer klammert.

Wem dagegen jene innere Loslösung gelingt und wer sich unabhängig gemacht hat von dem Lob anderer, der hat einen in sich ruhenden starken Charakter, dem keine Kränkung etwas anhaben kann. Dazu muss er seiner inneren Unabhängigkeit Priorität vor dem natürlichen Wunsch nach Anerkennung einräumen und etwaige Ängste vor Herabsetzung oder mangelnder Wertschätzung überwinden. Das bedeutet aber keineswegs, auf Wertschätzung durch andere zu verzichten. Wer gelernt hat, bescheiden und selbstgenügsam zu leben, keine Ansprüche und Erwartungen an seine Mitmenschen zu stellen und nicht nach Anerkennung zu gieren, der erhält nicht selten am meisten davon. Einem solchen Menschen werden genügend zwischenmenschliche Beziehungen bleiben, die auf gegenseitiger Wertschätzung und Zuneigung beruhen und die ihm das Gefühl der Verbundenheit und Liebe vermitteln. Derjenige erlangt die meiste Anerkennung, der ihrer nicht bedarf.

Selbstwert und Glück nicht von anderen abhängig machen

Wer Gefühle wie Kränkung, Zorn, Wut und Hass aus seinem Leben verbannen möchte, der sollte zunächst erkennen, wie stark er durch frühkindliche Prägungen oder traumatisch erlebte Trennungen dazu neigt, sein Selbstwertgefühl vom Lob und der Wertschätzung anderer abhängig zu machen. Hat er das erkannt, kann er damit beginnen, diese Abhängigkeit immer weiter abzubauen, indem er das Fundament seines Selbstwertgefühls in sich selbst sucht. »Der Weise macht sich selber recht und verlangt nichts von den anderen Menschen; so bleibt er frei von Groll«, heißt es im chinesischen *Buch der Riten, Sitten und Gebräuche*. Er muss sich von inneren Ansprüchen an sich selbst befreien, denen er nicht genügen kann. Häufig wurden diese von außen in ihn hereingetragen, und er hat sie übernommen. Es können Wünsche und Erwartungen der Eltern oder vom Lebenspartner sein, durch deren Erfüllung er sich deren Liebe »erkaufen« möchte. Wenn diese Ansprüche nicht zu den eigenen Fähigkeiten und Talenten passen, wird er sie aus sich heraus nicht oder nicht ausreichend befriedigen können. Er fühlt ein Scheitern und wird unzufrieden mit sich, sein Selbstwertgefühl bröckelt. Um diesen Prozess aufzuhalten, klammert er sich an das Lob anderer oder an äußeren Erfolg. Die Mauer um seine seelische Integrität zeigt eine empfindliche Lücke. Er wird verletzlich und kann sich gegen Kränkungen und Herabsetzungen nicht wirksam verteidigen. Er nimmt die Missachtung persönlich. Sein Selbstwertgefühl ist zu schwach, um die Beleidigung gelassen zu ertragen und sie gar nicht an sich herankommen zu lassen.

Wer diesen psychischen Mechanismus aufheben möchte, muss solche, von außen kommenden und verinnerlichten Ansprüche abbauen oder auf das Maß reduzieren, das er erfüllen kann. Dazu sollte er wissen, wer er ist, was seine Stärken und Schwächen sind und wo seine Grenzen liegen. Er sollte lernen, diese Grenzen zu akzeptieren, uneingeschränkt ja zu sich zu sagen und sich so anzunehmen, wie er ist. Er sollte sich klarmachen, dass jeder Mensch einzigartig ist und einen Wert in sich trägt, der dem Wert eines jeden anderen Menschen entspricht. In unserer Lebendigkeit und dem Wunsch, das zu entfalten und zu leben, was in uns ist, sind wir alle gleich. Keiner ist besser, keiner schlechter. »Wir alle sind Geschöpfe, die ebenso zahlreichen geistigen wie körperlichen Krankheiten ausgesetzt sind, […] einer dem anderen ein Beispiel von Fehlern«, sagt Seneca.

Daran ändert der Umstand nichts, dass jeder Mensch unterschiedliche Begabungen und Fähigkeiten hat, die bei dem einen stärker, bei dem anderen schwächer ausgeprägt sind. Das macht sie als Menschen weder wertvoller noch minderwertig. Wenn man sich das immer wieder vor Augen hält und die Gleichheit und Gleichwertigkeit aller Menschen verstanden hat, kann man sein Selbstwertgefühl ganz aus sich selbst heraus aufbauen und unabhängig machen vom Lob und der Anerkennung anderer. Dann berührt es einen nicht mehr, wenn wir Kränkungen, Beleidigungen oder Herabsetzungen ausgesetzt sind. Es ritzt vielleicht die Haut, verletzt einen aber nicht. Die Burgmauer ist fest und geschlossen, die Giftpfeile prallen an ihr ab.

Diese Verankerung des Selbstwertgefühls in sich selbst hatte Goethe im Sinn, als er sagte, die größte Ehrfrucht, die der Mensch haben kann, sollte er gegenüber sich selbst hegen, einen Gedanken, den wir in verschiedenen Umschreibungen auch in der Antike in Orient und Okzident finden. Bei Konfuzius ist es die Würde vor sich selbst. Bei Jean-Jacques Rousseau lesen wir: »Beleidigungen, Rache, Zurücksetzung, Beschimpfungen, Ungerechtigkeiten sind für den nichts, […] dessen Achtung vor sich selbst nicht von der Achtung, die ihm andere zu gewähren belieben, abhängt. In welchem Lichte mich die Menschen auch betrachten mögen, es steht nicht in ihrer Gewalt, mein Wesen zu verändern, und ich werde trotz aller ihrer heimlichen Ränke dennoch fortfahren zu sein, was ich bin.«

Das Selbstwertgefühl und die gesunde Selbstliebe werden umso stärker, je mehr es uns gelingt, mit uns ins Reine zu kommen, die verschiedenen Seelenkräfte in uns auszugleichen, die »Knoten des Herzens« zu lösen und unser Denken, Wollen, Fühlen und Handeln in Übereinstimmung zu bringen. Wer seinen Seelenhaushalt in Ordnung gebracht hat, der entwickelt, wenn überhaupt, nur wenig Zorn, Wut und Hass. »Wenn in der Persönlichkeit sich Zorn und Haß hervortun, so ist sie nicht in der rechten Verfassung«, heißt es im *Liji*. »Nichts ist ein sicherer Beweis von Geistesgröße, als wenn einem nichts begegnen kann, was einen in Aufregung zu setzen vermöchte«, schreibt Seneca, »ebenso der erhabene Geist: immer ruhig und in gleichmäßig fester Haltung verharrend, lässt er in seiner Seele nichts aufkommen, was den Zorn wachrufen könnte […]«

Königsdisziplin Nächstenliebe

Die unterschiedlichen Aspekte einer weisen, gelingenden Lebensführung hängen eng miteinander zusammen und bedingen sich gegenseitig. Den Frieden, den wir in uns selbst durch eine fortschreitende Persönlichkeitsentwicklung und Selbstkultivierung finden, verschafft uns schließlich ein weiteres Mittel, das uns gegen Kränkungen und Herabsetzungen immunisieren kann. Es ist eine der wertvollsten Tugenden im Umgang mit anderen Menschen, aber zugleich eine, die am schwierigsten zu erlernen ist: die Nächstenliebe. Aus der Selbsterkenntnis und der gesunden Liebe zu sich selbst erwächst die Fähigkeit, auch seine Mitmenschen zu verstehen und zu lieben, und nicht nur die, die uns sympathisch sind, sondern insbesondere auch die, gegen die wir zunächst eine emotionale Abneigung hegen. Die liebende oder wohlwollende Zugewandtheit zu unseren Mitmenschen, wenn sie echt und tief empfunden wird, lässt negative Gefühle gegen andere nicht aufkommen. »Denn der Hass erlischt in der Liebe – das ist das Gesetz der Ewigkeit«, heißt es in einer anonymen fernöstlichen Weisheit. »Wo der Zorn aufwallt, ist die Liebe vergessen«, sagt Zhuangzi.

Als höchste Stufe der Selbstkultivierung ist die Nächstenliebe, und mehr noch die sogenannte »Feindesliebe«, nur schwer zu erreichen, und manche glauben, dass es nur Heiligen und vollendeten Weisen gelingt. Im Allgemeinen sind die Menschen sehr empfindlich, wenn ihr Selbstwertgefühl und ihre seelische Integrität angegriffen werden. Sie können sich nur schwer vorstellen, bei Herabsetzungen gelassen zu bleiben und sich nicht verletzt zu fühlen. Gleichwohl kann man sich in eine duldsame und wohlwollende Haltung auch gegenüber schwierigen Menschen einüben, sodass man sich durch ihre persönlichen Angriffe nicht getroffen fühlt. Man sollte sich immer daran erinnern, dass man selbst auch Fehler und Unzulänglichkeiten besitzt.

Die Böswilligkeiten anderer haben eine Vorgeschichte in deren Vita und wurzeln immer in äußeren Umständen, in die sie ohne eigenes Zutun hineingeraten sind. Das enthebt sie nicht der Verantwortung für ihr Tun. In einem philosophischen und übergeordneten Sinne aber sollte man sich ein Urteil über den Menschen als solchen versagen. Es übersteigt unsere moralische Urteilsfähigkeit. »Genug«, sagte Goethe einmal, »wer sich untersteht zu schätzen, was der Mensch ist, der müsste in Anschlag bringen, was er war und wie er's geworden.« Das kann man nicht einmal von sich selbst wissen, viel weniger noch von anderen Menschen. Hierher gehört auch, was Goethe in einem anderen Zusammenhang bemerkte: »Er könne sich vorstellen, jedes Verbrechen begangen zu haben.« Zu ergänzen wäre: Nämlich dann, wenn unglückliche Umstände, Erlebnisse und Traumata die Seele so stark zerrüttet haben, dass sie aus eigener Kraft die inneren Wunden nicht heilen kann. Die Wunden schmerzen und führen zu innerer Unzufriedenheit. Aus dieser Unzufriedenheit entstehen Aggressionen. Kann man sie nicht an sich halten, entladen sie sich häufig an anderen Menschen. Sie brechen dann in Form von Kränkungen und Herabsetzungen anderer aus ihm hervor.

Seneca sah die Böswilligkeit der Menschen als eine Krankheit oder als unverschuldete Unwissenheit an. Er empfahl daher: »Weit besser ist es, sich klarzumachen, dass man über Verirrungen nicht zürnen darf. Denn was soll es, wenn man einem zürnt, der in der Dunkelheit unsicher umhertappt? [...] Was soll es, wenn man seinen Leuten zürnt, weil sie krank, weil sie alt oder schwach werden? [...] Um sich des Zornes gegen einzelne zu erwehren, ist es ratsam, von vornherein alles zu verzeihen; dem ganzen Menschengeschlecht ist man Nachsicht schuldig.«

Verurteile die Tat, nicht den Täter

Obwohl diese Gedanken in allen Weisheitstraditionen anzutreffen sind, häufig an zentraler Stelle, fällt es uns sehr schwer, sie anzunehmen, zu verinnerlichen und umzusetzen. Das aber besagt nicht, dass es nicht möglich wäre. »Wer mitfühlendes Zuhören und liebevolles Sprechen einübt, der kann sich von Zorn und Hass befreien«, sagte der vietnamesische buddhistische Mönch Thich Nhat Hanh. Gelingt es einem, so bleibt man gelassen, entwickelt keine negativen Gefühle und vermeidet persönlichen Streit. Schließlich hat man das richtige Einfühlungsvermögen, zu entscheiden, ob, wann und mit welchen Worten man auf den Kränkenden zugehen soll. Wie das geht, hat der Philosophenkaiser Mark Aurel feinfühlig beschrieben: »Ist dein Wohlwollen wirklich echt, ohne Heuchelei [...] so ist es auch unerschütterlich. Denn was kann dir der boshafte Mensch anhaben, wenn du in Freundlichkeit gegen ihn verharrst, ihn bei passender Gelegenheit sanftmütig warnst und gerade in dem Augenblick, wo er dir Böses anzutun versucht, ihn in ruhigem, zurechtweisendem Tone [...] anredest [...]. Zeige ihm dann in schonendster Weise und mit gutem Bedacht, daß sich dies so verhält, und daß selbst die Bienen und andere herdenweise zusammenlebende Tiere nicht so verfahren. Du mußt es aber ohne Spott und Übermut tun, vielmehr mit liebevoller Seele und fern von aller Bitterkeit; auch nicht im hofmeisternden Tone oder in der Absicht, das Staunen eines Dritten, der etwa dabeisteht, zu erregen, sondern rede, wenn du ihn allein hast, nicht wenn andere umherstehen.«

Wut, Zorn, Hass und Ressentiment sind zerstörerische Kräfte, eine Form von »Krieg« auf persönlicher Ebene, sagt Seneca. Sie verletzen bisweilen nicht nur andere, auch sich selbst. Die Liebe dagegen heilt und erschafft. Circa 4500 Jahre alt sind die *Unterweisungen des Shuruppak* aus der frühen Kultur der Sumerer. Dort heißt es: »Ein hassendes Herz ist es, das Häuser zerstört, ein liebendes Herz ist es, das Häuser erbaut.«

Unterweisungen des Shuruppak (auch Rat des Suruppak): circa 2500 v. Chr. und damit einer der ältesten Weisheitstexte der Geschichte überhaupt. Sein Autor soll der letzte König von Suruppak, einer Stadt in Südmesopotamien, gewesen sein, und der einzige Mensch, der die Sintflut überlebt hat. Das sumerische Wort für »Weisheit« wird im Deutschen mit »Ohr« übersetzt, was wohl sagen will, dass Zuhören besser ist als Reden. An anderer Stelle heißt es in den Unterweisungen: »Zu viel Reden ist ein Feuer, das Magenschmerzen verursacht!«

Drei Lehren zur Kränkung und zum Ressentiment

1.

Wut, Zorn, Hass und Ressentiment, ausgelöst durch das Gefühl der Kränkung, galten in der Antike als Seelenkrankheiten, von denen man sich so weit wie möglich befreien sollte, wenn man ein glückliches Leben führen möchte.

2.

Wut, Zorn, Hass und Ressentiment wurzeln in übertriebener Selbstliebe und einem schwachen Selbstwertgefühl, das uns an das Lob und die Anerkennung anderer bindet und uns verletzlich macht für Missachtung und Herabsetzungen.

3.

Ein gesundes Selbstwertgefühl, das man ganz aus sich selbst schöpft, und eine Grundhaltung wohlwollender, liebevoller Zugewandtheit zu unseren Mitmenschen, die Nachsicht üben und verzeihen kann, sind die besten Mittel gegen Kränkungen, Wut, Zorn, Hass und Ressentiment.

Drei Übungen zur Überwindung von Kränkungen und Ressentiment

1.

Lerne dich anzunehmen und zu lieben, so wie du bist, sei dir stets deines Eigenwertes bewusst und mache dich unabhängig von Lob und Tadel anderer.

2.

Wenn dich jemand kränkt oder herabsetzt, denke daran, dass dies nur ein hilfloser und verzweifelter Ausdruck seiner eigenen Schwäche, seiner Unwissenheit, seines Leidens und seiner seelischen Not ist.

3.

Übe dich im Zuhören, im Verstehen, im Wohlwollen, in Zuwendung und Liebe zu deinen Mitmenschen, im Verzeihen und beschränke dich darauf, die Tat zu verurteilen, nicht den Täter.

KAPITEL 12
NEID UND EIFERSUCHT

»Denn wo Neid und Eifersucht sind, wo ist da ein Weg zum Glück?«
Epiktet

»Eifersucht wird dich verstümmeln, obwohl du über eine scharfe Intelligenz verfügst.«
Xunzi

»Andere zu beneiden heißt, die Unzufriedenheit einzuladen; es gibt keine größere Dummheit als unsere eigene Zufriedenheit zu verlieren, indem wir Dinge begehren, die wir nicht haben.«
Kaibara Ekiken

Motivation statt Neid

Steffi Graf dominierte zwischen 1987 und 1996 das Damentennis und gilt mit 22 gewonnenen Grand-Slam-Turnieren und dem Rekord von 377 Wochen an der Spitze der Weltrangliste als eine der erfolgreichsten Spielerinnen aller Zeiten. Doch jede Erfolgsphase geht irgendwann zu Ende, und mit der jungen Schweizerin Martina Hingis wurde Graf Mitte der 1990er-Jahre mit einer neuen und zwölf Jahre jüngeren Konkurrentin konfrontiert, die ihr nicht nur bei den Fitnessparametern, sondern vor allem in Sachen Ballgefühl überlegen zu sein schien. So löste Martina Hingis 1996 Steffi Graf als jüngste Nummer eins der Weltrangliste ab und brachte frischen Wind in die Tenniswelt. Mental war das sicher keine leichte Zeit für das deutsche Tennisidol. Zumal parallel mit dem Erstarken der jungen Rivalin bei ihr Knieprobleme auftraten und die Schwierigkeiten ihres Vaters mit dem deutschen Fiskus öffentlich wurden.

Aber anstatt sich von Unsicherheit und Neid auf die deutlich jüngere und vermeintlich bessere Konkurrentin überwältigen zu lassen, entschied sich Steffi Graf mit knapp 30 Jahren, den Vergleich mit der 18-jährigen Gegenspielerin als Ansporn zu nutzen, ihre eigenen Grenzen zu verschieben. Sie analysierte Hingis' Spielstil, ihre Beweglichkeit und ihre taktische Intelligenz auf dem Platz. Graf erkannte, dass sie durch Hingis' innovative Spielweise neue Ansätze und Techniken in ihr eigenes Spiel integrieren konnte. Sie nutzte ihre langjährige Erfahrung und ihren eisernen Willen, um sich anzupassen und weiterzuentwickeln. Ihre Konzentration lag darauf, ihre körperliche Fitness zu maximieren und ihre mentale Stärke zu vertiefen. Durch gezieltes Training und die Verbesserung ihrer Technik gelang es, ihre Leistungsfähigkeit auf einem hohen Niveau und auf Augenhöhe mit der jungen Schweizerin zu halten.

Die Rivalität Hingis-Graf gipfelte im legendären Finale der French Open 1999. Steffi sei zu alt für die Weltspitze, tönte die Schweizerin noch vor dem Turnier. Doch dann leistete sich die damals 18-jährige Newcomerin Hingis einen legendären Fauxpas. Sie verlor das Finale gegen die knapp zwölf Jahre ältere Deutsche. Die zeigte Größe im Triumph und widmete ihrer jungen Konkurrentin die tröstlichen Worte: »Du wirst noch viele Titel gewinnen, du hast so viel Zeit.« Anstatt sich durch Neid und Druck selbst zu blockieren, konnte Steffi Graf im Herbst ihrer Karriere noch einen großen Triumph durch Selbstreflexivität und Motivation erringen. Ein menschliches, ebenso wie sportliches Vorbild.

Neid und Eifersucht sind ein fester Bestandteil der menschlichen Natur und zählen doch zu den schädlichsten Affekten mit teilweise verheerenden Folgen, nicht zuletzt für denjenigen, der diese Gefühle hegt. »Neid und Ärger verkürzen das Leben«, heißt es schon im Alten Testament. Kain tötete seinen Bruder Abel, weil Gott dessen Opfer vorzog. Die Griechen kannten den »demokratischen« Neid der Vermögenslosen gegen die Reichen. Schon zu Zeiten des Solon zu Anfang des 6. Jh. v. Chr. führte dies um ein Haar zu einem blutigen Bürgerkrieg. Durch eine ausgleichende Gesetzgebung, durch die er der Wegbereiter der attischen und europäischen Demokratie wurde, konnte der weise Solon den Krieg noch einmal abwenden. Für den griechischen Philosophen Demokrit stand der Neid am Beginn eines jeden Streits. Er war überzeugt, dass der Neid letztlich dem Neider selbst am meisten schadet: »Wie einem Feinde tut der Neider sich selber weh.«

Nach dem ersten großen Tragiker des Abendlandes, Aischylos, widerstehen nur wenige Menschen dem »angeborenen Neid«:

(Agamemnon):
»Denn wenig Menschen ist es angeborne Art,
Den hochbeglückten Freund zu ehren sonder (ohne) Neid;
Denn in das Herz tief frißt sich ein des Neides Rost
Und kränkt mit zweifach bösem Gram den Kränkenden;
Von eignem Leide nieder schon gedrückt, beseufzt
Er‹s doppelt bitter, daß er andre glücklich sieht.«

Aischylos, 525–456 v. Chr., der älteste der drei großen griechischen Tragiker. Die beiden anderen waren Sophokles und Euripides. Er soll über 90 Dramen geschrieben haben, von denen jedoch nur sieben vollständig erhalten sind. In ihnen finden sich zahlreiche Weisheitsworte, wie etwa: »Denn kluggewandte Worte sind das schlimmste Gift« oder »Erkenn dich selbst; gestalte neu zu neuer Art dich um.«

Es ist nie genug

Neid löst »*zweifachen Gram*« aus, die Kränkung durch den anderen und durch die eigenen Gedanken. Die allgemeine Verbreitung des Neids und seine scheinbare Natürlichkeit und Unausrottbarkeit (»angeborne Art«) betont auch Goethe und deutet zugleich eine seiner Ursachen an. Niemand könne die Menschheit vollkommen machen, denn »Egoismus und Neid werden als böse Dämonen immer ihr Spiel treiben, und der Kampf der Parteien wird kein Ende haben«. Und an anderer Stelle: »Das ist in der Welt nun einmal nicht anders. Keiner gönnt dem anderen seine Vorzüge, von welcher Art sie auch seien.« Es ist der Egoismus, die Ichbezogenheit, das Habenwollen und das Gefühl der eigenen Bedürftigkeit und des Mangels, die zu Neid führen und mit ihm zugleich zu Missgunst bis hin zum Hass auf den anderen, der das hat, was der Neider begehrt.

Wie der verwandte Narzissmus entsteht Egoismus häufig aus einem mangelnden Selbstwertgefühl, das durch äußere Güter kompensiert wird. Das Selbstverständnis des Egoisten beruht nicht auf der Wertschätzung der eigenen inneren Qualitäten, Eigenschaften und Werte, sondern auf einer Identifizierung mit äußerem Besitz, Ansehen, Macht und Stellung. Das ganze Streben eines vor allem auf sich bezogenen Menschen ist auf den Erhalt und die Vermehrung dieser Güter gerichtet. Nie reicht aus, was er davon erlangt. Er braucht ständig mehr, weil kein äußeres Gut ihm genügt und ihm das geben kann, wonach er sich eigentlich sehnt, nämlich nach

Liebe, Verbundenheit und guten zwischenmenschlichen Beziehungen, nicht zuletzt zu sich selbst. Eine der wichtigsten Tugenden, die Selbstgenügsamkeit, die sich aus einem »gesunden Egoismus« (Aristoteles), nämlich aus angemessener Selbstliebe und Selbstachtung speist, geht ihm ab. Weil er sich über Außendinge definiert und diese deshalb so dringend braucht, steigt Neid in ihm auf, wenn er Menschen sieht, die mehr haben, mehr gelten und mehr können als er. Wie seine Gier, so ist auch sein Neid grenzenlos und schaut nicht auf das, was da ist und bereits erreicht wurde.

Das veranschaulicht die Geschichte eines Mannes – ob erfunden oder wahr, sei dahingestellt –, der so reich war, dass er nicht mehr arbeiten musste und sich eine ganze Insel in der Südsee kaufen konnte. Als er einmal am weißen Sandstrand seiner Insel lag und auf das Meer schaute, sah er die riesige Jacht des Microsoft-Gründers Bill Gates vorbeifahren und fiel von Neid verzehrt in eine lang anhaltende Depression. Da war einer offensichtlich noch reicher als er, und es war unwahrscheinlich, je zu ihm aufzuschließen. Wahr und genauso traurig ist die Geschichte Alexander des Großen, der bei einem Gelage im Zorn seinen besten Freund, der ihm einmal das Leben gerettet hatte, tötete, als dieser andeutete, dass der Ruhm von Alexanders Vater Philipp von Makedonien möglicherweise größer sei als der Alexanders. Wie der Neid den Neider selbst schädigt, zeigen die Wochen nach dieser Tat, in denen Alexander diese so sehr bereute, dass er sich das Leben nehmen wollte.

Für die Stoiker geht der Neid auf eine falsche Wertschätzung der Außendinge zurück. Anstatt vor allem auf die inneren Werte zu schauen und darauf zu achten, in seiner Lebensführung sich selbst treu zu bleiben, hängen sich viele Menschen an äußere Güter, die für die Stoiker für ein glückliches Leben ohne Wert seien. Man kann sie sich wünschen, sogar darauf hinarbeiten, sollte aber stets bereit sein, ohne Bedauern auf sie zu verzichten. Fehlt eine solche innere Haltung und meint man, das Glück liege in äußeren Gütern, so wird man enttäuscht werden. »Wo Meinungen faul sind, da sind es zwangsläufig alle diese Dinge«, sagt Epiktet.

Überhaupt kein Neid, jedenfalls kein leidvoller, liegt vor, wenn man jemanden für etwas bewundert und ihm nacheifert. Wenn weder Missgunst mit im Spiel ist noch ein schmerzendes Gefühl eines Mangels, so geht von einer solchen Bewunderung ein inspirierender Impuls für die eigene Persönlichkeitsentwicklung aus. Wir haben es dann mit einem gesunden Wetteifer und Streben zu tun. Diese haben eine positive Wirkung, meinte Platon, solange sie nicht in Neid umschlagen, der dem anderen das Seine nicht gönnt. Wie ein Lehrer und Vorbild motiviert uns der andere, dazuzulernen, uns zu verändern und an uns oder unseren Lebensverhältnissen etwas zu ändern. Beiden Konstellationen, dem Neid wie dem Vorbild, liegt ein Vergleich mit dem anderen zugrunde. Im ersten Fall kommt es zu einer Kränkung und zu Missgunst, im zweiten zu einem Nachahmen aus »neidloser« Bewunderung und Wertschätzung. Neid führt dagegen häufig zu Passivität und Lähmung, weil man bei seinen negativen Gefühlen und der Missgunst stehen bleibt, ohne diese Energie dazu zu gebrauchen, die eigenen Anstrengungen zu vermehren, um das zu erlangen, worauf man neidisch ist.

Leidvoller Neid entsteht aus dem Gefühl der Bedürftigkeit, des Habenwollens, und dem Vergleichen mit anderen, die das bereits haben, was wir begehren. Durch das Aufkommen der sozialen Medien in Verbindung mit der massiven Bewerbung und Anpreisung äußerer Güter, die allesamt Glück durch Konsum versprechen, ist das Vergleichen und damit der Neid »eine Emotion, die die Kultur der Spätmoderne systematisch heranzüchtet«, wie der Soziologe Andreas Reckwitz feststellt. Für die jüngere und heranwachsende Generation, deren Leben von der unbegrenzten Reichweite, Verfügbarkeit und ständigen Präsenz der sozialen Netzwerke maßgeblich geprägt wird, ist der Neid infolge permanenten Vergleichens ein wachsendes Problem mit gefährlichen Folgen für die seelisch-geistige und damit auch körperliche Gesundheit.

Die Eifersucht ist wie der Neid ein leidvolles Schielen auf das, was andere haben, einem selbst aber fehlt. Der Unterschied liegt in dem, was man so schmerzlich vermisst. In seiner Hauptbedeutung bezieht sich die Eifersucht auf zwischenmenschliche Verhältnisse, meistens Liebes- oder Freundschaftsbeziehungen. Auslöser sind hier nicht materielle Gier oder der Wunsch nach Ansehen, gesellschaftliche Stellung oder Macht, sondern der Wunsch nach zwischenmenschlicher Verbundenheit. Während der Neid vorwiegend durch ein kapitalistisches Wirtschaftssystem geschürt wird, das ständig den Wunsch nach materiellen Gütern weckt, wurzelt die Eifersucht in dem Verlangen nach Liebe. Dieses geht auf pränatale und frühkindliche Prägungen zurück, auf die Urerfahrung des Einsseins mit der Mutter und des Geliebtwerdens. Das macht die Eifersucht in ihren leidvollen Auswirkungen auf den Eifersüchtigen mindestens so gefährlich wie den Neid. Starke Eifersucht kann leicht zu unbeherrschbarer Raserei führen und in der Folge zu schwersten Affekttaten. Nahezu jeder, der einmal wirklich geliebt hat, kennt die Heftigkeit der Eifersucht, die einem jeglichen Verstand rauben kann.

Eine Neigung zur Eifersucht kann man häufig bei Menschen feststellen, die von ihren Eltern nicht genügend Liebe und Anerkennung erfahren haben, die nicht so angenommen wurden, wie sie sind, denen nicht gespiegelt wurde, dass sie willkommen sind und das Glück ihrer Eltern darstellen. Auch Menschen, die traumatische Trennungen erlebt und diese nicht verarbeitet haben, können auf jede tatsächliche oder eingebildete Gefährdung ihrer zwischenmenschlichen Bindungen mit heftiger Eifersucht reagieren, die von starken Trennungsängsten geprägt ist.

Es ist aber gerade die Liebe, die auch zur Überwindung des Neides und in seltenen Fällen auch zur Überwindung der Eifersucht hilfreich sein kann. Vor allem indische Philosophen und spirituelle Lehrer haben immer wieder darauf hingewiesen, dass Neid und Eifersucht auf mangelnde Liebe zu den Menschen und zu sich selbst zurückzuführen sind. Das mag bei der Eifersucht befremdlich erscheinen, denn sie entsteht ja aus Liebe und Sehnsucht nach Verbundenheit. Aber Liebe bedeutet im Rahmen altindischer Weisheitslehre die Überwindung der Selbstbezogenheit, das Wohlwollen, die Zugewandtheit, die Wertschätzung und Respekt vor dem anderen einschließlich dessen, was er hat und ist.

Vivekananda führte dies auf den fundamentalen altindischen Grundsatz der Ahimsa zurück, der Gewaltfreiheit gegenüber allen Lebewesen. »Die Tugend, keinem Lebewesen Leid zuzufügen, weder durch Gedanken, Worte noch Taten wird Ahimsa, Nichtverletzung, genannt. Es gibt keine höhere Tugend als die der Nichtverletzung. Es gibt für den Menschen kein größeres Glück als das, das durch diese Haltung der Friedfertigkeit allen Kreaturen gegenüber erlangt wird. Der Prüfstein für Ahimsa ist das Fehlen der Eifersucht, des Neides. [...] wer die Menschheit wirklich liebt, neidet niemandem etwas.«

Wer wirklich liebt, der stellt sein Ego zurück und das Wohl des anderen nicht selten noch über das eigene, was bei der Liebe der Mutter für ihr Kind häufig zu beobachten ist. Eine solche Liebe lässt weder Neid noch Eifersucht aufkommen. Man freut sich über das Glück der anderen. In Extremfällen ist es sogar vorstellbar, dass der Liebende, anstatt Eifersucht zu entwickeln, eine geliebte Person loslassen und »freigeben« kann, wenn er erkennt, dass die oder der Geliebte in der Partnerschaft mit einem Dritten oder einer Dritten glücklicher ist.

Voraussetzung für wahre Liebe und die Fähigkeit, mit der Liebe Neid und Eifersucht zu überwinden, ist eine gesunde Selbstliebe. Nur wer zu sich selbst ein gutes Verhältnis hat und in sich ruht, hat auch die Geistesgröße, dem anderen neidlos das Seine zu gönnen und zu lassen, ohne dass negative Gefühle wie Neid und Eifersucht in ihm aufkommen. Der Dalai Lama sagte in einem Interview: »Nun, zum Beispiel sind Hass, Eifersucht, Zorn und so weiter schädlich. Wir betrachten sie als negative Zustände des Bewusstseins, weil sie unsere geistige Gesundheit zerstören. Wenn Sie jemand anderem gegenüber Hassgefühle oder negative Emotionen hegen, sind Sie selbst erst einmal von Hass oder negativen Gefühlen erfüllt, und auch andere Personen werden Ihnen als feindselig erscheinen.« Mangelnde Liebe zu sich selbst verhindert innere Ruhe und Ausgeglichenheit und führt zu einer »Fiebrigkeit im Geist«, wie Sri Sri Ravi Shankar es nennt: »Und wenn der Geist im Zustand der Fiebrigkeit ist, ist er weit entfernt von Liebe. Fiebrigkeit verursacht Ärger und aus Ärger entstehen […] Eifersucht, Neid, Enttäuschung – die ganze Palette negativer Gefühle.«

Sri Sri Ravi Shankar, geb. 1956, ist ein spiritueller Lehrer und Friedensbotschafter aus Indien. Seine »Art of Living Foundation« hat einen Beraterstatus bei der UN und engagiert sich weltweit für soziale Projekte und den Frieden in der Welt. Er vermittelte den Waffenstillstand zwischen der kolumbianischen Regierung und der Rebellengruppe FARC-EP. Bei ihm lesen wir etwa: »Es gibt kein stärkeres Gegenmittel gegen das Ego als Demut. Demut ist der Anfang aller Tugenden.«

Wer liebt, verehrt das, was er liebt. Wer sich selbst liebt, verehrt und wertschätzt, was er hat und ist. Für Goethe war die darin zum Ausdruck kommende Ehrfrucht vor sich selbst die wichtigste Ehrfurcht. Sri Sri Ravi Shankar meint, dass die Fähigkeit zur Verehrung und zur Wertschätzung für das, was man selbst besitzt, von Gier, Neid und Eifersucht befreit: »Deine Wertschätzung für das, was du besitzt, macht dich frei von Gier, Eifersucht und Lust. Kultiviere deine Fähigkeit, in jedem Augenblick deines Lebens voller Verehrung zu sein. […] Verehrung ist ein Zeichen von Großherzigkeit des Verehrenden [...] Verehrung zeigt, dass das Ego durchlässig geworden ist. Verehrung ist das beste Gegenmittel für das Ego. Verehrung ist der Höhepunkt der Liebe und der Wertschätzung. Sie schützt die Liebe davor, zu Hass oder Eifersucht zu werden […] Du wirst voller Negativität sein, wenn du nichts im Leben verehrst und achtest.«

Wer ausgeglichen und mit sich selbst im Reinen ist, wer um die Vergänglichkeit aller Dinge und seiner selbst weiß, der wird demütig, bescheiden und dankbar für das, was er hat, und giert nicht nach dem, was er nicht hat. Ein solcher Mensch ist frei von Neid und Eifersucht. Der japanische Weise Kaibara Ekiken schreibt: »Die armen Menschen dieser Welt leiden in ihrer Verblendung, denn sie beneiden andere um ihren Wohlstand und ihr Ansehen und finden daher keine wahre Freude. […] Ob reich oder arm, hoch oder niedrig, solange die Menschen ihre Wünsche allein in äußeren Dingen zu befriedigen suchen und nicht den wahren Weg in ihrem Inneren finden, werden sie tatsächlich nur unter Leidensdruck stehen und auf die wahre Lebensfreude verzichten müssen. […] Wir sind Menschen, die auf einem Berg voller Schätze leben, aber diese Schätze nicht finden. […] die Wohltaten wahren Glücks erlangen nur jene […] die sowohl verstehen, was wahres Glück ist, als auch in der Lage sind, es zu genießen. [...] Wer sich an diesem reinen Glück erfreut, wird niemals andere beneiden.«

Für Demokrit führen Genügsamkeit, maßvolle Bescheidenheit und Dankbarkeit zu einer Grundstimmung der »Wohlgemutheit« und heiteren Gelassenheit, die keinen Neid und keine Eifersucht kennt: »Man muss daher seinen Sinn auf das Erreichbare richten und sich an dem Vorhandenen genügen lassen, dagegen sich um die vielbeneideten und bewunderten [Menschen] wenig kümmern und sich mit ihnen in Gedanken nicht beschäftigen, vielmehr auf diejenigen den Blick richten, die im Elend leben, und sich vergegenwärtigen, wie sehr sie leiden, damit das, was man besitzt und worüber man verfügt, groß und erstrebenswert erscheine; dann kann es niemals geschehen, dass die Seele durch die auf ein Mehr gerichtete Begierde Schaden erleidet. Wer nämlich die Besitzenden und von anderen Menschen Glücklichgepriesenen bewundert und in Gedanken keinen Augenblick von ihnen loskommt […] wird sich durch Gier zu heillosem Tun hinreißen lassen […] Demnach soll man sich […] mit dem Vorhandenen zufriedengeben, indem man die eigenen Lebensverhältnisse vergleicht mit denen jener, die es schlechter haben; man soll sich selber glücklich schätzen und abwägen, wie viel jene leiden und um wie viel besser man es im Leben hat. Wenn man sich an diesen Grundsatz hält, wird man frohgemut leben und nicht wenige

Fluchgeister von seinem Leben fernhalten: Neid und Eifersucht und Feindseligkeit.«

500 Jahre später findet Plutarch ähnlich starke Worte für denselben Gedanken: »Der Verständige [...] wird, wenn unter den zahllosen Millionen Menschen [...] manche sind, denen er an Ruhm und Reichtum nachsteht, nicht klagend und gedrückt dasitzen, sondern seinem Gotte danken, daß er unter so vielen Tausenden noch tausendmal glücklicher lebt (als andere), und ruhig auf seinem Wege weiter schreiten. [...] Blickst du mit Bewunderung einen Mächtigen an, der sich in einer Sänfte tragen läßt, so bücke dich ein wenig, und wirf auch einen Blick auf die Träger [...] Achte auch auf ihre Gedanken (der Träger), und du wirst finden, daß sie dein Leben und deine Lage glücklich preisen.« Kurz darauf fügt er noch einen hilfreichen Gedanken hinzu: »Indessen da wir nun einmal aus Torheit gewöhnt sind, mehr mit Rücksicht auf Andere, als auf uns selbst zu leben, und da unsere Natur der Mißgunst und dem Neide so sehr ergeben ist, daß wir uns des Eigenen nicht so sehr freuen, als wir über das Glück Anderer uns betrüben, so dürfen wir bei denen, die wir mit Erstaunen bewundern, doch auch nicht bloß auf äußeren Glanz und Herrlichkeit sehen, sondern wir sollen auch ihren Ruhm und ihr Ansehen, gleich einem prachtvollen Vorhang aufdecken, und in ihr Inneres dringen, um dann zu sehen, wie viel Unangenehmes und Widerwärtiges auch sie ertragen müssen. [...] Durch solche Betrachtungen ist es möglich, diese Stimmung, die uns mit unserer Lage unzufrieden macht, und dadurch über der Bewunderung der Fremden unser eigenes Glück verachten und geringschätzen läßt, gänzlich zu vertreiben.«

Hier wird sehr deutlich, dass der Neid eine Unzufriedenheit mit sich selbst und der eigenen Lebenssituation ist sowie eine Undankbarkeit gegenüber dem, was man hat. Weil es einem nicht gelingt, in sich Frieden zu finden, versucht man den Mangel mittels Ersatzbefriedigungen wie dem Konsum äußerer Güter zu kompensieren. Auf diese Weise aber wird man innerseelische Konflikte und Unausgeglichenheit nicht heilen können. Die Unzufriedenheit sucht ein weiteres Ventil und findet es in gehässigem Neid, Eifersucht und Missgunst gegen andere. »Eifersucht heißt, dass man sich an den guten Eigenschaften anderer stört«, schreibt Nagarjuna.

Wer Neid und Eifersucht überwinden möchte, muss bei sich selbst anfangen. Man muss mit sich ins Reine kommen und eine gesunde Liebe zu sich selbst entwickeln, um an sich selbst sein Genügen zu finden und sich von Außendingen nicht abhängig zu machen. Je weniger wir äußere Güter benötigen, um glücklich zu sein, umso geringer ist die Wahrscheinlichkeit, dass sich Gefühle wie Neid und Eifersucht einstellen. Wer in sich ruht, kann an allem Freude empfinden, ohne es besitzen zu müssen. »Wer die Schönheiten von Himmel und Erde genießen kann, der beneidet nicht den Luxus der Reichen, denn er ist reicher als sie. […] Der Weise ist zufrieden, denn er ist nicht habgierig«, heißt es bei Kaibara Ekiken. Und im zweiten Teil von Goethes *Faust* lesen wir:

> (Sirenen)
> »Weg! das Hassen, weg! das Neiden;
> Sammeln wir die klarsten Freuden,
> Unterm Himmel ausgestreut!«

Wichtig für die Überwindung von Neid und Eifersucht ist es schließlich, sich darin zu üben, mit Verständnis, Zugewandtheit, Wohlwollen und – wenn möglich – sogar mit Liebe auf seine Mitmenschen zuzugehen. Liebe gönnt jedem das Seine und freut sich am Wohlergehen und Glück der anderen, als wäre es das eigene. Neid und Eifersucht dagegen missgönnen dem anderen das Seine. Sie leiden am Glück der anderen und verzehren dabei ihr eigenes. »Andere zu beneiden, bedeutet das Unglück auf sich zu ziehen«, schreibt Kaibara Ekiken.

Drei Lehren zu Neid und Eifersucht

1.

Neid und Eifersucht sind schwere seelische Leiden, die viel Missgunst, Streit, Gewalt und Hass in die Welt bringen und nicht zuletzt demjenigen den größten Schaden zufügen, der solche Gefühle hegt.

2.

Neid und Eifersucht wurzeln in einer Unzufriedenheit mit sich selbst und einem Mangel an Selbstgenügsamkeit und Dankbarkeit für das, was man hat.

3.

Je mehr wir lernen, Zuwendung und Liebe zu uns und unseren Mitmenschen zu empfinden, umso weniger anfällig sind wir für Neid und Eifersucht.

Drei Übungen zur Überwindung von Neid und Eifersucht

1.

Übe dich darin, dankbar und mit Freude auf das zu schauen, was du hast, und dich damit zu begnügen. Denke nicht an diejenigen, die mehr haben, sondern an diejenigen, die weniger haben, nicht, um sich über sie zu erheben oder sich an ihrem Leiden zu ergötzen, sondern um sich bewusst zu machen, dass es einem auch viel schlechter gehen könnte.

2.

Mache dir immer wieder bewusst, dass Glück eine Sache des seelischen Gleichgewichts und des inneren Friedens ist und nichts damit zu tun hat, was du besitzt oder nicht besitzt.

3.

Bei jeder emotionalen Bindung, die du eingehst, mache dir bewusst, dass sie in jedem Moment enden kann, sei dankbar, solange sie besteht, aber sei auch bereit, jederzeit loszulassen und den darauffolgenden Schmerz tapfer zu ertragen, wenn sie endet.

KAPITEL 13
SELBSTSORGE UND GESUNDHEIT

»Wer nicht sein Inneres pflegt, sondern sein Äußeres, macht der es nicht verkehrt?«
Konfuzius

»Die Gesundheit von Körper und Geist beeinflussen sich gegenseitig.«
Hierokles

»Physische Kraft und schöne Gestalt sind Gaben der Jugend; des Alters Blüte aber ist die Weisheit.«
Demokrit

Mach dich rar und du bist ein Star

Stefan Sagmeister, ein aus Vorarlberg stammender Grafiker und Typograf, hat sich und seinem kleinen Grafikdesignstudio zum Start seiner Karriere in den 1990er-Jahren durch harte Arbeit und enorme Kreativität einen Namen in seiner Wahlheimat New York gemacht. Das ging so weit, dass er neben Arbeiten für renommierte Kulturinstitutionen auch die Rolling Stones zu seinen Kunden und Fans zählte. Für die Rockband gestaltete der Österreicher 1997 das Cover für das *Bridges-to-Baylon*-Album. Nach sieben Jahren harter Arbeit und beachtlichen kreativen Outputs in New York fühlte sich Sagmeister zunehmend erschöpft und hatte das dringende Bedürfnis, seinem Körper und seinen kreativen Kräften eine Ruhephase und seinem Geist ungestörte Muße und Inspiration zu gönnen. Er erinnerte sich an das Konzept des Sabbatjahrs und beschloss gemeinsam mit seinen kreativen Mitstreiterinnen und Mitstreitern das Designstudio für ein Jahr zu schließen und seine Akkus wieder aufzuladen.

Das geschah selbstverständlich nicht ohne die Befürchtung, dass sein mühsam aufgebauter Ruf in der New Yorker Kreativszene erheblich unter dieser Auszeit leiden werde. Seine Angst war, dass sein Name nach dem Sabbatjahr weitgehend vergessen und seine renommierte Kundschaft zu anderen Kreativen abgewandert sein könnte. Trotz dieser Befürchtungen zog er das Sabbatkonzept im Jahr 2000 durch und gönnte sich exakt 365 Tage Auszeit. Als er anschließend Sagmeister Inc. wiedereröffnete, wartete eine positive Überraschung auf ihn: Die alten Kunden waren alle noch da, freuten sich auf die geschäftliche Rückkehr des konsequenten Österreichers und warteten gespannt, wie sich sein Stil durch die neuen Eindrücke und die gewonnene Kraft verändert haben würde.

Besonders treu und flexibel reagierte ausgerechnet der Exzentriker Lou Reed. Als der frühere Velvet-Underground-Sänger von der geplanten Auszeit erfuhr, beschloss er, die Covergestaltung seines Solo-Albums *Extasy* extra vorzuverlegen, damit es trotz des Sabbaticals ein Sagmeister-Cover wird. Mit derart positiven Reaktionen auf seinen Akt der Selbstsorge hatte der Designer nicht gerechnet. Von nun an schloss er alle sieben Jahre sein Studio und machte das Sabbatjahr zu seinem Markenzeichen. Was können wir aus dieser Geschichte lernen? Unter anderem, dass Selbstsorge und Ruhephasen die Grundlagen für einen ausgeglichenen Seelenhaushalt, für positive Selbstwirksamkeitserfahrungen, schöpferische Entfaltung und Erfolg sind.

Wenn wir uns nicht gut fühlen, dann hat das nicht nur mit Erschöpfung zu tun. Häufig werden wir dabei auch von negativen Gefühlen heimgesucht, seien es Ängste, Sorgen, Ärger, Wut, Zorn, Neid, Eifersucht, Habgier oder Entfremdung. Es läuft nicht rund, wir führen nicht das Leben, das wir führen wollen. Unsere Seele leidet, ist krank. Wollen wir glücklich leben, brauchen wir vor allem eine gesunde Seele, die möglichst frei ist von den genannten Gefühlen.

Es waren die alten Griechen, die mit aller Deutlichkeit darauf hingewiesen haben, dass ein glückliches Leben eine gesunde Seele voraussetzt. Und es war Sokrates, der entgegen der damals herrschenden Auffassung behauptete, dass eine gesunde Seele die beste Voraussetzung dafür ist, dass sich auch der Körper in guter Verfassung befinde und gesund sei. Freilich ignorierten die Griechen nicht, dass auch der Weise krank werden könne, aber sie hatten von den Ägyptern gelernt: »Jede Krankheit ist traurig; aber der Weise versteht es, krank zu sein.« Auch der Mensch, der körperlich krank oder behindert ist, kann ein glückliches Leben führen, entweder, indem er eine Krankheit als eine unvermeidbare Phase des Leidens, aber auch des Wachsens zu dulden versteht: »Den weisen Menschen macht selbst die Krankheit stark«, heißt es in einem ägyptischen Papyrus. Oder dass er lernt und sich darauf einrichtet, mit einer länger andauernden oder chronischen Krankheit zu leben und sich durch sie nicht daran hindern zu lassen, das Leben zu genießen. »Heftiger Schmerz ist kurz, langdauernder Schmerz ist nicht heftig und auszuhalten«, meinte Epikur.

Das Weisheitsdenken in Ost und West hat sehr klar den Zusammenhang erkannt zwischen geistig-seelischer Gesundheit und einem gelingenden Leben, aber auch zwischen der geistig-seelischen Gesundheit und der körperlichen. Es ist nicht möglich, diesen Zusammenhang hier erschöpfend darzustellen. Die moderne Biomedizin, die Neurowissenschaften und die Psychoneuroimmunologie haben auf diesem Gebiet in den letzten Jahrzehnten zahllose Forschungen durchgeführt und enorme Erkenntnisfortschritte erzielt. Im Rahmen dieses Buches wollen wir uns dem Thema vom Standpunkt des Weisheitsdenkens und der praktischen Philosophie der Antike nähern. Wir wollen uns dabei von deren zentraler Frage leiten lassen: Wie sollen wir leben? Was können wir von uns aus tun, damit wir ein glückliches und gesundes Leben führen?

Gesunder Körper durch gesunde Seele

Wenn demnach das glückliche Leben maßgeblich von der geistig-seelischen Gesundheit abhängt, ja, mit ihr identifiziert wurde, stellt sich die Frage, was man damals unter einer gesunden Seele verstand. Den ersten Hinweis darauf finden wir in dem Umstand, dass in allen Weisheitstraditionen in Orient und Okzident das dauerhafte Glück, nach dem sich jeder Mensch sehnt, gleichgesetzt wurde mit Seelenruhe oder Seelenfriede. »*Jedes Wählen und Meiden der Menschen sei*«, sagt Epikur, »zurückzuführen auf die Gesundheit des Leibes und die Beruhigtheit der Seele; denn dies ist die Erfüllung des glückseligen Lebens.« Ganz in diesem Sinne spricht Seneca von dem Glück als einer »dauernden Ruhe«, als »Friede und Eintracht der Seele«.

Die innere Befindlichkeit, das Ganze der seelisch-geistigen Kräfte, der Zustand aller innerer Triebe, Begierden und Affekte einschließlich der damit in unmittelbarem Zusammenhang stehenden Gedanken, Anschauungen, Werte und Haltungen, soll in eine möglichst harmonische Verfassung gelangen. Entscheidend ist eine ausgewogene, in sich stimmige Ganzheit, die möglichst frei ist von inneren

Konflikten und Störungen. Wenn die Harmonie in einem Lebewesen verloren geht, lesen wir bei Platon, wird es krank und Schmerzen entstehen. Stellt sie sich wieder her, wird es wieder gesund und Freude entsteht. Störungen dieser Harmonie waren für die antiken Philosophen insbesondere belastende und leidvolle Gefühle wie Angst, Sorgen, Ärger, Wut, Zorn, Habgier, Neid, Eifersucht, übermäßige Trauer, innere Unruhe oder Stress. Der buddhistische Meister Nagarjuna zählt 57 solcher Mängel auf. Sie versperren den Weg zum glücklichen Leben. Ihre Überwindung lässt das Leben gelingen.

Nagarjuna, circa 2. Jh. n. Chr., war einer der einflussreichsten Denker des Buddhismus und trat für den »mittleren Weg« ein, der in der Vermeidung von Extremen bestand. Er war der Überzeugung, dass die Dinge der Welt »leer« seien und keine Substanz haben. In der Welt gebe es kein unveränderliches Sein, alles ist Werden. Das gelte auch für unser »Ich«.

Es ist erstaunlich, dass man diesen Ansatz in der heutigen Diskussion über ein glückliches Leben kaum noch antrifft. Man versucht, das Glück begrifflich zu definieren, und weil das nicht gelingt, sagt man, dass es für jeden etwas anderes bedeutet. Mit einem solchen Ausweichen ins Subjektive und Beliebige aber wäre jeder vernünftigen Erörterung über das Glück der Boden entzogen. Dabei ist die Annahme der Antike naheliegend und einleuchtend. Wir halten keinen Menschen für glücklich, der von einem oder mehreren der genannten Affekte dauerhaft oder immer wieder heimgesucht wird, wie umgekehrt derjenige als glücklich gilt, der davon weitgehend frei ist.

Glück und Gesundheit hängen demnach von einer möglichst harmonischen und ausgeglichenen Seelenverfassung ab, die möglichst frei ist von inneren Konflikten und Störungen, mithin von einer inneren Stimmigkeit, die der Mensch als anhaltendes Wohlbefinden, als Zufriedenheit und einen »guten Fluss des Lebens« empfindet, und die sich im täglichen Handeln bewährt und entfaltet. Wie aber erlangt man eine solche Seelenverfassung? Die Antwort der antiken Denker war, dass man auf sich achtet, sich selbst kennenlernt und an sich arbeitet. Platon vergleicht diese Aufgabe einmal mit der Arbeit eines Gärtners, der kontinuierlich seinen Garten pflegt. Soll der Garten möglichst schön gestaltet werden und aufblühen, das Seelenleben also harmonisch und ausgeglichen werden, dann muss guter Samen gepflanzt, großgezogen und gehütet werden, Unkraut aber, störendes, unschönes und unfruchtbares Gestrüpp, »*am Wachsen gehindert werden*«. Diese Arbeit im Seelengarten nannten sie die »*Sorge um die eigene Seele*«. Sie ist eine kontinuierliche lebenslange Aufgabe, denn solange wir leben, wachsen und verändern wir uns, können uns weiterentwickeln, aber auch stehen bleiben oder Rückschritte machen.

Jeder Mensch entwickelt sich auch ohne sein Zutun von selbst, aber weder immer schön und harmonisch noch so, wie er es sich wünscht. Wollen wir, dass unser Leben wie ein schöner, blühender Garten wird, wollen wir seelisch gesund und glücklich leben, so kommt der pflegenden Selbstsorge eine entscheidende Bedeutung zu. Wir müssen uns um unsere Gefühle, Gedanken, Werte und Haltungen, um unser Sprechen, Wollen und Handeln kümmern. Aus alledem setzt sich unser Seelengarten, unser Charakter und unser Leben zusammen. Ist unser Seelengarten in einem guten Zustand, fühlen wir uns gesund und glücklich, wenn nicht, fühlen wir uns unwohl, leiden wir und werden seelisch und körperlich krank. Menzius sprach aus, wovon alle Weisen des Altertums überzeugt waren: »Welche Verantwortung ist die größte? Die Verantwortung für die eigene Person ist die größte.« Seneca zog die Schlussfolgerung daraus: »Auf denn, mache dich selbst glücklich!«

Wie sorgt man für seinen Seelengarten?

Buddha, der sich sein ganzes Leben lang mit der Frage beschäftigte, wie der Mensch seelisches Leid überwinden kann, empfahl einen bewussten, achtsamen Umgang mit sich selbst in allen Lebensäußerungen. Gleichgültig, in welche Umstände man geboren und hineingeworfen wird – wie wir mit diesen Umständen umgehen, entscheidet darüber, ob wir ein glückliches, seelisch-geistig gesundes Leben führen oder nicht. Wer es einfach laufen lässt, sich nur um Äußeres kümmert und die Arbeit im eigenen Seelengarten versäumt oder verweigert, wird ernten, was da wild wuchert, und das sind nicht nur süße und gute Früchte. Leider lassen es die meisten Menschen einfach laufen lassen oder wissen nicht, wie man seinen Garten pflegt. »Die Menschen kümmern sich um ihr Haus, aber nicht um ihre Bewohner«, sagte der weise Demonax. Auch Konfuzius klagte darüber, dass die Menschen sich viel zu wenig um das innere Wachstum und die innere Reifung kümmern: »Dass wir die eigenen Anlagen nicht entwickeln, dass wir nicht umsetzen und anwenden, was wir gelernt haben, dass wir hören, was gut für uns ist, aber unfähig sind, es in unser Leben zu integrieren und für uns nutzbar zu machen, dass wir unsere Schwächen und Fehler nicht abstellen oder mindern, das alles macht mich traurig.«

Demonax, circa 2. Jh. n. Chr., griechischer Philosoph, der weniger durch eigenständige philosophische Gedanken als durch seine Weisheit hohes Ansehen genoss. Als einmal in der Volksversammlung in Athen ein heftiger Parteienstreit ausbrach, rief man ihn zu Hilfe. Schweigend betrat er die Versammlung, schaute sich um und verließ sie wieder, ohne ein Wort gesprochen zu haben. Der Streit aber endete unverzüglich.

Die Philosophie der Antike in Ost und West hat gewusst, dass wir alles an uns durch Einsicht, kontinuierliches Üben und Umgewöhnung ändern können. »Alles ist Übung«, sagte Periander, einer der Sieben Weisen im alten Griechenland. Sie hatten der Sache nach bereits verstanden, was wir heute »Neuroplastizität« nennen: Dass sich das Gehirn mit all seinen neuronalen Verschaltungen ständig wandelt und, was noch wichtiger ist, dass wir diesen Wandel beeinflussen und gestalten können. Wir können uns selbst dahin erziehen, dass wir möglichst wenige negative Affekte entwickeln, stattdessen aber möglichst viel Freude am täglichen Leben haben. Wenn wir lernen, mit uns selbst, den anderen Menschen, der Welt und dem Schicksal gut umzugehen, dann erlangen wir Haltungen und Lebenseinstellungen, die jenes Wunder bewirken, das den Gipfel aller Lebensweisheit darstellt, nämlich die Fähigkeit, ein widriges Schicksal in ein positives zu verwandeln, wie es Konfuzius ausdrückte. Der Stoiker Epiktet nannte diese Fähigkeit den »Zauberstab des Götterboten Hermes«: Was man damit berühre, werde zu Gold. »Gebe mir was Du willst«, sagte er, »ich werde es in etwas Erfreuliches verwandeln«. Das bedeutet nicht, dass jegliches Leid aus dem Leben verschwindet. Aber wir sind imstande, die Energie, die in jedem Leiden steckt, in etwas Positives zu verwandeln, sodass wir selbst in schwierigen, leidvollen Momenten die Grundstimmung heiterer Gelassenheit nicht verlieren und wieder in den guten Fluss des Lebens zurückfinden.

Die Sieben Weisen, herkömmlicherweise eine Gruppe weiser Staatsmänner und Persönlichkeiten aus dem 7./6. Jh. v. Chr., deren kurze Weisheitssprüche geflügelte Worte wurden, unter ihnen etwa das »Erkenne dich selbst!«, »Nichts im Übermaß!«, »Achtsam zuhören und nicht viel reden!« Platon zählte auch Myson, einen einfachen Bauern, zu den Sieben Weisen. Damit wollte er wohl sagen, dass Bücherwissen nicht notwendig sei, um weise zu werden.

Es würde hier zu weit führen, all die Einsichten und Übungen aufzuführen, die das antike Weisheitsdenken entwickelt hat, um den einzelnen negativen Gefühlen, die mit seelischem Leid verbunden sind und häufig in einer körperlichen Krankheit enden, zu begegnen, sie zu mindern oder sich ganz von ihnen zu befreien. Drei Beispiele sollen hier kurz angedeutet werden. Wer es gelernt hat, die Menschen so zu nehmen, wie sie sind, mit all ihren Schwächen, Fehlern und Unausgeglichenheiten, und sich durch ihre Äußerungen nicht beleidigt zu fühlen, der wird sich nicht mehr über Menschen ärgern. Wer gelernt hat, dass sein Lebensglück von seinen inneren Werten und seiner Denk- und Lebensweise abhängt, nicht aber von Besitz und Erfolg, der wird gelassen über materielle Einbußen oder äußeren Misserfolg hinwegsehen können, ohne sich dadurch aus seiner inneren Ruhe bringen zu lassen. Wer verstanden hat, sein Genügen in sich selbst und dem, was vorhanden ist, zu finden, dessen Glück bleibt unabhängig davon bestehen, ob und welche seiner noch vorhandenen Wünsche sich erfüllen oder nicht. »Sich selbst recht machen ist alles. Höchste Freude ist es, dieses Ziel zu erreichen […] Was von außen her der Zufall bringt, ist nur vorübergehend. Das Vorübergehende soll man nicht abweisen, wenn es kommt, und nicht festhalten, wenn es geht. […] Dann ist unsere Freude dieselbe im Glück und Unglück, und man ist frei von allen Sorgen. Heutzutage aber verlieren die Leute ihre Freude, wenn das Vorübergehende sie verlässt. Von diesem Gesichtspunkt aus sind sie auch mitten in ihrer Freude immer in Unruhe«, sagt Zhuangzi.

Selbstliebe als Grundlage der Selbstsorge

Dass man einen guten Umgang mit sich findet und sein Inneres pflegt, setzt voraus, dass man Liebe zu sich selbst entwickelt, seinen eigenen Wert erkennt und verständnisvoll mit seinen Schwächen und Grenzen umgeht. Man muss lernen, sich so zu nehmen und zu akzeptieren, wie man ist, ohne darauf zu verzichten, sich stetig weiterzuentwickeln, seine Anlagen zu entfalten und an seinen Schwächen zu arbeiten. Der richtige Umgang mit den eigenen Defiziten, ihr Abbau oder ihre Minderung verringern seelisches Leid und fördern damit ebenso die Freude am Leben wie die Entfaltung der eigenen Stärken. Man wächst, reift und wird weiser. Selbstsorge bedeutet, sich Zeit für diese Selbstkultivierung zu nehmen, Stunden der Stille und des Alleinseins zu suchen, in denen man ohne äußere

Ablenkung über sich nachdenken und Bilanz ziehen kann, in denen man Entscheidungen treffen und den Kurs des Lebens korrigieren oder neu bestimmen kann. Selbstsorge bedeutet, auf der Grundlage einer angemessenen Selbsterkenntnis ein Programm zu entwickeln und umzusetzen, dass die eigenen Schwächen mindert und die Stärken, Anlagen und Potenziale entfaltet. Durch die Entfaltung unserer Anlagen erfahren wir Selbstwirksamkeit, die neben erfüllenden zwischenmenschlichen Beziehungen eine der Hauptquellen der Lebensfreude ist.

Manchen Menschen fällt es schwer, sich mit sich selbst zu beschäftigen, sodass sie sich zwanghaft von einer Zerstreuung in die andere flüchten, nur um sich nicht mit sich selbst beschäftigen zu müssen. Wer aber vor sich wegläuft, der verweigert die Arbeit in seinem Seelengarten und wird die Verwilderung seines Gartens mit Leid und Unzufriedenheit bezahlen. »Wohin, ihr Menschen?«, rief Sokrates einmal aus, »Ihr kümmert euch nur ums Geld […] aber euch selber habt Ihr vernachlässigt, alle, ohne Ausnahme […] um Einsicht, Wahrheit, möglichste Besserung Eurer Seele kümmert Ihr Euch nicht und macht Euch darüber keine Sorge.«

Wer zu sich selbst ein verständnis- und liebevolles Verhältnis aufbaut und pflegt, wer sich regelmäßig, entschlossen und konsequent um sich selbst kümmert, der wird wachsen und innerlich reicher und ausgeglichener werden. Damit wird auch sein Verhältnis zu anderen Menschen zugewandter und erfüllender werden. Er wird lernen, mit dem gleichen rücksichtsvollen Verständnis, das er sich selbst gegenüber aufbringt, auch auf andere zuzugehen. Die guten zwischenmenschlichen Beziehungen, die sich daraus entwickeln, werden ihm wiederum bei der Arbeit an sich selbst helfen. Im verständnisvollen Austausch mit Freunden und Familie, dem »wahrhaften Gespräch«, wie der jüdische Religionsphilosoph Martin Buber es genannt hat, wird er wichtige Hinweise für seine Selbsterziehung erhalten. Sein Gegenüber spiegelt ihm, wie er auf andere wirkt und wie er von anderen erlebt wird. Mithilfe der Sicht des anderen kann er Seiten an sich entdecken, die er selbst nicht wahrgenommen hat. Das hilft ihm bei der kontinuierlichen Verbesserung des Umgangs mit sich selbst, denn alles hängt davon ab, dass man sich selbst möglichst gut kennenlernt und über die Selbsterkenntnis Ruhe und Frieden in sich findet. Denn *»wer sich selber nicht kennt, kann mit sich selber auch nicht umgehen«*, sagt Dion Chrysostomos.

Falsche Denkgewohnheiten gefährden die Gesundheit

»Lass die Sorge nicht überhandnehmen, damit du nicht verstört wirst. Wenn das Herz um seinen Besitzer zu sehr besorgt ist, dann verschafft es ihm Krankheit«, heißt es in einem ägyptischen Papyrus. Die Selbstsorge dient insbesondere dazu, innere Konflikte, Unausgeglichenheiten und negative Prägungen abzubauen. Seelisch gesund zu werden bedeutet, zu sich selbst und in seine Mitte zu kommen. Dazu müssen die ungelösten inneren Konflikte und Widersprüche erkannt und aufgearbeitet werden. Die »Knoten des Herzens« müssen gelöst werden, wie es in den *Upanishaden* heißt. Ausgangspunkt für die seelische Gesundung ist, dass man durch achtsames Wahrnehmen der eigenen Gefühle bemerkt, dass irgendetwas nicht stimmt, dass man ein Unwohlsein, eine Bedrückung, eine innere Unruhe oder getrübte Stimmung verspürt. Von großer Wichtigkeit ist es, dass wir durch eine aufrichtige Innenschau die Ursachen dafür erkennen. Haben wir diese erkannt, so haben wir den Hebel in der Hand, wo wir ansetzen können, um zu positiveren Gefühlen zu gelangen.

Meistens sind die Ursachen bestimmte, häufig unbewusste Denkgewohnheiten und Glaubenssätze, die uns nicht guttun. So etwa die Vorstellung, alles, was wir uns vorgenommen haben, müsste auch gelingen. Aus dieser Vorstellung heraus können sich sehr leicht Ängste, Sorgen und Stress entwickeln und den Boden bereiten für Frustration und Enttäuschung, wenn es nicht gelingt. Eine solche Vorstellung entspricht nicht der Realität und ist ungesund. Wollen wir sie ändern, so müssen wir diese Vorstellung durch eine realistischere und wohltuendere ersetzen, etwa indem man sich bewusst macht, dass die Umsetzung unseres Plans von vielen Umständen abhängt, die nicht in unserer Hand liegen. Wir können uns deshalb nicht darauf verlassen, dass der Plan gelingt. Hinzu kommt die weitere Vorstellung, dass es für unser Lebensglück nicht entscheidend ist, ob ein äußeres Vorhaben gelingt, sondern nur, dass wir uns nach besten Kräften darum bemühen. Nach diesem Schema können wir jede schädliche Denkgewohnheit ablegen, Enttäuschungen vermeiden und gesunde mentale Einstellungen erlangen, die unsere innere Ruhe, Resilienz, Zuversicht und Lebensfreude stärken.

Je mehr wir selbstschädigende Vorstellungen überwinden und durch heilsame und nährende ersetzen, umso ausgeglichener und gesünder wird unser Seelenleben. Je mehr es uns auf diesem Weg gelingt, negative Gefühle abzubauen, umso stärker wachsen Optimismus, Selbstvertrauen, positive Gefühle und die Freude am Leben. Das aber ist die beste Voraussetzung für körperliche Gesundheit: »Ein fröhliches Herz bringt gute Besserung, aber ein zerschlagener Geist vertrocknet das Gebein«, heißt es im Alten Testament. Das ist auch gemeint, wenn wir in der antiken Grundlagenschrift zur traditionellen chinesischen Medizin, *Der Gelbe Kaiser*, lesen: »Jene Menschen, die die Prinzipien einer ganzheitlichen Lebensführung verstehen, zähmen ihren Geist und lassen ihn nicht vagabundieren. Sie zwingen sich selbst und anderen nichts auf, sie sind glücklich und zufrieden, ruhig und still und können sehr lange leben. Das sind die überlieferten Methoden des Gesundbleibens.« Der Zusammenhang von körperlicher und seelischer Gesundheit kommt in dem Begriff der »ganzheitlichen Lebensführung« zum Ausdruck, die Ersetzung schädlicher durch gesunde Vorstellungen in den Worten »zähmen ihren Geist und lassen ihn nicht vagabundieren«. »Ruhig und still« schließlich besagt, dass der seelisch-geistige Zustand ausgeglichen und frei von größeren, leidvollen Konflikten ist. Wir sind mit uns im Reinen und fühlen uns wohl in unserer Haut.

Was heißt es, gut zu altern?

Das Alter ist die größte Gefährdung für die Gesundheit, ja, schließlich ihr Bezwinger. Es ist auch ein Prüfstein für die eigene Weisheit und Wahrhaftigkeit. Nur wer das Alter und die Gewissheit des eigenen Todes, die im Alter immer stärker ins Bewusstsein tritt, annehmen kann, wird seine Lebensfreude auch in fortgeschrittenen Jahren nicht verlieren, seine Leiden standhaft und tapfer ertragen und das spezifische Glück des Alters genießen können. Denn »auch das hohe Alter hat seine Blüten«, meinte Goethe.

Bei dem Alter ist es wie bei der Gesundheit: Der Prophylaxe, der richtigen inneren und äußeren Vorbereitung, kommt entscheidende Bedeutung zu. Derjenige wird die Beschwerlichkeiten und Leiden des Alters am besten meistern, der sich frühzeitig darauf einstellt und Körper, Geist und Seele durch Übungen darauf vorbereitet hat. Dazu gehören all diejenigen Veränderungen, die typischerweise mit dem Alter verbunden sind, wie etwa die Abnahme der körperlichen und geistigen Kräfte und der Leistungsfähigkeit, die Zunahme von kleineren und größeren körperlichen Gebrechen, die Leiden eines alternden Körpers oder das Nachlassen der Erinnerung, Konzentrationsfähigkeit und Belastbarkeit. Wer sich regelmäßig ausreichende Bewegung verschafft und sich durch angemessene sportliche Ertüchtigung und gesunde Ernährung in guter Form hält, bei dem setzen die körperlichen Gebrechen und Schwächen des Alters in der Regel später ein und fallen schwächer aus. Gleiches gilt für den Geist. Bis zum Ende sollten wir hier beweglich sein, neugierig bleiben und dazu lernen wollen. »Fließendes Wasser fault nicht. Türangeln werden nicht wurmstichig – denn sie bewegen sich. Gleiches gilt auch für Körper und Geist«, sagt Lü Buwei.

Lü Buwei, um 300 v. Chr., chinesischer Kaufmann, Politiker und Philosoph, der es liebte, Philosophen um sich zu haben. Ihre Weisheiten sammelte er in seinem berühmten Buch *Frühling und Herbst des Lü Buwei*. Darin finden sich so schöne Sätze wie: »Je heftiger man nach etwas strebt, desto weiter kommt man vom Ziele ab« oder »Das Herz muss in Harmonie und Ruhe sein, dann erst wird es heiter.«

Wie in vielen Beziehungen bedeutet Weisheit auch hier die Fähigkeit, das Kommende vorherzusehen, sich dafür zu wappnen, und wenn es da ist, anzunehmen und Ja zu sagen zu dem, was natürlich ist und wir nicht ändern können. Niemand zwingt uns, fortzuleben, meinte Seneca. Wenn wir es tun, sollten wir es besonnen, bewusst, tapfer und erhobenen Hauptes tun und diejenigen Freuden genießen, die jedes Lebensalter mit sich bringt.

Die Bedeutung der inneren Vorbereitung auf das Alter und die Folgen des Unvorbereitetseins hat der gegenwärtige Dalai Lama einmal treffend beschrieben: »Zum Beispiel könnte man Faktoren wie Alter und Tod als negativ und unerwünscht ansehen und einfach versuchen, sie zu vergessen. Aber irgendwann werden sie ohnehin eintreten. Und hat man es immer vermieden, darüber nachzudenken, wird es einen schließlich wie ein Schock treffen und unerträgliches geistiges Unbehagen verursachen. Verwenden wir unsere Zeit jedoch darauf, auch über Alter, Tod und andere Misshelligkeiten nachzudenken, werden wir psychisch viel stabiler sein, wenn diese Dinge geschehen, da wir uns bereits mit den Problemen und verschiedenen Arten von Leid vertraut gemacht und sie im Geiste vorweggenommen haben. Daher glaube ich, dass es nützlich sein kann, sich sehr früh mit den möglichen Arten von Leid zu beschäftigen.«

Von dem »geistigen Vorwegnehmen« von negativen Ereignissen, Misserfolgen oder Schicksalsschlägen, der *praemeditatio malorum*, war bereits die Rede. Sie ist eine Form der Visualisierung und war bei den Stoikern eine wichtige mentale Übung zur Wahrung der

Resilienz und inneren Gelassenheit, zur Stabilisierung der inneren Burg, die für die »Unerschütterlichkeit des Weisen«, eines ihrer Lebensideale, von großer Bedeutung war. Die mentale Vorbereitung auf das Altern und die damit verbundenen Beschwerlichkeiten, Beeinträchtigungen und Leiden, ist ein wichtiger Anwendungsbereich dieser Übung. Wenn wir mit uns im Reinen sind und uns auf das Kommende angemessen vorbereitet haben, können wir aus allen Umständen etwas Gutes machen. Das gilt auch für das Alter.

Wie jede tiefere Freude setzt die Fähigkeit, das Alter in dieser Weise zu erleben und zu genießen, voraus, dass wir unsere Mitte gefunden haben, vergangene Belastungen, Probleme und negative Prägungen aufgearbeitet haben, in uns zur Ruhe gekommen sind und an uns selbst unser Genügen gefunden haben. In seiner Schrift über das Greisenalter sagt Cicero: »Wer freilich kein Hilfsmittel zu einem guten und glückseligen Leben in sich selbst hat, für den ist jedes Lebensalter beschwerlich; wer hingegen alle Güter in sich selbst sucht, dem kann Nichts als ein Übel erscheinen, was ein notwendiges Naturgesetz mit sich bringt (wie das Altern).«

Alter ist eine Erscheinungsform der Vergänglichkeit, und kaum etwas ist nützlicher für ein gelingendes Leben, als sich frühzeitig mit den Phänomenen von Tod und Vergänglichkeit auseinanderzusetzen. Sie sind ein wesentlicher Bestandteil des Lebens. Wer sich mit ihnen innerlich vertraut macht, der lernt loszulassen, sich einzufügen in den Wandel der Dinge, sich anzupassen an das, was man nicht ändern kann, und was daran beschwerlich ist, geduldig zu ertragen. Bei Liezi lesen wir: »Als Alternder und Greis verblassen die Wünsche und Gedanken, und der Leib verkümmert: so erstrebt man nicht mehr den Vorrang unter den Dingen; und wenn man auch in seinem Insichgeschlossensein nicht heranreicht an Säugling oder Kind, so unterscheidet man sich doch darin vorteilhaft vom Jüngling oder Mann.« Für die alten Chinesen war die Fähigkeit kleiner Kinder, sich ganz im Hier und Jetzt zu verlieren und darin aufzugehen, ein erstrebenswertes Ideal für jedes Lebensalter. Es bedeutet, in jedem Augenblick vollkommen lebendig, präsent und wach zu sein.

Das Wort »Insichgeschlossensein« meint, dass wir im Alter nicht mehr so stark durch Ambitionen auf Äußeres gerichtet sind und daher mehr in uns selbst und im gegenwärtigen Augenblick leben können. Wir können uns ganz der denkenden, schauenden und still genießenden Betrachtung hingeben, die von keinem Wollen und keiner Intention mehr gestört oder abgelenkt wird. Nach Aristoteles und den alten Indern erlangen wir in diesem Zustand die reinste Glückseligkeit. »Denn wenn dem früheren Alter Tun und Wirken gebührt, so ziemt dem späteren Betrachtung und Mitteilung«, sagt Goethe. Man soll das loslassen, was im Alter nicht mehr zur Verfügung steht, und sich auf das konzentrieren, was uns noch bleibt und wozu wir als junger Mensch vielleicht nie die Zeit und Muße gefunden haben. Noch einmal der Weise aus Weimar: »Im hohen Alter, wo uns die Jahre nach und nach wieder entziehen, was sie uns früher so freundlich und reichlich gebracht haben, halte ich für die erste Pflicht gegen uns selbst und gegen die Welt, genau zu bemerken und zu schätzen, was uns noch übrig bleibt.« Und an anderer Stelle: »Älter werden heißt selbst ein neues Geschäft antreten; alle Verhältnisse verändern sich, und man muß […] mit Willen und Bewußtsein das neue Rollenfach übernehmen.«

Wissenschaftliche Studien haben nachgewiesen, dass diejenigen, die das Alter und den eigenen Tod akzeptieren und ein positives Verhältnis dazu gewinnen können, ihre Lebenserwartung signifikant erhöhen, im Durchschnitt um siebeneinhalb Jahre. Lebenszufriedenheit und seelische Gesundheit sind die beste Altersvorsorge. Wer sie sein Leben lang bewahren kann, der bleibt in jeder Lebensphase, so auch im hohen Alter noch lebendig, produktiv und fähig, gute zwischenmenschliche Beziehungen zu wahren und neue aufzubauen.

Drei Regeln für die Selbstsorge, die Gesundheit und das Altern

1.

Wer das Leben meistern und viel Freude daran haben möchte, der muss regelmäßig und beharrlich seinen Seelengarten pflegen, immer wieder in sich hineinschauen, das Leidvolle erkennen und heilen, das Nährende und Gute stärken und entfalten.

2.

Für die Gesundheit des ganzen Menschen kommt der seelisch-geistigen Gesundheit eine entscheidende Bedeutung zu. Deshalb ist auf die kontinuierliche Selbstsorge als seelische Hygiene noch größerer Wert zu legen als auf körperliche Ertüchtigung und gesunde Ernährung.

3.

Wer sich früh auf die Beschwerlichkeiten und Leiden des Alters vorbereitet, der wird das spezifische Glück, das dem Alter eigen ist, genießen können und bis zum Schluss Freude am Leben haben.

Drei Übungen zu Selbstsorge, Gesundheit und Altern

1.

Halte regelmäßig den Schritt an und nimm dir Zeit, in dein Inneres zu schauen, um zum einen die Ursachen für deine Unzufriedenheit zu erkennen und sie aufzuheben, zum anderen, um dir deiner wahren Bedürfnisse bewusst zu werden und sie möglichst jeden Tag zu leben und zur Entfaltung zu bringen.

2.

Pflege kontinuierlich Seele, Geist und Körper, indem du dir jeden Tag Zeit nimmst für deinen Seelengarten, für Philosophie, für wohltuende Gedanken und für ausreichende Bewegung an frischer Luft.

3.

Denke frühzeitig daran, dass das Welken und Vergehen genauso zum Leben gehört wie das Wachsen und Blühen, dass auch der Herbst seine Schönheiten hat und der Winter schließlich die verdiente Ruhe nach einem erfüllten und tätigen Leben bringt.

12
Regeln

DIE 12 WICHTIGSTEN ASPEKTE DES GELINGENDEN LEBENS

Damit unser Leben gelingt, sollten wir unser Denken, Handeln und Wollen an Grundsätzen und Werten ausrichten, die in der praktischen Philosophie und Lebensweisheit immer wieder empfohlen wurden und sich zu allen Zeiten bewährt haben. Diese Grundsätze und Werte lassen sich drei Lebensbereichen zuordnen: dem Verhältnis zu sich selbst, zu anderen und zur Welt.

Das Verhältnis zu sich selbst

- Selbsterkenntnis und Treue zu sich selbst sind die unverzichtbaren Grundlagen für ein gelingendes Leben. Wenn wir unsere tiefsten Bedürfnisse erkannt haben und mit uns im Reinen sind, wenn wir im Denken, Wollen und Handeln stets unseren innersten Überzeugungen und Werten folgen, ohne uns etwas vorzumachen, kommt die Freude am Leben von selbst. Daher ist es notwendig, sich immer wieder zu sammeln und zu sich zurückzukehren, in sich hineinzuhorchen und seine Lebensweise selbstkritisch daraufhin zu prüfen.
- Das Ziel unserer Selbstsorge und Lebensführung sollte sein, sich selbst der beste Freund zu werden und eine innere Ausgeglichenheit herzustellen, indem wir unseren tiefsten Bedürfnissen und Anlagen folgen und sie entfalten, unsere Defizite und leidvollen Affekte aber zügeln und eindämmen.
- Indem wir durch ein beharrliches Einüben wohltuender Gewohnheiten im Denken, Wollen und Handeln die störenden und leidvollen Gewohnheiten ersetzen, können wir alles in uns zum Positiven hin verändern und weiterentwickeln. Dazu benötigen wir die Einsicht in das, was uns dauerhaft gut-

tut, die Entschlossenheit, an uns zu arbeiten, und die Geduld, das als richtig Erkannte so lange einzuüben, bis es zu einem festen Bestandteil unseres Charakters und unserer Lebensweise geworden ist.

- Eine unerschöpfliche Quelle des Glücks und der Lebensfreude ist eine Haltung von Demut, Bescheidenheit und Dankbarkeit, die sich an dem erfreut, was da ist, und ohne Leid oder Bedauern auf das verzichten kann, was nicht da ist.

Das Verhältnis zu anderen Menschen

- Wir sollten lernen, die Menschen mit all ihren Schwächen und Fehlern so anzunehmen, wie sie sind, und jeden persönlichen, aggressiven Streit zu vermeiden, ohne dabei unsere innere Überzeugung aufzugeben oder in dem Bemühen nachzulassen, für diese Überzeugung einzustehen und zu kämpfen.
- Wir sollten immer daran denken, dass wir alle Schwächen und Fehler haben, niemand sich selbst gemacht hat, dass alle die gleiche Sehnsucht nach Glück haben, aber viele aus Unkenntnis, seelischer Not oder schwierigen Lebensumständen in die Irre gehen und das Falsche tun.
- Wir sollten über die Taten der Menschen, aber nicht über diese als solche urteilen, sondern stattdessen an unsere eigenen Fehler denken. Wir sollten uns darin üben, allen Menschen, unabhängig von dem, was sie getan und gesagt haben, mit Wohlwollen, Zugewandtheit, Verständnis, Milde und Sanftmut zu begegnen, ja, wenn möglich, mit Liebe und der Bereitschaft, zu verzeihen. Das ist schwer, aber es lohnt sich.
- Wir sollten darauf achten, mit wem wir näheren Umgang pflegen, wer unsere Freunde, Lehrer und Vorbilder sind, denn unsere Seele nimmt deren Farbe an.

Das Verhältnis zur äußeren Welt und dem Schicksal

- Wir sollten verstehen und verinnerlichen, dass das Lebensglück, nach dem wir uns sehnen, nicht in äußeren Gütern und Verhältnissen zu finden ist, sondern in der eigenen Seele und darin, wie wir mit uns selbst umgehen. Wir sollten uns von äußeren Dingen innerlich unabhängig machen, nicht anhaften und lernen, alles loslassen zu können, was uns das Schicksal entreißen kann.
- Wir sollten erkennen, dass die äußeren Dinge, Verhältnisse oder Ereignisse weder gut noch schlecht sind, sondern dass sie es erst werden durch unsere Vorstellungen, Bewertungen und Haltungen zu ihnen. An unseren Vorstellungen liegt es, welche Gefühle durch äußere Ereignisse und Dinge in uns hervorgerufen werden. Durch angemessene Vorstellungen und den Wechsel der Perspektive können wir in allem Gutes finden und es uns zunutze machen.
- Bei allem, was wir im Außen beginnen, planen und anstreben, sollten wir gleich zu Beginn daran denken, dass etwas dazwischenkommen kann und die Dinge sich anders entwickeln können, als wir es uns wünschen, ohne dass wir darauf verzichten, unser Bestes zu geben, um unsere Ziele zu erreichen.
- Wir sollten uns mit dem Tod befreunden, mit dem eigenen und dem uns nahestehender Menschen und akzeptieren, dass alles »nur geliehen« ist. Wir sollten darin eine Naturnotwendigkeit erkennen und die Voraussetzung für unsere Freude und unser Glück, die es beide nicht gäbe, wäre nicht alles vergänglich. Bei jeder Trauer und jedem Abschied sollten wir nicht vergessen, dankbar zu sein und in froher Erinnerung an die Zeit des Zusammenseins zu denken, die uns geschenkt wurde.

DANKSAGUNG

Wir bedanken uns bei Ulrike Reisch und Tina Panzer für Schnitt und Produktion des Podcasts, bei Anja Prestel und ihrem Königspudel »Sid« für das Titelfoto und nicht zuletzt bei unseren Ehefrauen Dietke und Susanne für ihre vielfältige Unterstützung.

DIE AUTOREN

Dr. Albert Kitzler ist Philosoph, Bestsellerautor und Experte für die antiken Philosophen Griechenlands, Chinas und Indiens. Er arbeitete viele Jahre als erfolgreicher Medienanwalt und später als Filmproduzent. 1994 gewann er einen Oscar für den Kurzfilm »Schwarzfahrer« von Pepe Danquart. 2010 gründete er in Berlin die philosophische Schule »MASS UND MITTE – Schule für antike Lebensweisheit«, in der er einem breiten Publikum die Weisheiten der antiken Lebenskunst zugänglich macht. Er leitet das »Haus der Weisheit« in Reit im Winkl.

Jan Liepold leitete 17 Jahre lang eine erfolgreiche Kommunikationsagentur in München und Berlin. Im Februar 2021 erlitt der Vater zweier Söhne einen plötzlichen Herzstillstand und konnte mit viel Glück, Herzmassage und Defibrillator gerettet werden. Diese Grenzerfahrung und das ihm geschenkte zweite Leben will Jan sinnvoll nutzen. Der Stoiker-Fan verkaufte seine Anteile an der Agentur und hostet heute zusammen mit Albert Kitzler den Podcast »Der Pudel und der Kern«, der den philosophischen Fragen des Lebens nachspürt.

REGISTER DER BIOGRAFISCHEN HINWEISE ZU ZITIERTEN AUTOREN

FUNDSTELLEN DER ZITATE

Hinter den Ofen	Goethe, *Faust*, Erster Teil, Vers 1310 ff.
Nie ist zu oft	Seneca, *Philosophische Schriften*, III 102 Brief 27.

Gelassenheit

Nicht die Dinge	Epiktet, S. 285, *Handbüchlein* 5.
Sich selbst recht	Zhuangzi, XVI 4.
Zum Schicksal sagt	Marc Aurel, 10, 14.
Ein Weiser vergisst nie	Mong Dsi, III B 1 (61).
Der Mensch lerne	MA 17, 619 (*Wilhelm Meisters Wanderjahre*).
wenn auch sonst	Diogenes Laertius, VI 63.
Erst wer Ruhe	Schwarz, S. 334 f. (*Buch der Riten, Sitten und Gebräuche*).
In der Welt	Luck, S. 387.
glücklichen Gelassenheit	*Deutsches Wörterbuch* von Jacob und Wilhelm Grimm, Nachdruck München 1984, Bd. 5, Sp. 2870, Gelassenheit.
Gelingt mir etwas	Nach Konfuzius, *Schulgespräche*, 20, 2.
wenn nichts dazwischen	Seneca, *Philosophische Schriften*, II 100.
Ärgere dich nicht	Ekiken, *The Way*, S. 33.

Authentizität

Wo ich auch	Seneca, *Philosophische Schriften*, III 221 f. Brief 62.
Der Weise wird	Epikur, S. 138.

Unaufrichtigkeit ist Betrug	Brüll, S. 189.
Sich selbst betrügen	Nach Xenophon, *Erinnerungen*, IV 26 (S. 121).
Das meinte der	Zhuangzi, XXVII 11.
Heftiges Wollen macht	Nach Demokrit, *Fragmente*, S. 51.
Der Weise ist	Kungfutse, *Schulgespräche*, 37, 1.
Werde, der du bist	Zweite Pythische Ode, 72, zitiert nach Snell, Bruno, *Die Entdeckung des Geistes, Studien zur Entstehung des europäischen Denkens bei den Griechen*, 2. Auflage, Hamburg 1948, S. 151.
Wenn du kühn	Goethe, *Briefe I* 132 (an Herder 10.07.1772).
Keine Freude ist	Schwarz, S. 172.
Welche Gemütsruhe	Mark Aurel, 4, 18.
Am schlimmsten ist	Kungfutse, *Schulgespräche*, 13, 3.
Wer beim Insichgehen	Mong Dsi, IV A 12 (79).
Niemand kann dauernd	Seneca, *Philosophische Schriften* (*Über die Milde*) (Rosenbach), Band 5, S. 7.
Wer sich nur	Zhuangzi, XXIII 3.
Bekämpfe das Falsche	Brunner, S. 203.
Geborgenheit im Innern	*Buch der Riten*, S. 55 f.
Warum er das	Diogenes, Luck, S. 109.

Umgang mit Scheitern

Man sagt, der	Nach Kungfutse, *Schulgespräche*, 14, 3.
Ein widriges Schicksal	Plutarch, Luck, S. 78.
Man muss alles	Seneca, *Philosophische Schriften*, II 24 (*Vom glückseligen Leben*).
Dem Menschen gelingt	Brunner, S. 209.
Herden noch im	Demokrit, *Fragmente*, S. 53.
Das Werk zu	*Bhagavadgita*, 2, 47 f.

Glück und Unglück	Nach Demokrit, *Fragmente*, S. 53.
inmitten aller Tragödien	Zitiert nach Wikipedia, Art. *Bhagavadgita.*
Dem tätigen Menschen	Goethe, MA 17, 738 (*Maximen und Reflexionen* Nr. 100).
Manches keimt und	Konfuzius, *Gespräche*, IX 22.
wenn nichts dazwischen	Seneca, Philosophische Schriften, II 100 (*Von der Gemütsruhe*).
Konfuzius geriet in	Zhuangzi, XVII 8.
Man sagt, der	Kungfutse, *Schulgespräche*, 14, 3.
Bewahre stets den	*Bhagavadgita*, 2, 48.
Ein böser Nachbar	Epiktet, *Wege*, S. 121.
Schlimmes zum Besten	Seneca, *Philosophische Schriften*, III 153 Brief 45.
Auch Buddhas und	Thich Nhat Hanh, *Das Herz von Buddhas Lehre*, 3. Auflage, Freiburg i.Br. 1999, S. 49
größten Wunder der	Zitiert nach Wikipedia, Art. Epiktet.
In dem Gebrauch	Nestle, *Nachsokratiker*, II 203.
Nie murrt der	Epiktet, *Wege*, S. 201.
es für einen	Sokrates, zitiert nach Gomperz Heinrich, *Die Lebensauffassung der griechischen Philosophen und das Ideal der inneren Freiheit. Zwölf gemeinverständliche Vorlesungen.* Jena und Leipzig 1904, S. 85 (Apologie).
Manche kommen erst	Konfuzius, Gespräche, XIX 17 (Übersetzung R. Wilhelm).

Selbsterkenntnis

Ein Leben ohne	Platon, *Sämtliche Dialoge, Apologie* 35a.

Sieh auf dein	Marc Aurel, 7, 59.
Wer sein Herz	Bissing, S. 94.
Daher kann, wer	Luck, S. 340.
Obwohl er keine	Luck, S. 311.
Wer sorgfältig sein	Zhuangzi, XVII 6.
Charakter im großen	Goethe, MA 17, 867 (*Maximen und Reflexionen* 839).
Am Ende stellt	Goethe, *Briefe IV* 177 (an Zelter, 21.1.1826).
Immer tätiger	nach Goethe, MA 4.2, 515.
Ein Mensch ist	Nach Xenophon, *Erinnerungen*, III 14 (S. 98).
Wer sein Herz	Schwarz, S. 172.
Wer wagt es	Seneca, *Philosophische Schriften*, II 69 (*Von der Gemütsruhe*).
mit dem Tod	Etwa Marc Aurel, 9, 3; Übersetzung nach Durant, 8, 427.
dann werde man	Vgl. MA 17, 513 (*Wilhelm Meisters Wanderjahre, 2. Buch, Betrachtungen im Sinne der Wanderer*)
Nur von uns	Homer, *Odyssee*, I 33 f.
Nicht die Dinge	Nach Mark Aurel, 4, 3.
Mache dich selbst	Seneca, *Philosophische Schriften*, III 116 Brief 31.
Diejenigen aber, die	Mark Aurel, 2, 8.
Ein wahrhaft großer	Seneca, *Philosophische Schriften*, I 154 (*Vom Zorn*).
Wer sein Inneres	Nach *Buch der Riten*, S. 55.
Wenn einer etwas	Plutarch, *Lebensklugheit*, S. 199.
Nie lass auf	Epiktet, *Unterredungen III*, 10.
Nur die Meditation	Patañjali, III 3.
Der Mensch besieht	Zhuangzi, V 1.
Wenn die seelisch-geistigen	Patañjali, I 41.

Autonomie und Freiheit

Der Weise soll	Nestle, *Vorsokratiker*, S. 175.
Ich will euch	Boethius, S. 35.
Freiheit ist das	Kant, Immanuel, *Fundamente wahren Lebens. Ein Brevier*, Wiesbaden 1953, S. 56.
im Verborgenen zu	Epikur, S. 167.
Ein Strohdach deckt	Seneca, *Philosophische Schriften*, IV, 83 Brief 90.
nur die Weisen wirklich	Vgl. Aristoteles, *Metaphysik I* 2; Durant 13, 24 f.
nur die Weisen tun	Nestle, *Nachsokratiker*, II 360.
Wenn man das	Epikur, S. 109.
Von seinen Zügeln	Boethius, S. 17.
Wer volle Einsicht	Seneca, *Philosophische Schriften*, IV 25 Brief 85.
über sich selbst	Seneca, *Philosophische Schriften*, III 309 Brief 75.
Darum heißt es	Zhuangzi, XV (S. 182).
Das ist kein	Bissing, S. 102.
Mit dem Herrn	Easwaran Eknathan, *Die Upanishaden*, München 2008, S. 318, Tejobindu-Up. 7.
Yoga ist somit	Desikachar/Krusche, *Das verborgene Wissen bei Freud und Patañjali*, Stuttgart 2007, S. 19.
Jede Gedankenwelle	Nikhilananda Swami, *Vivekananda. Leben und Werk*, München 1972, S. 334.
Wer Indien verstehen	Wikipedia, Art. Vivekananda.
Dies ist die	Nikhilananda Swami, *Vivekananda. Leben und Werk*, München 1972, S. 351.

Das Nicht-Begehren nach	Patañjali, I 15.
Die leidvollen Spannungen	Patañjali, II 10.
Seit Antisthenes mir	Luck, S. 94 f.
In meinem ganzen	Luck, S. 109.
Der Weise soll	Nestle, *Griechische Lebensweisheit*, S. 62.
Nichts habe ich	Seneca, *Philosophische Schriften*, II 42.
und hier ist's	Goethe, *Briefe IV* 159 (Briefentwurf an Nicolovius, Ende Nov. 1825).
Wenn wir, in	Goethe, MA 6.1, 251 (*Die Natürliche Tochter*, Vers 346 ff.).
Betrachten wir uns	Goethe, *Briefe IV* 306 (an Brühl, 23.10.1828).
Manche herrschen über	Nach Capelle, *Vorsokratiker*, S. 453.
Wer andre bezwingt	Schwarz, S. 216.
Wenn der große	Platon, *Sämtliche Werke, Gesetze* 734b.
Wer seine Sinne	Nach Dhammapada, *Nyanatiloka Mahathera*, 3. Aufl. Uttenbühl 2007, Vers 7.
Der Weise kämpft	*Buch der Riten*, S. 150.
Denn sie lehrt	Epiktet, *Wege*, S. 257.
Wer sein Herz	Brunner, S. 311.
untereinander und mit	Platon, *Sämtliche Werke, Staat* 589a.
wiederholtes, vernunft-gesteuertes	Nach Aristoteles, *Eudemische Ethik*, II 2, 1220b1 ff.
Werde, der Du	*Zweite Pythische Ode*, 72, zitiert nach Snell, Bruno, *Die Entdeckung des Geistes, Studien zur Entstehung des europäischen Denkens bei den Griechen*, 2. Auflage, Hamburg 1948, S. 151.

Resonanz und Liebe

Anhänglichkeit an die	Mong Dsi, VII A 15 (160).
Deine Hand liegt	Fritz, Karl August, *Weisheiten der Völker*, Köln 2003, S. 22.
Was ist ein	Luck, S. 123.
Resonanz ist eine	Rosa, Hartmut, *Resonanz. Eine Soziologie der Weltbeziehung*, Berlin 2016, S. 747.
Leben ist in	Rosa, ebenda.
Resonanz soll mithin	Rosa, ebenda, S. 749.
Spiegelung und Resonanz	Bauer, Joachim, *Wie wir werden, wer wir sind. Die Entstehung des menschlichen Selbst durch Resonanz*, München 2019, S. 7.
Die Liebe leitet	*Buch der Riten*, S. 279.
Worin der Weise	Mong Dsi, VII A 21.
Mag einer in	Brüll, S. 147.
Nichts spendet größeren	Zitiert nach Wikipedia, Art. Yoshida Kenko.
Würde man … ewig	Zitiert nach Wikipedia, Art. Yoshida Kenko; vgl. Brüll, S. 177.
Der Mensch wird	Buber, Martin, *Das dialogische Prinzip*, 6. Auflage, Gerlingen 1992, S. 32.
Alles wirkliche Leben	Buber, ebenda, S. 15.
Im Anfang ist	Buber, ebenda, S. 22.
Das Grundwort Ich-Du	Buber, ebenda, S. 10.
echtes Gespräch	Buber, ebenda, S. 293 ff.
Systole und Diastole	Goethe, MA 14, 292 (*Tag- und Jahreshefte 1820*).
Schließen Sie Freundschaft	Thich Nhat Hanh, *Einfach Lieben*, München 2016, S. 101.
Ich habe begonnen	Seneca, *Philosophische Schriften*, III 15 Brief 6.

Eine Ehefrau liebt	Easwaran Eknathan, *Die Upanishaden*, München 2008, S. 55, Brihadaranyaka-Up 2,4,5.
eine Seele in	Luck, S. 123.
tugendhafte Freunde einander	Aristoteles, *Nikomachische Ethik*, IX 12, 1172a12.
Es ist noch	Kungfutse, *Schulgespräche*, 15, 2.
Wisse auch, dass	Shankara, S. 51.
Sei gut gegen	Brunner, S. 127.
Die Sehnsucht nach	Shankara, S. 43.
Sei versichert, dass	Zitiert nach Durant 7, 297.
Pflege und Heilmittel	Cicero, *Gespräche*, III 5 f.
Habe ich etwas	Xenophon, *Erinnerungen*, I 14 (S. 35).
Und wo lerne	Nach Diogenes Laertios, II 48.
Die Menschen lieben	Konfuzius, *Gespräche*, XII 22.
Anhänglichkeit an die	Mong Dsi, VII A 15 (160).
Der beste Mensch	Mong Dsi, V B 8 (124).
Wenn du geliebt	Nestle, *Nachsokratiker*, II 86.
Wer niemand Liebe	Nestle, *Vorsokratiker*, S. 167.

Selbstgenügsamkeit und Verzicht

Die Weisheit wird	Cicero, *Gespräche*, V 54.
Auch dann noch	Konfuzius, *Gespräche*, VII 16.
Pflüge auf den	Bissing, S. 82.
Wen nicht berührt	*Bhagavadgita*, 5, 21.
Glücklich ist nicht	Seneca, *Philosophische Schriften*, III 153 Brief 45.
der größte Reichtum	Epikur, S. 162.
Die Stimme des	Epikur, S. 108.
Zufriedene Heiterkeit	I Ging, S. 213.
Eine stille, wortlose	Ebenda.
das auf sich	Liä Dsi, VI 5.

das eigene Leben	Plutarch, *Lebensklugheit*, S. 184.
Der Weise wünscht	Laotse, Abschnitt 64.
alle die Dinge	Mark Aurel, 1, 16.
Ein guter Charakter	Bissing, S. 121.
Weil dem Weisen	*Die Weisheit Japans*, Wilhelm Heyne Verlag, München 1979 (ohne Autor, ohne Seitenangaben)
Wenn dein Geist	Luck. S. 303.
Du gleichst einem	Xenophon, *Erinnerungen*, I 10 (S. 34).
Genussreicher als Reichtum	Bissing, S. 83.
Der Weise führt	Straub, *Liederdichtung*, S. 503.
Nichts Menschliches ist	Seneca, *Philosophische Schriften*, IV 164 Brief 95. Aus Terenz, Der Selbstquäler, Vers 77.
Alles, was ich	Nach Jaeger, II 122 (geht zurück auf Bias von Priene).
Der Begriff alles	Jaeger, ebenda.
Der größte Lohn	Epikur, S. 113.
Wer nicht der	*Bhagavadgita*, 4, 20.
Die Undankbarkeit der	Epikur, S. 113.
Da ich meinen	Brüll, S. 253.
Ein Mensch, der	Mong Dsi, VII B 35 (181 f.).
Der Weise sucht	Zhuangzi, XXVII 11.
Je ausgedehntere Säulenhallen	Seneca, *Philosophische Schriften*, II 202 f. (*Trostschrift an seine Mutter Helvia*).
Das beste Haus	Luck, S. 230.
Einfaches Auftreten	*I Ging*, S.60.
Man befindet sich	Ebenda.
die Begierde und	Buddha, S. 67.

Ängste und Sorgen

Es ist vor	Liä Dsi, VII 16.
Wenn das Herz	Bissing, S. 107.
Wer fürchtet, er	Cicero, *Gespräche*, V 40.
Wer von Ärger	Nach Schwarz, S. 236.
Das Leben der	Epikur, S. 163.
Die wahre Lust	Luck, S. 112.
Wenn du deinem	Xunzi, *The Complete Text*, translated by Eric L. Hutton, Princeton 2016, dt. vom Verfasser, S. 13 (Kap. II, Randziffer 138).
das Lernen erst	Vgl. Schwarz, S. 239.
Weisheit, die sich	Nestle, *Vorsokratiker*, S. 160.
Die Beschäftigung mit	Nestle, *Nachsokratiker*, II 96.
Wenn der Tod	Schwarz, S. 222 (Schen Dse).
Im Glück und	Kungfutse, *Schulgespräche*, 11, 3.
In den unvernünftigen	Nestle, *Nachsokratiker*, II 139.
Unter den Sätzen	Mark Aurel, 4, 3.
das Leben des	Zhuangzi, XV (S. 181).
Wer seine äußeren	Nestle, *Nachsokratiker*, II 355 f.
bleibt sich gleich	Seneca, *Philosophische Schriften*, IV 25 Brief 85 (Übersetzung abgewandelt).
Ehe sie erreicht	Konfuzius, *Gespräche*, XVII 15.
Der Weise kennt	Konfuzius, *Gespräche*, XII 4.
sich selbst vergessen	Kungfutse, *Schulgespräche*, 13, 3.
Bei allem Tun	Horaz, Briefe I 18, Verse 96 ff.
Du wirst aufhören	Nestle, *Nachsokratiker*, II 86.
Das Tao (der rechte Weg)	Zhuangzi, IV 1.
Menschen, die dem	Schwarz, S. 236.
Wer viel begehrt	Horaz, *Oden 3*, 16, Verse 42 f.
der in dem	Horaz, *Satiren II* 7, Verse 86 ff.
Nein. Der Weise	Kungfutse, *Schulgespräche*, 20, 2.
Der Weise wird	Zhuangzi, XXVII 11.

Willst du wissen	Seneca, *Philosophische Schriften*, III 344 f. Brief 80.
Die Reichen mühen	Zhuangzi, XVIII 1.
Wenn wir lernen	Nach Schwarz, S. 324.
Das einzige Mittel	Zitiert nach Luc Ferry, *Leben lernen: Eine philosophische Gebrauchsanweisung*, München 2006, S. 19.
Befreie dich vor	Seneca, *Philosophische Schriften*, III 344 f. Brief 80
Übe dich im	Epikur, S. 120.
nur geliehen ist	Seneca, *Philosophische Schriften*, II 168 f. (*Trostschrift für Polybius*); vgl. ebenda, I 37–39.
um künftige Zeiten	Brüll, S. 163.
Feiere den frohen	Bissing, S. 142.

Selbstwirksamkeitserfahrung, Selbstwertgefühl und Selbstvertrauen

Unerfreulich ist Untätigkeit	Capelle, S. 66.
Wenn du beim	Mark Aurel, 5, 1.
Es gibt nur	Seneca, *Philosophische Schriften*, III 116 Brief 31.
Wenn ein Mensch	Zhuangzi, XX 6.
Vernimm, was ich	Seneca, *Philosophische Schriften*, III 286 Brief 72.
Zwei Dinge sind	Seneca, *Philosophische Schriften*, IV 137 f. Brief 94.
Die Seele … muss	Seneca, *Philosophische Schriften*, II 100 f. (*Von der Gemütsruhe*).
Der ist Göttern	Hesiod, *Werke und Tage*, 298 f.
Denn nicht durch	*Bhagavadgita*, 3, 4.
Das Werk zu	*Bhagavadgita*, 2, 47.

Entsagung zwar und	*Bhagavadgita*, 5, 2.
Die Natur hat	Seneca, *Philosophische Schriften*, II 53 (*Von der Muße*).
Vielleicht sind gerade	Brüll, S. 188.
Je früher der	Goethe, *Briefe IV* 481 (an Wilhelm von Humboldt, 17.3.1832).
Wenn du der	Mark Aurel, 3, 12.
Vor Verdienst aber	Hesiod, *Werke und Tage*, 289.
Voreiligkeit beruht auf	Brüll, S. 83.
Was im Innern	*Buch der Riten*, S. 56.
Wer wohlgemut leben	Capelle, S. 444.
Nimm nicht das	Brunner, S. 294.
Wenn die Weisen	Zhuangzi, XVI 3.
Jemand kritisiert mich	Nach Konfuzius, *Gespräche*, VII 31.
großen Charakter nicht	Vgl. Seneca, *Philosophische Schriften*, I 153 f. (*Vom Zorn*).

Persönlichkeitsentwicklung

Für alle ist	*Buch der Riten*, S. 55.
Du bist nicht	Brunner, S. 206.
Schämst dich nicht	Platon, *Sämtliche Werke, Apologie* 29d.
Wer am meisten	Luck, S. 236.
Die Geldgier ist	Luck, S. 246.
Was ich davon	Diogenes Laertios, II 22.
Wenn du dein	Plutarch, *Moralphilosophische Schriften*, S. 125 f.; vgl. Capelle, S. 463.
eine schmutzige Kneipe	Zitiert nach Egon Fridell, *Kulturgeschichte Ägyptens und des Alten Orients*, München 1982, S. 4.
Masken aufschneiden	Dazu Zimmer, Heinrich, *Philosophie und Religion Indiens*, Frankfurt am Main 1973, S. 219.

Darum wacht der	Schwarz, S. 337.
Wer nicht sein	Kungfutse, *Schulgespräche*, 13, 4.
Nachzügler voranpeitschen	Zhuangzi, XIX 5.
Gesetz, nach dem	Goethe, MA 11.1.1, 188 (*Urworte, Orphisch*).
heile die Fehler	Seneca, *Philosophische Schriften*, IV 221 Brief 104.
Sich zu ändern	Konfuzius, *Gespräche*, IX 23.
Die Tugend besteht	Nestle, *Nachsokratiker*, II 199.
Mach dich selbst	Seneca, *Philosophische Schriften*, III 116 Brief 31.
Natur und Erziehung	Demokrit, *Fragmente*, S. 63.
Wenige Spuren der	Lukrez, *Vom Wesen des Weltalls*, Berlin und Weimar 1994, zitiert nach Buch (röm. Ziff.) und Vers (arab. Ziff.), III 318 f.
Durch Übung erreicht	Diels/Kranz, *Die Fragmente der Vorsokratiker*, 6. Auflage, Berlin 1952, Epicharm 23 B 33
Wie die Sonne	Zitiert nach Wikipedia, Art. Epicharmos.
Prüfe dich bis	Seneca, *Philosophische Schriften*, III 54 Brief 16.
So der Weise	*I Ging*, S. 162.
Ich bin glücklich	Brunner, S. 182.
Die Stärke eines	Demandt Alexander, *Sokrates antwortet. Aus dem ›Gnomologium Vaticanum‹*, Düsseldorf 2005, S. 116.
Nach einer Legende	Zitiert nach Wikipedia, Art. Erasistratos.
Unser physisches sowohl	Goethe, MA 16, 713 (*Dichtung und Wahrheit, IV.* Teil, 16. Buch).
Der Weise wandelt	Seneca, *Philosophische Schriften*, I 52 (*Von der Unerschütterlichkeit des Weisen*).
Darum muss dem	Nestle, *Nachsokratiker*, II 199.
Schwer bezähmbar ist	*Dhammapada*, Nyanatiloka Mahathera, 3. Aufl. Uttenbühl 2007, Vers, 159.

Der Weise kämpft	*Buch der Riten*, S. 150.
Greis schon bin	Vgl. Plutarch, *Lebensbeschreibungen*, Band I, S. 211.
Nichts zu sehr	Capelle, S. 65.
Ist ein Mensch	Konfuzius, *Gespräche*, VI 18.
Nach all dem	Zhuangzi, XX 3.

Kränkung und Ressentiment

Ein wahrhaft großer	Seneca, *Philosophische Schriften*, I 153 f. (*Vom Zorn*).
Der Weise murrt	Mong Dsi, II B 13.
Hasse die Sünde	Noetzel, Karl, *Östliche Weisheit*, Wiesbaden 1954, S. 37.
So oft du	Mark Aurel, IX 42.
Rührt ein Übel	Mark Aurel, VIII 17.
Wie kommt es	Seneca, *Philosophische Schriften*, I 135 (*Vom Zorn*).
Ich komme vom	Zitiert nach Snell, Bruno, *Die Entdeckung des Geistes, Studien zur Entstehung des europäischen Denkens bei den Griechen*, 2. Auflage, Hamburg 1948, S. 148.
Der Weise macht	*Buch der Riten*, S. 37.
Wir alle sind	Seneca, *Philosophische Schriften*, I 183 (*Vom Zorn*).
Beleidigungen, Rache	Rousseau, Jean-Jacques, *Schriften Bd. 2*, hrsg. von Henning Ritter, Frankfurt am Main 1988, S. 738.
Wenn in der	*Buch der Riten*, S. 59.
Nichts ist ein	Seneca, *Philosophische Schriften*, I 154 (*Vom Zorn*).
Denn der Hass	Noetzel, Karl, *Östliche Weisheit*, Wiesbaden 1954, S. 26.

Wo der Zorn	Schwarz, S. 184.
Genug	Goethe, *Briefe*, IV 435 (an Zelter, 28.07.1931).
Er könne sich	Nach Hermann Grimm, *Goethe. Vorlesungen*, 3. Auflage, Berlin 1882, S. 477.
Weit besser ist	Seneca, *Philosophische Schriften*, I 109 (*Vom Zorn*).
Wer mitfühlendes Zuhören	Nach Thich Nhat Hanh, *Gut sein und was der Einzelne für die Welt tun kann*, München 2014, S. 141.
Ist dein Wohlwollen	Mark Aurel, XI 18.
Ein hassendes Herz	*Unterweisungen des Shuruppak* (2600–2400 v. Chr.), zitiert nach Assmann, Aleida, Weisheit. *Archäologie der literarischen Kommunikation III*, München 1991, S. 107; https://etcsl.orinst.ox.ac.uk/section5/tr561.htm: A loving heart maintains a family; a hateful heart destroys a family.
Zu viel Reden	Ebenda, S. 108.

Neid und Eifersucht

Denn wo Neid	Luck, S. 353.
Eifersucht wird dich	Xunzi, *The Complete Text*, translated by
Eric L. Hutton,	Princeton 2016, dt. vom Verfasser, S. 23 (Kap. IV Randziffer 15 f.).
Andere zu beneiden	Ekiken, *The Way*, S. 38.
Wie einem Feinde	Demokrit, *Fragmente*, S. 35.
Denn wenig Menschen	*Griechische Tragiker*, hrsg. von Wolf Hartmut Friedrich, München 1958, Aischylos, Agamamnon, Verse 832 ff.
Denn kluggewandte Worte	Ebenda, Aischylos, Der gefesselte Prometheus, Vers 687.

Egoismus und Neid	Eckermann, Johann Peter, *Gespräche mit Goethe in den letzten Jahren seines Lebens*, München 1976, S. 91 (25.02.1824).
Das ist in	Beutler, Ernst, *Essays um Goethe*, 6. Aufl. Bremen 1957, S. 543.
Geschichte eines Mannes	Fundstelle nicht mehr auffindbar.
gesunden Egoismus	Aristoteles, Eth. Nic. IX 8; vgl. Jaeger II Fn. 68 (S. 402), dort wird irrtümlich auf Eth. Nic I 8 verwiesen statt auf IX 8.
Wo Meinungen faul	Luck, S. 353.
eine Emotion, die	Reckwitz, Andreas, *Das Ende der Illusionen. Politik, Ökonomie und Kultur in der Spätmoderne*, Berlin 2019, S. 226.
Die Tugend, keinem	Nikhilananda Swami, *Vivekananda. Leben und Werk*, München 1972, S. 343.
Nun, zum Beispiel	Dalai Lama, Howard C. Cutler, *Die Regeln des Glücks*, Bergisch Gladbach 1990, S. 49.
Fiebrigkeit im Geist	Sri Sri Ravi Shankar, *Fragen und Antworten über Gott und die Welt*, Ahlerstedt 2000, S. 116.
Es gibt kein	Sri Sri Ravi Shankar, Die Liebe feiern, EchnAton-Verlag (Ort nicht angegeben) 2009, S. 58.
Deine Wertschätzung für	Sri Sri Ravi Shankar, *Die Liebe feiern*, 2009, S. 66 f.
Die armen Menschen	Brüll, S. 60.
Man muss daher	Capelle, S. 443.
Der Verständige	Plutarch, *Moralia*, Wiesbaden 2012, Band I S. 800 f.
Eifersucht heißt, dass	Nagarjuna, Verse 404 (S. 210).
Wer die Schönheiten	Ekiken, *The Way*, S. 35.
Weg das Hassen!	Goethe, MA 18.1, 189 (*Faust II* Verse 7166 ff.).
Andere zu beneiden	Ekiken, *The Way*, S. 38.

Selbstsorge und Gesundheit

Wer nicht sein	Kungfutse, *Schulgespräche*, 13, 4.
Die Gesundheit von	Vgl. Nestle, *Nachsokratiker*, II 230.
Physische Kraft und	Demokrit, *Fragmente*, S. 121.
Jede Krankheit ist	Brunner, S. 290.
Den weisen Menschen	Bissing, S. 114.
Heftiger Schmerz ist	Vgl. Epikur, S. 106.
Jedes Wählen und	Epikur, S. 102.
dauernden Ruhe	Seneca, *Philosophische Schriften*, II 7 f. (*Vom glückseligen Leben*).
Friede und Eintracht	Ebenda.
am Wachsen gehindert	Platon, *Sämtliche Dialoge, Der Staat* 589b.
Sorge um die	Platon, *Sämtliche Dialoge, Apologie* 29e.
Welche Verantwortung ist	Mong Dse, IV A 19.
Auf denn, mache	Seneca, *Philosophische Schriften*, III 116 Brief 31.
Die Menschen kümmern	Luck, S. 377.
Dass wir die	Nach Konfuzius, *Gespräche*, VII 3 (Wilhelm).
Als einmal in	Luck, S. 393 f.
Alles ist Übung	Zitiert nach Snell, Bruno, *Leben und Meinungen der Sieben Weisen*, 3. Aufl. München 1952, S. 13.
Zauberstab des Götterboten	Epiktet, *Wege*, S. 121 (III 20).
Erkenne dich selbst …	Dazu Snell, Bruno, *Leben und Meinungen der Sieben Weisen*, 3. Aufl. München 1952.
Sich selbst recht	Zhuangzi, XVI 4.
Wohin, ihr Menschen	Luck, S. 57.
wer sich selber	Luck, S. 340.
Lass die Sorge	Bissing, S. 143.

Knoten des Herzens	Easwaran Eknathan, *Die Upanishaden*, München 2008, S. 71, Brihadaranyaka 4,4,7.
Ein fröhliches Herz	Sprüche 17, 22.
Jene Menschen, die	*Der Gelbe Kaiser. Das Grundlagenwerk der chinesischen Medizin*, 2. Aufl. Bern ua 1999, S. 44.
auch das hohe	Goethe, MA 9, 946 (*Zu brüderlichem Andenken Wielands*).
Fließendes Wasser fault	Schwarz, S. 265.
Je heftiger man	Lü Bu We, *Das Weisheitsbuch der alten Chinesen. Frühling und Herbst des Lü Bu We*, Jena 1928, S. 51.
Das Herz muss	Lü Buwei, ebenda, S. 79.
Zum Beispiel könnte	Dalai Lama, Howard C. Cutler, *Die Regeln des Glücks*, Bergisch Gladbach 1990, S. 142 f.
Wer freilich kein	Cicero, *Cato oder Von dem Greisenalter*, Lateinisch/Deutsch, übersetzt von Raphael Kühner, Stuttgart 1864, 2, 4.
Als Alternder und	Schwarz, S. 294.
Denn wenn dem	Goethe, MA 11.1.2, 131 (*Noten und Abhandlungen zu besserem Verständnis des West-östlichen Divans*).
Im hohen Alter	*Goethes Werke*, hrsg. im Auftrage der Großherzogin Sophie von Sachsen, Weimar 1887–1919 (Weimarer Ausgabe) Abt. IV Bd. 49, S. 113 (Brief an v. Brühl vom 15. Okt. 1831).
Älter werden heißt	Goethe, MA 17, 761 (*Maximen und Reflexionen* 259).

ZITIERTE LITERATUR

Aristoteles, *Die Nikomachische Ethik*, übersetzt und herausgegeben von Olof Gigon, München 1972, zitiert nach Buch (röm. Ziff.) und Kapitel (arab. Ziff.); gelegentlich auch Übersetzung Eugen Rolfes *Nikomachische Ethik*, Leipzig 1911

– *Eudemische Ethik*, übersetzt von Franz Dirlmeier, Berlin 1962, zitiert nach Buch (röm. Ziff.), Abschnitt (arab. Ziff.) und Ziffer der Bekker-Ausgabe

– *Metaphysik*, übersetzt und herausgegeben von Franz F. Schwarz, Stuttgart 1970, zitiert nach Buch (röm. Ziff.) und Kapitel (arab. Ziff.)

Bhagavadgita, übersetzt von Robert Boxberger, neu und herausgegeben von Helmuth von Glasenapp, Stuttgart 1955, zitiert nach Gesang (arab. Ziff.) und Strophe (arab. Ziff)

Bissing, Friedrich Wilhelm von, *Ägyptische Lebensweisheit*, Zürich 1955

Boethius, *Trost der Philosophie*, Deutsch von Karl Büchner, Einführung von Friedrich Klinger, Dieterich'sche Verlagsbuchhandlung, Leipzig (ohne Jahresangabe)

Brüll, Lydia, *Japanische Weisheit*, ausgewählt, übersetzt und herausgegeben von Lydia Brüll, Stuttgart 1999

Brunner, Helmut, *Die Weisheitsbücher der Ägypter. Lehren für das Leben*, übersetzt und erläutert von Hellmut Brunner, Düsseldorf/Zürich 1991

Buch der Riten, Sitten und Gebräuche (Liji), herausgegeben und übersetzt von Richard Wilhelm, Köln 2007

Buddha, *Reden des Buddha*, aus dem Pâli-Kanon übersetzt von Ilse-Lore Gunsser, Stuttgart 1957

Capelle, Wilhelm, *Die Vorsokratiker*, übersetzt und eingeleitet von Wilhelm Capelle, Stuttgart 1968

Cicero, *Gespräche in Tusculum*, übersetzt von Olof Gigon, München 1991, zitiert nach Buch (röm. Ziff) und Kapitel (arab. Ziff.); Ü. Kirfel = Cicero, Tusculanae disputationes. Gespräche in Tusculum, Lateinisch/Deutsch, übersetzt und hrsg. von Ernst Alfred Kirfel, Stuttgart 1997

Demokrit, *Fragmente zur Ethik*, übersetzt von Gred Ibscher, Stuttgart 2007, zitiert nach Seite oder Kapitel (röm. Ziff.), Abschnitt (arab. Ziff.) und Fragment

Diogenes Laertius, *Leben und Meinungen berühmter Philosophen*, übersetzt von Otto Apelt, 3. Aufl. Hamburg 1990, zitiert nach Buch (röm. Ziff.) und Abschnitt (arab. Ziff.)

Durant, Will, *Kulturgeschichte der Menschheit*, in 25 Bänden, Editions Rencontre Lausanne, zitiert nach Band (arab. Ziff.) und Seite (arab. Ziff.)

Ekiken Kaibara, *The Way of Contentment*, translated by Ken Hoshino, London 1913 (aus dem Englischen übersetzt vom Verf.)

Epikur, *Von der Überwindung der Furcht*, übersetzt von Olof Gigon, München 1991, zitiert nach Seite

Epiktet, *Unterredungen und Handbüchlein der Moral*, herausgegeben von Alexander von Gleichen-Rußwurm; zitiert nach Seite sowie Titel, Buch (röm. Ziff.) und Kapitel (arab. Ziff.), bei Handbüchlein der Moral nur Abschnitt (röm. Ziff.)

Epiktet, Teles und Musonius. Wege zum glückseligen Leben, übertragen und eingeleitet von Wilhelm Capelle, Zürich 1948, in Klammern Angabe der Diatribe

Goethes Briefe und Briefe an Goethe, Hamburger Ausgabe, herausgegeben von Karl Robert Mandelkow, München 1988, zitiert nach Band (röm. Ziff.) und Seite (arab. Ziff.), Adressat und Datum

Goethe, Johann Wolfgang von, *Sämtliche Werke nach Epochen seines Schaffens*, Münchner Ausgabe (MA), herausgegeben von Karl Richter, München 2006, zitiert nach Band (arab. Ziff.) und Seite (arab. Ziff.)

Hesiod, *Sämtliche Werke*, Deutsch von Thassilo von Scheffer, Wiesbaden 1940, zitiert nach Werk und Vers

Homer, *Ilias und Odyssee*, übersetzt von Johann Heinrich Voss, diverse Ausgabe, zitiert nach Epos (Ilias/Odyssee), Buch und Vers (beides arab. Ziff.)

Horaz, *Sämtliche Werke*, Lateinisch - Deutsch, hrsg. von Hans Färber, übersetzt von Färber, Wilhelm Schöne ua, München 1957, 2 Bände in einem

I Ging, übersetzt und kommentiert von Richard Wilhelm, 15. Aufl. München 1988

Jaeger Werner, *Paideia. Die Formung des griechischen Menschen*, 3 Bände, Berlin und Leipzig 1934

Konfuzius, *Gespräche*, herausgegeben und übersetzt von Ralf Moritz, Reclam, Ditzingen 2005, zitiert nach Kap. (röm. Ziff.) und Abschnitt (arab. Ziff.)

Kungfutse, *Schulgespräche*, übersetzt von Richard Wilhelm, Düsseldorf-Köln 1961, zitiert nach Kapitel und Abschnitt (beides arab. Ziff.)

Laotse, *Tao te king*, übersetzt von Richard Wilhelm, München 1998, zitiert nach Abschnitt; wo aus der Einleitung oder dem Kommentar zitiert wird, nach Seite (»S«)

Liä Dsi, *Das wahre Buch vom quellenden Urgrund*, übersetzt von Richard Wilhelm, Düsseldorf 1968, zitiert nach Buch (röm. Ziff.) und Kapitel (arab. Ziff.); Einleitung (arab. Ziff.)

Luck, Georg, *Die Weisheit der Hunde*, Stuttgart 1997

Marc Aurel, *Selbstbetrachtungen*, übertragen mit einer Einleitung von Wilhelm Capelle, Stuttgart 1948, zitiert nach Buch und Abschnitt (beides arab. Ziff.), bei röm. Ziff. ist das Vorwort gemeint; Übersetzung Albert Wittstock: Marc Aurel, *Selbstbetrachtungen*, Übersetzung Albert Wittstock, Stuttgart 2009

Mong Dsi, *Mong Dsi (Mong Ko)*, übersetzt von Richard Wilhelm, Jena 1916, zitiert nach Band (röm. Ziff.), Abschnitt (Buchstabe) und Kapitel (arab. Ziffer)

Nagarjunas Juwelenkette, hrsg. und übersetzt von Jeffrey Hopkins, aus dem Englischen Elisabeth Liebl, Kreuzlingen/München 2006, zitiert nach Vers

Nestle, Wilhelm, *Die Nachsokratiker*, herausgegeben und eingeleitet von Wilhelm Nestle, 2 Bände, Jena 1923, zitiert nach Band (röm. Ziff.) und Seite (arab. Ziff.)

– *Die Vorsokratiker*, Düsseldorf-Köln 1978

– *Griechische Lebensweisheit und Lebenskunst,* zusammengestellt und übersetzt von Wilhelm Nestle, Stuttgart 1949

Patañjali, *Die Wurzeln des Yoga*, Übertragung von Bettina Bäumer, mit einem Kommentar von P.Y. Deshpande, Bern ua 1993, zitiert nach Teil (römische Ziffer) und Sutra (arabische Ziffer)

Platon, *Sämtliche Werke*, herausgegeben von Erich Loewenthal, drei Bände, 6. Aufl. Köln 1969, zitiert nach Buch und Ziffer der Stephanusausgabe

– *Sämtliche Dialoge*, herausgegeben von Otto Apelt, sieben Bände, Hamburg 1993, zitiert nach Buch und Ziffer der Stephanusausgabe

Plutarch, *Lebensklugheit und Charakter, aus den ›Moralia‹*, ausgewählt, übersetzt und eingeleitet von Rudolf Schottlaender, Leipzig 1979

– *Lebensbeschreibungen*, Bd. I-VI, München 1984, zitiert nach Band (röm. Ziff.) und Seite (arab. Ziff.)

– *Moralphilosophische Schriften*, ausgewählt, übersetzt und herausgegeben von Hans-Josef Klauck, Stuttgart 1977

Schwarz, Ernst, *So sprach der Weise*, Chinesisches Gedankengut aus drei Jahrtat übersetzt und herausgegeben von Ernst Schwarz, Berlin 1981

Seneca, *Philosophische Schriften*, übersetzt von Otto Apelt, Wiesbaden 2004, zitiert nach Band (röm. Ziff.), Seite (arab. Ziff.), und Schrift; Briefe an Lucilius: Brief und Nr.

– *Philosophische Schriften*, Lateinisch-Deutsch, übersetzt und herausgegeben von Manfred Rosenbach, 5 Bände, 2. Aufl., Darmstadt 1995, zitiert Philosophische Schriften (Rosenbach)

Shankara, *Das Kleinod der Unterscheidung*, Einführung Swami Prabhavananda und Christopher Isherwood, Bern u. a. 1981

Straub, Lorenz, *Liederdichtung und Spruchweisheit der Alten Hellenen*, Verlag W. Spemann, Berlin und Stuttgart ohne Jahresangabe

Xenophon, *Erinnerungen an Sokrates*, übersetzt von Rudolf Preiswerk, Stuttgart 1992, zitiert nach Buch (röm. Ziff.) und Kapitel (arab. Ziff.) und Seitenzahl

Zhuangzi, *Das wahre Buch vom südlichen Blütenland*, übersetzt von Richard Wilhelm, Neuausgabe Kreuzlingen/München 2006, zitiert nach Buch (lat. Ziff.) und Abschnitt (röm. Ziff.)